"There are no shortcuts to any place worth going."

- Beverly Sills -

가치 있는 곳에 이르는 지름길은 없다.

- 베벌리 실스 -

· STRUCTURE & FEATURES ·

① 해석기법

48개의 해석기법을 통해 구문을 파악할 수 있는 기본 실력을 쌓고, 이를 토대로 독해 지문을 정확히 이해할 수 있도록 하였습니다.

적용독해

다양한 주제의 독해 지문을 통해, 학습한 해석기법과 구문을 다시 한번 확인하고 독해에 적용할 수 있도록 하였습니다.

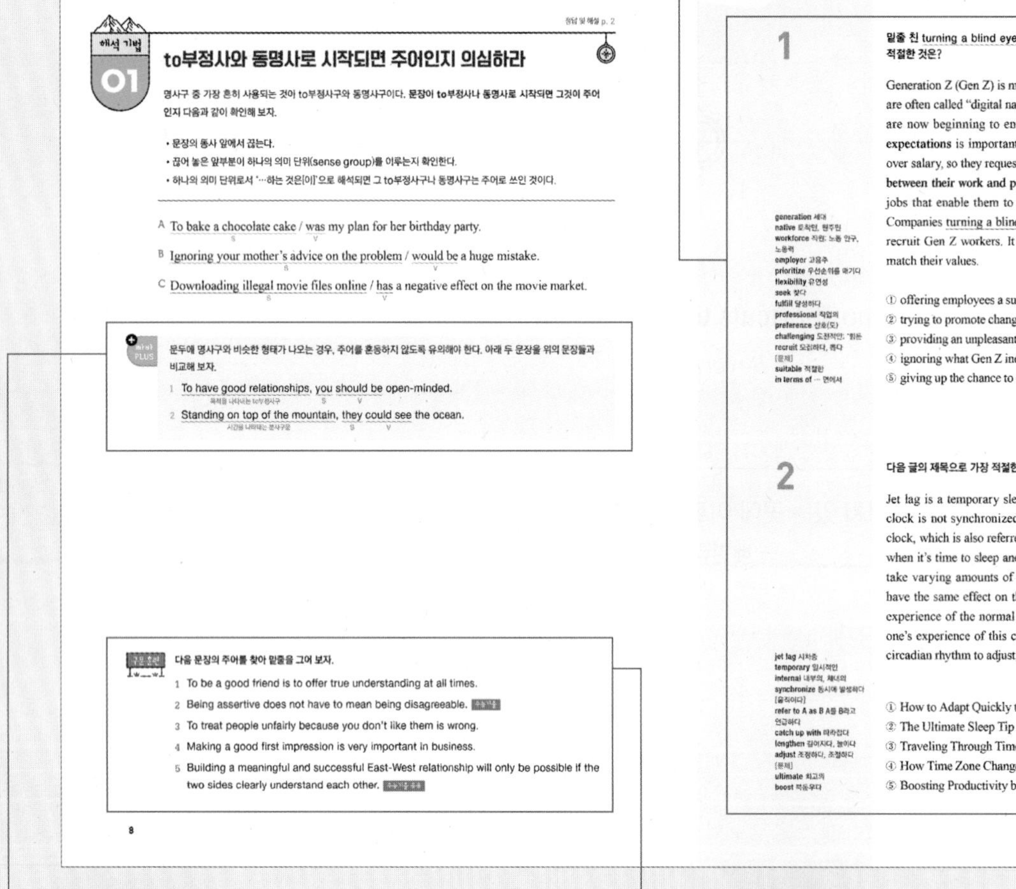

정답 및 해설 p. 2

해석 기법 01

to부정사와 동명사로 시작되면 주어인지 의심하라

명사구 중 가장 흔히 사용되는 것이 to부정사구와 동명사구이다. **문장이 to부정사나 동명사로 시작되면 그것이 주어인지 다음과 같이 확인해 보자.**

- 문장의 동사 앞에서 끊는다.
- 끊어 놓은 앞부분이 하나의 의미 단위(sense group)를 이루는지 확인한다.
- 하나의 의미 단위로서 '…하는 것은[이]'으로 해석되면 그 to부정사구나 동명사구는 주어로 쓰인 것이다.

A To bake a chocolate cake (S) / was (V) my plan for her birthday party.

B Ignoring your mother's advice on the problem (S) / would be (V) a huge mistake.

C Downloading illegal movie files online (S) / has (V) a negative effect on the movie market.

빠바 PLUS

문두에 명사구와 비슷한 형태가 나오는 경우, 주어를 혼동하지 않도록 유의해야 한다. 아래 두 문장을 위의 문장들과 비교해 보자.

1 To have good relationships (목적을 나타내는 to부정사구), you (S) should be (V) open-minded.

2 Standing on top of the mountain (시간을 나타내는 분사구문), they (S) could see (V) the ocean.

구문 훈련

다음 문장의 주어를 찾아 밑줄을 그어 보자.

1 To be a good friend is to offer true understanding at all times.

2 Being assertive does not have to mean being disagreeable. 수능기출

3 To treat people unfairly because you don't like them is wrong.

4 Making a good first impression is very important in business.

5 Building a meaningful and successful East-West relationship will only be possible if the two sides clearly understand each other. 수능기출 응용

8

1 밑줄 친 turning a blind eye to these preferences가 다음 글에서 의미하는 바로 가장 적절한 것은?

Generation Z (Gen Z) is made up of people born between 1997 and 2012. They are often called "digital natives" because they grew up using the internet. They are now beginning to enter the workforce, so **understanding their unique expectations** is important for employers. Gen Z prioritizes work flexibility over salary, so they request control over their work schedule. **To find a balance between their work and personal lives** is also important to them, so they seek jobs that enable them to fulfill both their personal and professional goals. Companies turning a blind eye to these preferences will find it challenging to recruit Gen Z workers. It is necessary to offer them work environments that match their values.

① offering employees a suitable salary and benefits
② trying to promote changes in the workforce
③ providing an unpleasant work environment
④ ignoring what Gen Z individuals wants in terms of a career
⑤ giving up the chance to communicate with Gen Z

generation 세대
native 토착인, 원주민
workforce 직원; 노동 인구, 노동력
employer 고용주
prioritize 우선순위를 매기다
flexibility 유연성
seek 찾다
fulfill 달성하다
professional 직업의
preference 선호(도)
challenging 도전적인; 힘든
recruit 모집하다, 뽑다
[문제]
suitable 적절한
in terms of ~ 면에서

2 다음 글의 제목으로 가장 적절한 것은?

Jet lag is a temporary sleep problem that occurs when your body's internal clock is not synchronized with the time zone that you are in. This internal clock, which is also referred to as the body's circadian rhythm, tells your body when it's time to sleep and wake up. **Catching up with your new location** can take varying amounts of time. Interestingly, **traveling east and west** do not have the same effect on the body. **Traveling west** lengthens the body clock's experience of the normal day-night cycle. **Traveling east**, however, shortens one's experience of this cycle. This tends to make it more difficult for one's circadian rhythm to adjust, resulting in more serious cases of jet lag.

*circadian rhythm: 생체 리듬

① How to Adapt Quickly to New Time Zones
② The Ultimate Sleep Tip for Frequent Flyers
③ Traveling Through Time Zones Without Jet Lag
④ How Time Zone Changes Affect Our Circadian Rhythms
⑤ Boosting Productivity by Synchronizing Your Circadian Rhythm

jet lag 시차증
temporary 일시적인
internal 내부의, 체내의
synchronize 동시에 발생하다[움직이다]
refer to A as B A를 B라고 언급하다
catch up with 따라잡다
lengthen 길어지다, 늘이다
adjust 조정하다, 조절하다
[문제]
ultimate 최고의
boost 북돋우다

01 문장의 머리를 찾아라 9

빠바 PLUS

본문에 제시된 문법 사항에 대해 추가 설명을 제공함으로써 심화 학습이 가능하도록 하였습니다.

구문 훈련

학습한 해석기법과 구문 내용을 적용할 수 있도록, 수능 기출 예문을 포함해 문장 단위의 연습을 제공하였습니다.

② REVIEW TEST

다양한 문제들을 통해 앞에서 학습한 해석 기법과 구문을 복습하고, 수능형 어법 문제와 학교 내신 문제에 동시에 대비할 수 있도록 하였습니다.

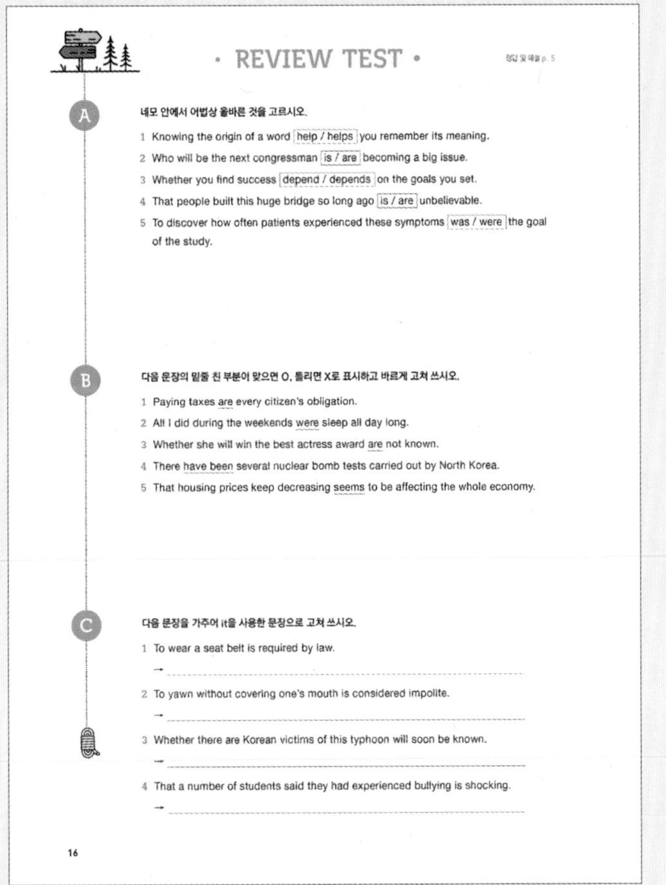

· REVIEW TEST ·

정답 및 해설 p. 5

A 네모 안에서 어법상 올바른 것을 고르시오.

1 Knowing the origin of a word [help / helps] you remember its meaning.
2 Who will be the next congressman [is / are] becoming a big issue.
3 Whether you find success [depend / depends] on the goals you set.
4 That people built this huge bridge so long ago [is / are] unbelievable.
5 To discover how often patients experienced these symptoms [was / were] the goal of the study.

B 다음 문장의 밑줄 친 부분이 맞으면 O, 틀리면 X로 표시하고 바르게 고쳐 쓰시오.

1 Paying taxes are every citizen's obligation.
2 All I did during the weekends were sleep all day long.
3 Whether she will win the best actress award are not known.
4 There have been several nuclear bomb tests carried out by North Korea.
5 That housing prices keep decreasing seems to be affecting the whole economy.

C 다음 문장을 가주어 it을 사용한 문장으로 고쳐 쓰시오.

1 To wear a seat belt is required by law.
→
2 To yawn without covering one's mouth is considered impolite.
→
3 Whether there are Korean victims of this typhoon will soon be known.
→
4 That a number of students said they had experienced bullying is shocking.
→

16

③ MINI TEST

최신 수능 경향을 반영한 독해 문제들을 풀어보며 수능 유형에 익숙해지고 자신감을 가질 수 있도록 하였습니다.

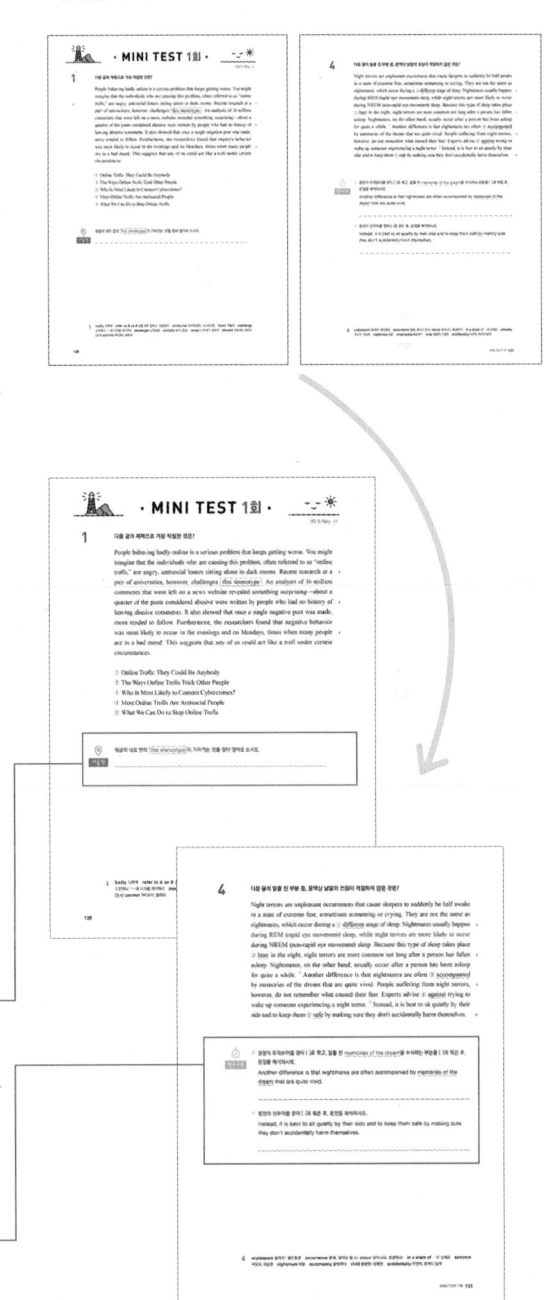

· MINI TEST 1회 ·

1 다음 글의 제목으로 가장 적절한 것은?

People behaving badly online is a serious problem that keeps getting worse. You might imagine that the individuals who are causing this problem, often referred to as "online trolls," are angry, antisocial losers sitting alone in dark rooms. Recent research at a pair of universities, however, challenges this stereotype. An analysis of 16 million comments that were left on a news website revealed something surprising—about a quarter of the posts considered abusive were written by people who had no history of leaving abusive comments. It also showed that once a single negative post was made, more tended to follow. Furthermore, the researchers found that negative behavior was most likely to occur in the evenings and on Mondays, times when many people are in a bad mood. This suggests that any of us could act like a troll under certain circumstances.

① Online Trolls: They Could Be Anybody
② The Ways Online Trolls Trick Other People
③ Who Is Most Likely to Commit Cybercrimes?
④ Most Online Trolls Are Antisocial People
⑤ What We Can Do to Stop Online Trolls

4 다음 글의 밑줄 친 부분 중, 문맥상 낱말의 쓰임이 적절하지 않은 것은?

Night terrors are unpleasant occurrences that cause sleepers to suddenly be half awake in a state of extreme fear, sometimes screaming or crying. They are not the same as nightmares, which occur during a ① different stage of sleep. Nightmares usually happen during REM (rapid eye movement) sleep, while night terrors are more likely to occur during NREM (non-rapid eye movement) sleep. Because this type of sleep takes place ② later in the night, night terrors are most common not long after a person has fallen asleep. Nightmares, on the other hand, usually occur after a person has been asleep for quite a while. Another difference is that nightmares are often ③ accompanied by memories of the dream that are quite vivid. People suffering from night terrors, however, do not remember what caused their fear. Experts advise ④ against trying to wake up someone experiencing a night terror. Instead, it is best to sit quietly by their side and to keep them ⑤ safe by making sure they don't accidentally harm themselves.

Another difference is that nightmares are often accompanied by memories of the dream that are quite vivid.

Instead, it is best to sit quietly by their side and to keep them safe by making sure they don't accidentally harm themselves.

서술형

문장 배열, 가리키는 것 찾기, 어법성 판단 등의 서술형 문제를 제시하여 지문의 이해도를 높이고 내신 시험도 대비할 수 있게 하였습니다.

필수구문

지문에 등장한 문장의 구조를 분석하며 앞서 학습한 해석기법과 구문을 적용할 수 있도록 하였습니다.

CONTENTS

01

문장의 머리를 찾아라

주어를 제대로 파악하는 것이 정확한 해석의 출발점이다. 주어에는 명사나 대명사만 있는 것이 아니다. 다양한 형태와 길이의 주어를 빠르고 바르게 찾아낼 수 있어야 성공적인 독해를 할 수 있다.

to부정사와 동명사로 시작되면 주어인지 의심하라

명사구 중 가장 흔히 사용되는 것이 to부정사구와 동명사구이다. **문장이 to부정사나 동명사로 시작되면 그것이 주어인지** 다음과 같이 확인해 보자.

- 문장의 동사 앞에서 끊는다.
- 끊어 놓은 앞부분이 하나의 의미 단위(sense group)를 이루는지 확인한다.
- 하나의 의미 단위로서 '…하는 것은[이]'으로 해석되면 그 to부정사구나 동명사구는 주어로 쓰인 것이다.

A To bake a chocolate cake (S) / was (V) my plan for her birthday party.

B Ignoring your mother's advice on the problem (S) / would be (V) a huge mistake.

C Downloading illegal movie files online (S) / has (V) a negative effect on the movie market.

문두에 명사구와 비슷한 형태가 나오는 경우, 주어를 혼동하지 않도록 유의해야 한다. 아래 두 문장을 위의 문장들과 비교해 보자.

1 To have good relationships (목적을 나타내는 to부정사구), you (S) should be (V) open-minded.

2 Standing on top of the mountain (시간을 나타내는 분사구문), they (S) could see (V) the ocean.

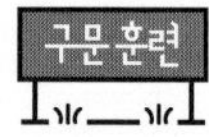

다음 문장의 주어를 찾아 밑줄을 그어 보자.

1 To be a good friend is to offer true understanding at all times.

2 Being assertive does not have to mean being disagreeable. 수능기출

3 To treat people unfairly because you don't like them is wrong.

4 Making a good first impression is very important in business.

5 Building a meaningful and successful East-West relationship will only be possible if the two sides clearly understand each other. 수능기출 응용

1

밑줄 친 turning a blind eye to these preferences가 다음 글에서 의미하는 바로 가장 적절한 것은?

Generation Z (Gen Z) is made up of people born between 1997 and 2012. They are often called "digital natives" because they grew up using the internet. They are now beginning to enter the workforce, so **understanding their unique expectations** is important for employers. Gen Z prioritizes work flexibility over salary, so they request control over their work schedule. **To find a balance between their work and personal lives** is also important to them, so they seek jobs that enable them to fulfill both their personal and professional goals. Companies turning a blind eye to these preferences will find it challenging to recruit Gen Z workers. It is necessary to offer them work environments that match their values.

① offering employees a suitable salary and benefits
② trying to promote changes in the workforce
③ providing an unpleasant work environment
④ ignoring what Gen Z individuals wants in terms of a career
⑤ giving up the chance to communicate with Gen Z

generation 세대
native 토착민, 원주민
workforce 직원; 노동 인구, 노동력
employer 고용주
prioritize 우선순위를 매기다
flexibility 유연성
seek 찾다
fulfill 달성하다
professional 직업의
preference 선호(도)
challenging 도전적인; *힘든
recruit 모집하다, 뽑다
[문제]
suitable 적절한
in terms of … 면에서

2

다음 글의 제목으로 가장 적절한 것은?

Jet lag is a temporary sleep problem that occurs when your body's internal clock is not synchronized with the time zone that you are in. This internal clock, which is also referred to as the body's circadian rhythm, tells your body when it's time to sleep and wake up. **Catching up with your new location** can take varying amounts of time. Interestingly, **traveling east and traveling west** do not have the same effect on the body. **Traveling west** lengthens the body clock's experience of the normal day-night cycle. **Traveling east**, however, shortens one's experience of this cycle. This tends to make it more difficult for one's circadian rhythm to adjust, resulting in more serious cases of jet lag.

*circadian rhythm: 생체 리듬

① How to Adapt Quickly to New Time Zones
② The Ultimate Sleep Tip for Frequent Flyers
③ Traveling Through Time Zones Without Jet Lag
④ How Time Zone Changes Affect Our Circadian Rhythms
⑤ Boosting Productivity by Synchronizing Your Circadian Rhythm

jet lag 시차증
temporary 일시적인
internal 내부의, 체내의
synchronize 동시에 발생하다[움직이다]
refer to A as B A를 B라고 언급하다
catch up with 따라잡다
lengthen 길어지다, 늘이다
adjust 조정하다, 조절하다
[문제]
ultimate 최고의
boost 북돋우다

명사절과 문장 전체의 주어·동사를 구별하자

접속사(that, whether), 의문사, 관계대명사 what 등이 이끄는 명사절은 문장의 주어 역할을 할 수 있다. 이와 같이 **명사절이 문장의 주어로 쓰인 경우, 명사절을 이끄는 접속사, 의문사, 관계대명사 what 뒤에 처음 나오는 동사는 명사절에 속하며, 문장 전체의 동사는 명사절 뒤에 나온다.** 따라서 먼저 문장 전체의 동사를 찾아 그 앞에서 끊어 보면 문장 구조를 쉽게 파악할 수 있다.

A That he did his best to pass the university entrance exam (S) / is not (V) in doubt.

B Whether the criminal who escaped from jail committed another crime (S) / is not known (V).

C How much money was raised at the fundraising campaign (S) / will be announced (V) shortly.

D What I really want to do with my life (S) / is (V) travel around the world.

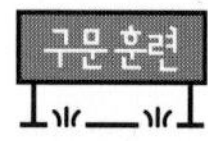

다음 문장의 주어를 찾아 밑줄을 그어 보자.

1 That the earth must be flat seemed obvious until the 15th century.

2 Whether the fire was an accident or intentional is under investigation.

3 What goals people have depends on who they are and how old they are.

4 What's dangerous about the internet is that it has undeserved instant credibility. 수능기출 응용

5 All I ask in return is that you take good care of yourself so that someday you can do the same thing for someone else. 수능기출

3

글의 흐름으로 보아, 주어진 문장이 들어가기에 가장 적절한 곳은?

Laws, on the other hand, are enforced by the government, so people know they must obey them.

"Legal" and "ethical" are not the same thing. Although they seem similar, **what is "legal"** is not always "ethical," and **what is "ethical"** is not always "legal." A society's ethics are passed down from one generation to the next, while laws are created by governments. (①) Laws can be changed based on the decisions of people in power, rather than by the beliefs of society as a whole. (②) Another important difference between ethics and laws is how they are enforced. (③) There are no special authorities who make us follow ethics—they are simply something we learn from the people around us. (④) There are many unethical actions, like charging too much for products or spreading false rumors, that are not illegal. (⑤) However, if you break a law, you will face direct consequences from the government.

enforce 집행하다, 시행하다
legal 합법적인
(↔ **illegal** 불법적인)
ethical 윤리적인
(↔ **unethical** 비윤리적인)
(*n.* **ethics** 윤리)
pass down …을 물려주다, 전하다
authority 권한, 권력; 당국
consequence 결과

4

다음 글의 밑줄 친 부분 중, 문맥상 낱말의 쓰임이 적절하지 않은 것은?

Some people often experience a strong urge to move their legs, along with feelings of itchiness, burning, and pain. This is a neurological disorder known as restless leg syndrome (RLS). It most ① commonly occurs when people have been sitting or lying down for long periods of time. It can cause sleep problems, leading to daytime tiredness. People with mild cases of RLS can ② worsen their symptoms by walking around or shaking their legs. Dealing with severe RLS, however, is more ③ challenging. It can make sitting through a movie or a long flight nearly ④ impossible. **Why RLS happens** is still a mystery. It might be a genetic condition, or it could have other causes. There is no cure, and it is considered a permanent condition. However, the fact that RLS cannot be cured doesn't mean nothing can be done. There are medicines that help people ⑤ manage their symptoms.

*neurological: 신경(학)의

urge 욕구, 충동
itchiness 가려움
disorder 엉망; *(신체 기능의) 장애[이상]
worsen 악화시키다
symptom 증상
severe 극심한, 심각한
genetic 유전(학)의
condition 상태; *질환[문제]
permanent 영구적인

문장이 주어로 시작하지 않을 수도 있다

문장이 항상 주어로 시작하는 것은 아니다. 실제 독해에서는 문장 앞부분에 부사구나 부사절이 와서 주어가 문장의 중간이나 뒷부분에 위치하는 경우가 많다. 이럴 때에는 **부사구나 부사절을 괄호로 묶은 뒤 주어와 동사를 찾아 밑줄을 그어 보면 문장의 의미를 훨씬 더 명확하게 이해할 수 있다.**

A [Based on past experiences], Joe(S) decided(V) it would be unwise to argue with his boss.

B [Although it looks real], this diamond necklace(S) is(V) a fake that costs only $50.

C [Now that we are living in the digital age], smart learning through mobile devices(S) is becoming(V) more common.

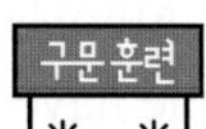

다음 문장의 주어와 동사에 각각 밑줄을 긋고, S와 V로 표시해 보자.

1 Much to our dismay, there was a large spider in the sink.

2 There are, I'm sorry to say, no seats available at the baseball game.

3 After the child's disappearance, his mother's fear for his life kept her awake all night.

4 Throughout the late 1950s and early 1960s, Forman acted as either a writer or an assistant director on several films. 수능기출 응용

5 Contrary to what Mr. Smith may believe, the role of computers in music and the performing arts has been considerable. 수능기출

6 As a system for transmitting specific factual information without any distortion or ambiguity, the sign system of honeybees would win easily over human language every time. 수능기출

5

다음 글에서 필자가 주장하는 바로 가장 적절한 것은?

Every year on the second Monday of October, the United States celebrates Columbus Day. This holiday honors Christopher Columbus, the Italian explorer who is credited with discovering America on October 12, 1492. However, considering his mistreatment of Native Americans and the devastating effect of his arrival, honoring the explorer does not make any sense at all. **After arriving on the continent**, Columbus killed and enslaved thousands of Native Americans. Additionally, the diseases that Columbus and other Europeans brought with them severely reduced the population of Native Americans. Therefore, the entire country should support the creation of a new holiday that honors Native Americans and remembers their suffering. **As an alternative to Columbus Day**, Americans should celebrate Native American Day or Indigenous Peoples' Day.

① 아메리카 원주민의 문화를 보존하기 위한 연구를 지원해야 한다.
② 전 세계의 사람들에게 아메리카 대륙 개척의 역사를 알려야 한다.
③ 공휴일을 추가로 지정하여 다양성의 의미를 되새길 수 있도록 해야 한다.
④ 아메리카 대륙 개척자의 업적을 기리는 행사가 더 많이 개최되어야 한다.
⑤ Columbus Day 대신에 아메리카 원주민을 기리는 공휴일을 제정해야 한다.

explorer 탐험가
credit A with B B를 A의 공으로 믿다
mistreatment 학대, 혹사
devastating 대단히 파괴적인, 엄청난 손상을 가하는
continent 대륙
enslave 노예로 만들다
severely 심하게, 혹독하게
alternative 대안
indigenous (어떤 지역) 원산의, 토착의

6

다음 글의 밑줄 친 부분 중, 문맥상 낱말의 쓰임이 적절하지 않은 것은?

Coral reefs are sometimes called the ocean's rainforests, as they are home to so many species. However, there are places where no coral reefs ① exist. Artificial reefs are sometimes built in these areas to ② improve the marine environment for numerous sea creatures. This basically involves placing large, old objects, such as school buses and ships, on the ocean floor. **Regardless of what they are made from**, artificial reefs work by giving shellfish and corals hard surfaces to attach themselves to. The ③ elimination of these creatures then attracts fish to the reef and provides them with food and shelter. **Aside from being ④ helpful to marinc lifc**, artificial reefs are also appreciated by coastal residents, including fishermen. In addition, conservationists use them for habitat ⑤ restoration, and scuba divers enjoy exploring these diverse ecosystems.

coral reef 산호초
artificial 인공[인조]의
marine 해양의
numerous 많은
regardless of …에 상관없이
shellfish 조개류, 갑각류
elimination 제거, 삭제
aside from … 외에도
resident 거주자, 주민
conservationist 환경 보호 활동가
habitat 서식지
restoration 복원, 복구
diverse 다양한
ecosystem 생태계

가주어 it이 가리키는 내용은 뒤에서 찾아라

to부정사구나 명사절 등 긴 주어의 경우, 흔히 주어를 뒤로 보내고 원래 주어 자리에 가주어 it을 쓴다. 하지만 주어 자리에 쓰인 it이 앞서 언급된 대상을 가리킬 수도 있고, 거리·시간·날씨 등을 나타내는 비인칭 주어 it이나 「it is ... that ~」 강조구문의 it일 수도 있으므로 주의해야 한다. **it이 가주어로 쓰인 경우에는 뒤에 진주어인 to부정사구, 동명사구, 또는 명사절이 나오며, 이때 진주어를 it 자리에 넣어서 해석하면 의미가 통한다.**

A It is necessary for friends to help each other in times of trouble.
가주어 진주어 (to부정사구)

B It is unclear whether the director's new film will be released this year.
가주어 진주어 (명사절)

C It is believed that cats kill rats or bugs and bring them to their owners as a gift.
가주어 진주어 (명사절)

it을 포함하는 관용 표현은 숙어처럼 암기하자.

- 「It seems[appears] that ...」 '…인 것 같다'
- 「It happens that ...」 '우연히 …하다', '…하는 일이 있다'
- 「It follows that ...」 '…라는 결론이 나오다'

1 It seems that Andrew's flight was delayed by the heavy snowfall.

2 It often happened that I got lost while walking home at night.

3 It follows from what you said that you are innocent.

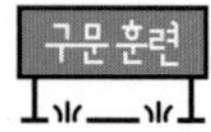

다음 문장에서 밑줄 친 It이 가리키는 내용을 찾아 [ ]로 묶어 보자.

1 It is not surprising that humans use all their senses to analyze food quality. 수능기출

2 It is necessary to change your password if you think your email account has been hacked.

3 It is important to have a website that provides your customers with the information they need.

4 It is surprising how many times our feelings of despair and anger can be eased if we act instead of just thinking over problems. 수능기출

7

다음 빈칸에 들어갈 말로 가장 적절한 것은?

Some AI systems, often referred to as AI black boxes, have secretive internal operations. Users can input information and receive results, but they cannot access the system's algorithm. Therefore, they cannot determine exactly how the results were generated, while the AI could be using copyrighted information. When the algorithms of AI are accessible, **it** becomes easier **to obtain the proper permissions and address concerns about copyrights**. This protects both the original creators of the content and the AI users. Originally, the inner workings of AI were hidden in order to protect them from hackers. But this strategy has not worked well. In order to prevent hacking, **it** would be more effective **to have greater ______________ in AI systems** so that experts could easily examine them identify potential weaknesses.

*algorithm: 알고리즘(입력된 자료를 토대로 하여 원하는 출력을 유도하는 규칙의 집합)

① security ② complexity ③ efficiency
④ transparency ⑤ automation

secretive 비밀스러운
internal 내부의
operation 수술; *(기계) 작동
access 접속하다
(*a.* **accessible** 접근 가능한)
determine 알아내다, 밝히다
generate 발생시키다, 만들어 내다
copyright 저작권 보호를 받다; 저작권
obtain 얻다, 구하다
address 주소; *(문제·상황 등을) 다루다
identify (신원 등을) 확인하다; *찾다, 발견하다
[문제]
automation 자동화

8

다음 글의 요지로 가장 적절한 것은?

It has been said **that the biggest problem in communication is ambiguity**. A group of researchers, however, disagrees. They claim that ambiguity actually helps us communicate by allowing us to use short, simple words whose meanings can be understood in context. These ambiguous words are helpful because of the nature of communication. The goal of a speaker is to try to deliver as much information as possible using as few words as possible, while the goal of a listener is to accurately understand the speaker's message. When a speaker has to explain something in a long and complicated way, neither of these goals is met. **It** therefore makes sense for speakers **to use "easy" words with multiple meanings**, and for listeners **to figure out their intended meaning based on the topic of the conversation**.

① 다의어의 사용은 오해를 불러일으킬 수 있다.
② 화자는 청자의 수준에 맞는 어휘를 사용할 필요가 있다.
③ 언어의 모호함이 보다 효율적인 의사소통을 가능하게 한다.
④ 청자가 화자의 메시지를 완벽히 이해하는 것은 불가능하다.
⑤ 어려워도 정확한 문장을 사용하는 것이 의사소통에 가장 효과적이다.

ambiguity (의미의) 모호함
(*a.* **ambiguous** 모호한)
context 맥락, 전후 사정
accurately 정확히, 정밀하게
complicated 복잡한
figure out …을 이해하다[알아내다]

• REVIEW TEST •

정답 및 해설 p. 5

A

네모 안에서 어법상 올바른 것을 고르시오.

1 Knowing the origin of a word [help / helps] you remember its meaning.

2 Who will be the next congressman [is / are] becoming a big issue.

3 Whether you find success [depend / depends] on the goals you set.

4 That people built this huge bridge so long ago [is / are] unbelievable.

5 To discover how often patients experienced these symptoms [was / were] the goal of the study.

B

다음 문장의 밑줄 친 부분이 맞으면 O, 틀리면 X로 표시하고 바르게 고쳐 쓰시오.

1 Paying taxes <u>are</u> every citizen's obligation.

2 All I did during the weekends <u>were</u> sleep all day long.

3 Whether she will win the best actress award <u>are</u> not known.

4 There <u>have been</u> several nuclear bomb tests carried out by North Korea.

5 That housing prices keep decreasing <u>seems</u> to be affecting the whole economy.

C

다음 문장을 가주어 it을 사용한 문장으로 고쳐 쓰시오.

1 To wear a seat belt is required by law.

→ ______________________________

2 To yawn without covering one's mouth is considered impolite.

→ ______________________________

3 Whether there are Korean victims of this typhoon will soon be known.

→ ______________________________

4 That a number of students said they had experienced bullying is shocking.

→ ______________________________

02

동사는 문장의 틀을 결정한다

동사는 주어와 함께 문장의 기본이 됨과 동시에 문장 전체의 틀을 결정한다. 따라서 동사를 빠르고 바르게 파악할 수 있는 능력을 키우는 것은 빠른 독해에 있어 기초 공사와도 같다.

동사의 의미를 통해 뒤따라올 내용을 예측한다

영어의 문장은 사용되는 동사에 따라 크게 다섯 가지 문형으로 나눌 수 있는데, 이들 중 주어와 동사만으로도 이루어질 수 있는 1문형을 제외한 다른 문형들은 동사 뒤에 다른 문장 성분이 필요하다. 다음 예문들을 살펴보도록 하자.

① My brother became ___________.　　② They gave ___________.

위 문장들은 밑줄 친 부분이 없으면 의미가 성립되지 않는다. ①의 밑줄 친 부분에는 무엇이/어떻게 되었는지에 대한 내용(a doctor, a policeman / angry, happy 등)이, ②의 밑줄 친 부분에는 누구에게(me, him 등), 무엇을(a book, money 등) 주었는지에 대한 내용이 들어가야 한다. **문장의 구성 요소는 동사에 따라 결정되므로 동사의 의미를 파악하여 뒤에 올 내용을 예측해 보자.**

2문형(「S+V+SC」)의 주요 동사: be, remain, get, become, grow, appear, look, seem, feel 등

A The donor remains(V) anonymous(SC).

B We must be(V) aware of how serious the problem is(SC).

4문형(「S+V+O_1+O_2」)의 주요 동사: give, teach, show, tell, offer, buy, make, get 등

C The course taught(V) me(O_1) the basics of international trade(O_2).

D He told(V) me(O_1) that flight 494 to Tokyo had been delayed(O_2).

5문형(「S+V+O+OC」)의 주요 동사: call, make, keep, leave, find, believe, consider 등

E Some of the villagers found(V) a strange man(O) lying on the shore(OC).

F Please keep(V) your fingers(O) crossed(OC) for me when I go to the job interview.

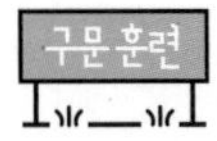

밑줄 친 부분에 각 문장 성분을 표시해 보자.

1 The girl who used to live next door to me became a famous human rights lawyer.

2 To receive the discount, visitors must have their parking tickets stamped at the visitor information desk. 수능기출

3 Last year, your contributions helped more than 3,000 students achieve their dream of receiving higher education.

4 It is our parents who have given us our sense of right and wrong, our understanding of love, and our knowledge of who we are. 수능기출

1

다음 글에 드러난 'I'의 심경 변화로 가장 적절한 것은?

Last month, my family arrived at our new house. We **were thrilled** to finally have a larger place to live, and we eagerly started unpacking. But before long, we heard a noise. It was a baby mouse. We **were surprised**, but we just picked it up and gently put it outside. Unfortunately, we soon realized that it **might not be a solitary visitor**. There were signs of mice everywhere. So we placed mousetraps in every room that night. The next morning, we found mice in several of them. We saw mice for days, and it **brought us a sense of dread**. That week, we often **saw mice running** along the floor. We **were worried** one would appear in our food. Our new home no longer **felt safe**. Instead, it felt like we were at war with the mice.

① sad → relieved
② excited → upset
③ proud → angry
④ indifferent → mysterious
⑤ relaxed → embarrassed

unpack 짐을 풀다
solitary 혼자의
sign 징후, 흔적
dread 두려움
[문제]
relieved 안도하는
indifferent 무관심한

2

Kalpana Chawla에 관한 다음 글의 내용과 일치하지 않는 것은?

Kalpana Chawla **was the first woman** born in India to go into space. She received her first college degree in India in 1982. She then moved to the USA, where the University of Colorado **granted her a doctorate** in 1988. Later that year, Chawla accepted a job at NASA. While working there, Chawla applied to become an astronaut. After tough training, she was assigned to a space mission. In 2003, Chawla and six other astronauts departed Earth for a 16-day mission. While landing, their shuttle's wings had a problem which **caused it to break apart**. Unfortunately, no one survived. The USA, India, and NASA **have given Chawla awards** since her death. They have also named several things in her honor, including an asteroid and a hill on Mars.

*asteroid: 소행성

① 우주에 간 최초의 인도 태생 여성이다.
② Colorado 대학에서 박사 학위를 받고 NASA에 입사했다.
③ 힘든 훈련 끝에 우주 임무에 배정되었다.
④ 2003년 첫 우주 탐사길에서 많은 동료들을 잃고 돌아왔다.
⑤ 그녀의 이름을 딴 행성이 있다.

degree 학위
doctorate 박사 학위
grant 주다, 수여하다
assign 맡기다, 배정하다
depart 떠나다, 출발하다
shuttle 우주 왕복선
break apart 쪼개지다, 분해되다
survive 살아남다, 생존하다

복잡한 수동태는 하나의 표현처럼 생각하라

수동태가 완료형이나 진행형과 함께 쓰이면 동사의 형태가 복잡해진다. 이러한 **완료형·진행형의 수동태는 하나의 표현처럼 생각하고 해석하자.**

완료형 수동태 「have[had] been p.p.」: '…되었다', '…된 적이 있다', '…되어 왔다'

A An old man reported to the police that his car had been stolen. ('도난당했다')

B Alternative medicine has been used in East Asian countries for centuries. ('사용되어 왔다')

진행형 수동태 「be being p.p.」: '…되고 있다', '…당하고 있다'

C The book is being read by people all over the world. ('읽히고 있다')

D Most of the drama's scenes are being filmed in Seoul to attract foreign tourists. ('촬영되고 있다')

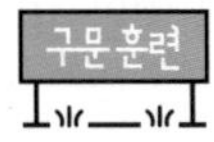

밑줄 친 부분에 유의하여 다음 문장을 우리말로 해석해 보자.

1 My little cousin has been spoiled by his parents since the day he was born.

2 Sadly, many traditional houses in my neighborhood are being torn down these days.

3 People have been fascinated by the mysteries of the night sky for thousands of years.

4 The negative effects of extrinsic motivators such as grades have been shown in students from different cultures. 수능기출

5 In the case of human beings, the general shape and size of our body remains relatively constant, while the cells within it are continually being replaced. 수능기출

3

다음 글의 빈칸에 들어갈 말로 가장 적절한 것은?

Unrealistic thinking causes people to behave in negative ways. Now, cognitive behavioral therapy (CBT) **is being used** to end this cycle. It helps people change the way they think, which leads to positive behavior. Some people, for example, are afraid of leaving their homes. They think it will cause a fatal panic attack. CBT helps them view panic attacks more positively—they're unpleasant, but they're not deadly. This kind of mental shift can improve behavior in terms of people being more willing to ______________________. Some patients do this through a CBT technique called exposure therapy. They **are being taught** to face their fears directly. A person afraid to go outside might be taken to a nearby shop. The next step could be visiting a busy supermarket. Gradually, these experiences should decrease the intensity of the person's fear.

① openly discuss what scares them
② block uneasy thoughts altogether
③ eliminate the sources of their fear
④ confront situations that cause them fear
⑤ admit there are things they are afraid of

cognitive 인식[인지]의
fatal 죽음을 초래하는, 치명적인
shift 변화
in terms of … 면에서
exposure 노출
gradually 차츰, 서서히
intensity 강렬함, 격렬함; *강도[세기]
[문제]
uneasy 불안한, 우려되는
altogether 완전히, 전적으로
eliminate 없애다, 제거하다
confront 직면하다, 맞서다
admit 인정[시인]하다

4

글의 흐름으로 보아, 주어진 문장이 들어가기에 가장 적절한 곳은?

> The great wealth brought in by trade allowed the city to prosper.

The ancient city of Petra, located deep in the desert of Jordan, was established around the year 300 B.C. by a nomadic tribe called the Nabataeans. The Nabataeans used their superior architectural skills to carve the city's palaces, temples, and houses directly into sandstone cliffs. (①) They also built a system of waterways to supply the city with water. (②) Because Petra was located at the crossroads of ancient trading routes, it became a major place of commerce. (③) After many years, though, changing trade routes and a huge earthquake led inhabitants to abandon this remarkable city. (④) Petra **had been forgotten** for centuries when it was rediscovered by a Swiss explorer in 1812. (⑤) Since then, the archaeological site of the city **has been** extensively **excavated**, and it is now a popular tourist destination.

*sandstone: 사암(모래가 뭉쳐서 단단히 굳어진 암석)

prosper 번영하다
establish 설립[설정]하다
nomadic 유목의, 방랑의
superior 우수한, 우월한
architectural 건축학[술]의
carve 조각하다, 깎아서 만들다
cliff 절벽
crossroad 교차 도로; *활동의 중심지
commerce 무역, 상업
inhabitant (특정 지역의) 주민
remarkable 놀라운
archaeological 고고학의
extensively 널리, 광범위하게
excavate 발굴하다

「조동사 + have + p.p.」의 의미를 익혀 두자

「조동사+have+p.p.」는 지나간 일에 대한 추측, 가능성, 후회 등을 나타내는 표현이다. **우선 각 조동사의 의미를 확실하게 익히고, 「조동사+have+p.p.」의 여러 쓰임을 서로 비교해서 기억하는 것이 효과적이다.**

「조동사+have+p.p.」의 여러 쓰임

- 「should have p.p.」 '…했어야 했는데 (하지 않았다)'
- 「could have p.p.」 '…할 수도 있었다', '…할 수 있었는데 (하지 못했다)'
- 「may[might] have p.p.」 '…했을지도 모른다'
- 「must have p.p.」 '…했음이 틀림없다'
- 「cannot have p.p.」 '…했을 리가 없다'
- 「would have p.p.」 '…했을 것이다'

A We **should have completed** this project last Friday.
B I **could have taken** a nap, but I studied for the exam.
C Claire is worrying that she **may have made** a mistake in her presentation.
D Using force **would have triggered** a huge clash between the strikers and the company.

다음과 같이 조동사를 포함하는 관용 표현도 함께 기억해 두자.

- 「would like to-v」 '…하고 싶다'
- 「would rather ... than ~」 '~하느니 차라리 …하겠다[하고 싶다]'
- 「may[might] well ...」 '…하는 것은 당연하다', '아마 …일 것이다'
- 「may[might] as well ...」 '…하는 편이 낫다'
- 「cannot[can't] help v-ing」 '…하지 않을 수 없다'
- 「cannot[can't] ... too ~」 '아무리 …해도 지나치지 않다'

1 There are many customs in our country that you may well think are strange.
2 You might as well return home if you don't have a good reason for staying.

밑줄 친 부분에 유의하여 다음 문장을 우리말로 해석해 보자.

1 I should have checked the refund policy before buying the flight ticket.
2 Cleaning your room must have been a lot of work for you. 수능기출 응용
3 The first contact lenses must have been pretty uncomfortable—they were made of glass and covered the entire front of the eye.

5

다음 빈칸에 들어갈 말로 가장 적절한 것은?

One of the most amazing bargains in history **may have taken place** in 1626. Dutch settlers had just arrived in what is now the northeastern US. The land, however, was already occupied by various indigenous tribes. According to legend, the Dutch made a shocking deal with an indigenous tribe called the Lenape. They paid just $24 worth of beads and small items for the entire island of Manhattan. If this legend is true, ________________________________ **would have likely caused** a big misunderstanding. The island full of wild animals and natural resources belonged to the Lenape, and the idea of "selling" their land **would have been** strange. In their eyes, land could be shared, but not sold. They most likely thought they were agreeing to let the Dutch use the land only for certain purposes, such as keeping animals or growing crops.

① a Dutch misconception about the value of beads
② profound differences in religious beliefs and practices
③ different perceptions about the importance of sharing
④ cultural differences related to the idea of property rights
⑤ difficulties in agreeing on a fair price for the island

bargain 싸게 산 물건; *거래, 협정
settler 정착민, 이주자
indigenous tribe 토착 부족
bead 구슬
misunderstanding 오해
[문제]
misconception 오해
profound 심오한, 깊은
perception 지각; *인식
property 재산; *부동산, 토지

6

주어진 글 다음에 이어질 글의 순서로 가장 적절한 것은?

When San Francisco's famous Golden Gate Bridge was being designed in the mid-1930s, the United States Navy proposed colors that **would have given** the landmark a much different feel.

(A) The color had been used for many years in the shipping industry to help objects stand out. Morrow also felt that its brightness would complement the beautiful landscape of the bay area.
(B) Of course, nobody outside the Navy wanted to paint the bridge with those colors. In the end, architect Irving Morrow decided to use "International Orange," as it was both visible and pleasing to the eye.
(C) The Navy suggested that it be painted yellow with black stripes to avoid any accidents with ships. However, these colors **might well** remind people of industrial caution tape.

① (A) – (C) – (B)　② (B) – (A) – (C)　③ (B) – (C) – (A)
④ (C) – (A) – (B)　⑤ (C) – (B) – (A)

propose 제안[제의]하다
stand out 쉽게 눈에 띄다 [도드라지다]
complement 보완하다; *(금상첨화 격으로) 덧붙이다
pleasing 즐거운, 만족스러운

정답 및 해설 p. 8

해석 기법 08

동사와 함께 쓰이는 전치사를 알아 두자

동사와 전치사가 함께 쓰이면 각각의 뜻이 합쳐져 다양한 의미를 나타낸다. 동사와 전치사의 결합 형태와 그 의미를 기억해 두자.

A People often **associate** the color green **with** spring.

B The solar panel **converts** light **into** renewable energy.

C The company **accused** him **of** stealing one million dollars of its funds.

빠바 PLUS

전치사의 의미를 알고 있으면 동사와 전치사가 결합된 표현들을 이해하기 쉽다.

of ▶ ① 소속
- 「remind A of B」 'A에게 B를 생각나게 하다'
- 「inform A of B」 'A에게 B를 알리다'
- 「accuse A of B」 'A를 B로 고발[고소]하다'

② 소속된 것으로부터의 분리
- 「deprive[rob] A of B」 'A에게서 B를 빼앗다'
- 「relieve A of B」 'A에게서 B를 덜어 주다'

with ▶ 재료나 내용물
- 「provide A with B」 'A에게 B를 제공[공급]하다'
- 「replace A with B」 'A를 B로 교체하다'

for ▶ 교환의 대상
- 「exchange A for B」 'A를 B로 교환하다'
- 「take A for B」 'A를 B라고 여기다'
- 「mistake A for B」 'A를 B로 오인[혼동]하다'

from ▶ 분리
- 「distinguish A from B」 'A를 B와 구별하다'
- 「keep[stop, prevent] A from B」 'A가 B하는 것을 막다'

to ▶ 도달점
- 「owe A to B」 'A를 B의 덕택으로 돌리다'
- 「attribute A to B」 'A를 B의 결과[탓, 덕분]로 돌리다'

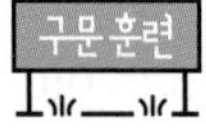

구문 훈련 밑줄 친 부분에 유의하여 다음 문장을 우리말로 해석해 보자.

1 I sometimes mistake her for her twin sister.

2 Not all residents attribute environmental damage to tourism. 수능기출

3 It's important to learn how to distinguish a common cold from the flu. 수능기출

4 Poetry provides us with what is missing in our own lives—the experience of imaginative pleasure. 수능기출

7

다음 글의 밑줄 친 부분 중, 어법상 틀린 것은?

About 25 to 30% of people ① suffer from car sickness. Their symptoms include nausea, sweating, headaches, and vomiting. Unfortunately, some technological advances make car sickness ② even worse. Electric cars, for example, are smoother and quieter than traditional cars. This has the downside of **preventing** passengers **from** getting used to the movement of the vehicle. With traditional cars, we **associate** acceleration **with** the sound of the engine ③ getting louder. Electric cars, however, **deprive** us **of** this reference point. Another problem is the number of screens inside electric cars. They **discourage** passengers **from** looking outside. This makes it harder for ④ it to correctly perceive their position in space, which worsens the symptoms of car sickness. In the future, fully automated vehicles will probably make things even worse. This is because the act of driving is one of the best ways ⑤ to prevent car sickness.

*nausea: 울렁거림 **acceleration: (차량의) 가속

symptom 증상
vomiting 구토
technological 기술적인
electric 전기의
downside 불리한 면, 단점
reference point 기준[점]
discourage *막다; 좌절시키다
perceive 인식하다
automated 자동화된

8

다음 글의 제목으로 가장 적절한 것은?

In the mid-1970s, a 26-year-old industrial designer named Patricia Moore wanted to see what life was like for an 80-year-old woman. She put on glasses that made her eyesight blurry, wore uneven shoes so that she needed a stick to walk, and even put on makeup to appear old and wrinkly. She spent several years experiencing the everyday challenges faced by the elderly, such as going up and down stairs, catching buses, and opening refrigerator doors. These experiences helped her design products that could be more easily used by everyone. People now **associate** her innovations **with** the birth of Universal Design, an approach that seeks to include people of all ages and abilities.

① Why It Is Important to Help the Elderly
② Universal Design: Not Just for the Elderly
③ Challenges That the Elderly Face Every Day
④ The Amazing Success of an 80-Year-Old Designer
⑤ Understanding the Elderly to Design Better Products

blurry 흐릿한
uneven 평평하지 않은, 울퉁불퉁한
wrinkly 주름이 있는
the elderly 노인들
innovation 혁신; *획기적인 것
approach 접근법

• REVIEW TEST •

정답 및 해설 p. 9

A

네모 안에서 어법상 올바른 것을 고르시오.

1 You're late! You [would / should] have gotten up earlier.

2 The company cannot help [close / closing] its less profitable stores.

3 Truffles [have used / have been used] to make fancy food for centuries.

4 The couple considered their son [brilliant / brilliantly] after he recited the names of all the countries in the world.

5 The police failed to find any clues. The thief [must / cannot] have worn gloves in order not to leave any fingerprints.

B

다음 문장의 괄호 안에 주어진 동사를 알맞은 형태로 고쳐 쓰시오.

1 The children who asked for help are (be) rescued by local people.

2 An incredible amount of crops have (be) destroyed by a plague of locusts.

3 The streets in my neighborhood have been (decorate) with Christmas trees.

4 Strong dissatisfaction over the territorial disputes with Japan is being (express) by China.

C

주어진 우리말과 일치하도록 빈칸을 채우시오.

1 그의 말투는 나에게 그의 아버지를 생각나게 한다.
The way he speaks reminds me __________ his father.

2 어젯밤, 나의 아버지는 나를 도둑으로 오인하고 나를 거의 때리실 뻔했다.
Last night, my father mistook me __________ a thief and almost hit me.

3 우리는 고객들에게 합리적인 가격에 최고의 상품을 제공하기 위해 노력한다.
We try to provide our customers __________ the best products at reasonable prices.

4 의사들은 피부 질환의 증가를 환경적인 요인의 탓으로 돌린다.
Doctors attribute the increase in skin conditions __________ environmental factors.

5 때때로, 온라인 게임에 중독된 사람들은 현실을 가상 현실과 구별하지 못한다.
Sometimes, people addicted to online games cannot distinguish reality __________ virtual reality.

03

형태와 위치가 다양한 목적어를 정복하라

동사에 따라 동사의 대상이 되는 말, 즉 목적어가 없으면 의미가 완성되지 않는 경우가 있다. 주어와 마찬가지로 목적어도 그 형태나 위치가 다양하므로, 이를 빠르게 찾고 그 의미를 정확하게 파악할 수 있어야 한다.

목적어로 절이 쓰인 경우에 유의하라

목적어로 명사절이 쓰이는 경우는 자주 접하게 되므로 어렵게 느껴지지 않을 것이다. 그러나 다음과 같이 해석이 까다로운 경우들도 있으므로 유의한다.

두 개 이상의 절이 목적어로 쓰인 경우

A The president of the car company thinks that the company will grow this year and that the quality of their cars is improving.

목적어절 안에 또 다른 절이 있는 경우

B Research has found that people [who live near bus stations] are at higher risk of suffering from respiratory diseases.

접속사가 생략된 경우

C He said (that) he would give his son a present every other day; he never realized (that) this would spoil the child.

if[whether]가 이끄는 절이 목적어로 쓰인 경우: '…인지'로 해석

D Do you happen to know if there are any ATMs around here?

E I have not decided whether I should go abroad to obtain a doctorate degree.

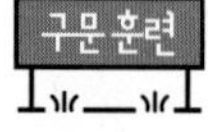

밑줄 친 부분에서 목적어절을 찾아 [ ]로 묶어 보자.

1 Many people wonder if there might be life forms inhabiting other galaxies.

2 Some people say that friends who offer helpful advice and support are really rare.

3 As I turned the corner off the tree-lined street, I realized the whole house was shining with light. 수능기출

4 Actors are fortunate because they can choose whether they will appear in a tragedy or in a comedy.

1

다음 글의 제목으로 가장 적절한 것은?

The Faroe Islands are a group of islands in the North Atlantic. Although they are controlled by Denmark, they have their own government. The people of the islands traditionally hunt pilot whales. They have done this for centuries, so whale meat and blubber are important parts of the local diet. The government insists **the killing of whales is not done for profit**. Most of the whale meat and blubber is distributed for free to the local community, although some is sold in supermarkets. Multiple hunts are held each year under the strict supervision of the local government. There is a law that says **each killing must take place as quickly and efficiently as possible**. The government claims **that the average annual catch is only about 800 whales** and **that this is a small percentage of the overall pilot whale population**. However, environmental groups still question **whether this practice should be allowed to continue.**

*pilot whale: 둥근머리돌고래 **blubber: (해양 동물의) 지방

① The Global Rise of Whale Meat Sales in Supermarkets
② The Faroese Government Has Prohibited Local Whale Hunts for Profit
③ The Effects of a Law Against Whale Hunting in the Faroe Islands
④ Whale Hunting in the Faroe Islands: Cultural Practice or Conservation Issue?
⑤ The History of Conflict Between Environmentalists and the Faroese Government

Atlantic 대서양
for centuries 수 세기 동안
insist 주장하다
profit 이익, 이윤
distribute 분배하다
strict 엄격한
supervision 감독
average 평균의
overall 종합[전반]적인
population 인구; 개체 수
question 질문하다; *의문을 갖다
[문제]
prohibit 금지하다
conservation 보호

2

다음 글에서 전체 흐름과 관계 없는 문장은?

Broken heart syndrome, also known as takotsubo syndrome (TTS), is a condition that occurs when stress weakens the heart's ability to pump blood. TTS can occur after stressful events such as the loss of a family member or a natural disaster. ① Surprisingly, researchers say **people can also get TTS when happy things occur**, sometimes referring to this as "happy heart syndrome." ② People experience symptoms similar to TTS, such as dizziness and shortness of breath, when they have a heart attack. ③ A researcher discovered this while analyzing data from 1,750 patients with takotsubo syndrome. ④ Of the 485 patients diagnosed after emotional events, 20 had experienced happy events. ⑤ The researcher concluded **that the brain reacts similarly to extremely positive and negative events, so both can result in takotsubo syndrome.**

*broken heart syndrome: 상심 증후군

weaken 약화시키다
symptom 증상
dizziness 현기증
analyze 분석하다
diagnose (질병·문제의 원인을) 진단하다
react 반응하다
extremely 극도로, 극히

같은 의문사절 목적어라도 의미가 다를 수 있다

의문사가 이끄는 「의문사+주어+동사」의 절은 목적어로 쓰일 수 있는데, 몇몇 의문사는 문장에서 쓰이는 방식에 따라 의미가 달라진다. **how가 동사를 수식하는 경우에는 '어떻게'로, 형용사·부사를 수식하는 경우에는 '얼마나'로 해석된다.** 또한, what이 이끄는 명사절은 의문사절일 수도 있고 관계사절일 수도 있다. 그 구분이 명확하지 않지만, **일반적으로 what이 '…하는 것'으로 해석되면 관계대명사로, '무엇이[무엇을] …할지'로 해석되면 의문사로 볼 수 있다.**

A The manual explains how this device works. ('어떻게')

B You can see how easy it is to make mistakes under these conditions. ('얼마나')

C If you want to succeed in business, you have to be willing to give up what you enjoy. (관계사절 '…하는 것')

D Do you know what the unemployment rate of college graduates was last year? (의문사절 '무엇이 …인지')

의문사절은 「의문사+to-v」의 형태로 축약해서 쓰는 경우가 많다. 이런 구문은 숙어처럼 암기해 두자.

- 「how to-v」 '어떻게 …할지', '…하는 방법'
- 「what to-v」 '무엇을 …할지'
- 「when to-v」 '언제 …할지'
- 「where to-v」 '어디서[로] …할지'

1 Please tell me when to get off the bus. ('언제 내릴지')

2 My grandmother started learning how to read English in her 60s. ('읽는 법')

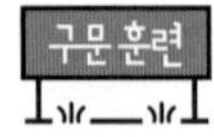

밑줄 친 부분에 유의하여 다음 문장을 우리말로 해석해 보자.

1 If you want to be a good speaker, learn how to listen well.

2 Can you tell me what your position is at your new company?

3 Every student and office worker knows how important it is to back up data.

4 First, imagine what you would like to be, and then do what you have to do to reach your goal.

5 When you attempt something and fail, you have to ask yourself why you failed to do what you intended. 수능기출 응용

3

다음 글의 요지로 가장 적절한 것은?

Imagine you take your bicycle to a repair shop. You expect the workers at the shop to do **what you paid them to do**, which is to fix your bicycle. If they do a good job, you will be back again next time for bike repairs. If they do a bad job, however, you will look for a new repair shop. The same is true with governments. It is our job as citizens to make sure that government does **what is expected**. If they do a good job, we can trust them in the future. If they don't, we can explain **why we won't vote for them again**. This kind of participation in government is important. How much effort we put into participating depends on **how well we think the government is doing**. If we are satisfied, we will do very little besides voting. But if we are dissatisfied, we will probably take other types of action.

① 유권자는 어떤 후보를 지지하기 전에 많은 고민을 해야 한다.
② 정부가 나라를 발전시키는 방식은 고장 난 자전거를 고치는 것과 같다.
③ 시민들은 투표를 통해 정부를 지지하고 감시함으로써 정치에 참여한다.
④ 국가를 대표할 사람들을 투표로 뽑는 것은 민주주의를 대표하는 제도이다.
⑤ 선거권은 여러 사람들이 쟁취해서 얻은 시민의 권리이므로, 반드시 행사해야 한다.

fix 고정시키다; *수리하다
citizen 시민
vote 표; *투표하다
besides … 외에

4

다음 글의 빈칸에 들어갈 말로 가장 적절한 것은?

Dr. Viktor Emil Frankl was an Austrian psychiatrist who thought that feeling emotional pain was a natural part of life, and that humans have the ability to choose **how to respond to situations**. But most importantly, he believed that people's main motivation in life is the search for meaning. According to Frankl, in order to find this meaning in their lives, people have to ______________________________. For example, Frankl was helping a man who was severely depressed after his wife's death. He asked the man to think about **what would have happened if he had died first and his wife had been forced to live without him**. The man realized his own grief and pain meant that his wife did not have to experience **what he was going through**. This helped end his depression.

① look towards the future and forget about the past
② change their attitude toward unavoidable suffering
③ stop worrying about others and focus on themselves
④ figure out what makes them happy and what does not
⑤ give up their freedom by accepting more responsibility

psychiatrist 정신과 의사
respond 대답하다; *대응[반응]하다
severely 심하게, 엄하게
depressed 우울한, 우울증을 앓는
grief 비탄, 비통, 큰 슬픔
go through 겪다, 경험하다
[문제]
look towards … 쪽으로 향하다[기울다]; *…을 생각하다
unavoidable 불가피한, 어쩔 수 없는
figure out …을 이해하다, 알아내다

목적어로 it이 오면 뒤에 진목적어가 있는지 살펴보라

「S+V+O+OC」의 문형에서, 목적어로 to부정사구, 동명사구, 명사절 등이 오면 가목적어 it을 원래 목적어 자리에 두고 원래 목적어는 뒤로 보내는 경우가 많다. **문장을 읽다가 가리키는 대상이 없는 it이 목적어로 나오면 문장 뒤쪽에 진목적어가 있는지 확인해 보자.** 진목적어를 찾았을 경우, 가목적어 it의 자리에 넣어서 해석하면 된다.

A Many people consider it(가목적어) impolite to point at others(진목적어).

B I found it(가목적어) difficult living in a foreign country(진목적어).

C Customers find it(가목적어) convenient that the online shopping mall offers a delivery service(진목적어).

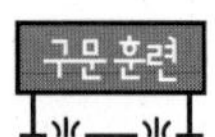

밑줄 친 부분에서 진목적어를 찾아 [ ]로 묶어 보자.

1 Those who have a phobia of flying find it impossible to relax on an airplane.

2 Americans consider it rude to call people by their first name without being invited to do so.

3 While traveling abroad, you might find it helpful to learn some key phrases in the local language.

4 Centuries ago, people found it difficult to imagine how someone could see an object without seeing what color it is. 수능기출

5 As soon as people fall asleep, the levels of the hormones that stimulate their nervous system begin to fall. As a result, blood vessels relax, which makes it easier for blood to flow.

5

다음 글에서 전체 흐름과 관계 없는 문장은?

Many products for sale at local supermarkets contain a chemical called bisphenol A, more commonly known as BPA. BPA can be found in plastics used to make food containers and baby bottles. It is also used to protect the inside of metal food cans. These products can cause people to be exposed to BPA through their diet. ① This is because BPA may leak out of these containers and into the food itself. ② BPA is harmful to the body because its structure is similar to that of natural hormones. ③ Hormones are produced by glands and released into the bloodstream. ④ This similarity makes **it** easy for vital bodily functions **to be negatively affected.** ⑤ Whether or not BPA should be banned is controversial, but many experts consider **it** unwise **to use products that contain BPA.**

*gland: (분비)선(腺), 샘

expose 드러내다; *노출시키다
leak 새다
release 풀어 주다; *방출하다
bloodstream 혈류
vital 필수적인
ban 금(지)하다
controversial 논란이 많은

6

글의 흐름으로 보아, 주어진 문장이 들어가기에 가장 적절한 곳은?

> However, scientists have found **it** possible **to fool the brain.**

When we experience feelings of fatigue, they may seem to be physical. (①) Yet, studies show that these feelings don't actually come from the body. (②) Even when people report being exhausted from exercise, there is still enough energy in their muscle tissues to continue on for several minutes more. (③) This is because it is actually the brain that sends us the message to stop exercising before we reach our physical limit in order to prevent potential injuries. (④) For example, running a small electrical current through their brain increased cyclists' output by 10%. (⑤) And other athletes have shown improvements in their performance in hot conditions when given incorrect information about the temperature.

fool 속이다, 기만하다
fatigue 피로
exhausted 기진맥진한
tissue (세포) 조직
potential 가능성이 있는, 잠재적인
electrical 전기의
current (물·공기의) 흐름; *전류
output 생산량, 산출량
improvement 향상

길이가 길거나 제 위치를 벗어난 목적어에 주의하라

목적어에 수식어가 여러 개 붙어서 길이가 길어지면 어디까지가 목적어인지 파악하기 어렵다. 또한, **목적어가 동사 바로 뒤에 오지 않고 강조를 위해 문장 맨 앞에 놓이거나, 동사와 목적어 사이에 다른 어구나 절이 삽입되어도 의미 파악이 어려울 수 있다.** 이처럼 목적어의 형태와 위치가 일반적이지 않은 경우들을 다양한 예문을 통해 파악해 두자.

A You(S) can't imagine(V) how much you are going to learn about yourself(O) through this three-week course.

B What effect this trend will have on the future of the species(O), scientists(S) have yet to uncover(V).

C The writer(S) ruined(V), [whether she intended to or not](삽입절), the plot of the play(O).

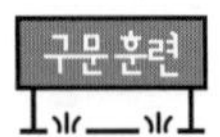

각 문장의 목적어를 찾아 밑줄을 그어 보자.

1 You must write in your cover letter what kind of career you're interested in.

2 The little money that he had, he spent on rice, inexpensive vegetables, and spices.

3 What the world of our grandchildren will be like 50 years from now, we don't know.

4 Thomas Davenport will now describe for us how the information explosions have affected businesses.

5 The student president explained to her fellow students how she intended to improve the school.

7

다음 글의 주제로 가장 적절한 것은?

In today's interconnected world, people rely heavily on a handful of dominant languages. This causes a serious problem, even though it improves international cooperation, by threatening vulnerable languages. Many languages slowly die out as the younger generations first become bilingual and then gradually abandon their traditional language. It is important that efforts are made to prevent this from happening. Language is woven together with culture, and it reflects **what is important to those who speak it**. As a culture develops, its language grows and changes with it. But when a language is lost, the culture is at risk. Without a language to pass down stories and lessons from the past, the culture could simply disappear.

① the difficulties of maintaining a unique culture
② why endangered languages should be preserved
③ how language has historically functioned in society
④ the problems that can cause nations to disappear
⑤ how foreign languages are adopted by countries

interconnected 상호 연결된
rely on …에 의존[의지]하다
a handful of 소수의
dominant 우세한, 지배적인
cooperation 협력
vulnerable 취약한
bilingual 이중 언어를 쓰는
abandon 버리다; *포기하다
weave 짜다[엮다], 엮어서 만들다 (wove-woven)
at risk 위험에 처한
pass down …을 물려주다
[문제]
endangered 멸종 위기에 처한
function 기능하다, 작용하다
adopt 채택하다, 차용하다

8

밑줄 친 what you plant, you will eventually harvest가 다음 글에서 의미하는 바로 가장 적절한 것은?

The concept of karma suggests **that every action has a consequence, whether in this life or the next**. Essentially, karma is like a seed; **what you plant**, you will eventually harvest. For example, a man kept harassing others online under the cloak of anonymity. Eventually, however, his identity was exposed and legal action was taken against him. In a different instance, a CEO of a large company paid the necessary, expensive fees to dispose of waste from its factory correctly, while her rivals simply dumped their waste from their factories into local rivers. A government investigation later revealed the behavior of her competitors. They were forced to pay massive fines and eventually went bankrupt. These examples remind us that living a moral life matters, even if we don't immediately see the results of our actions.

*cloak: 가림막 **anonymity: 익명(성)

① Due to the principle of uncertainty, not every phenomenon is reasonable.
② Both positive and negative actions will have corresponding outcomes.
③ Human nature originates from what people seek and what they find.
④ Small actions can sometimes lead to uncontrollable consequences.
⑤ One must solve one's own problems without anyone's help.

harvest 수확하다, 거둬들이다
concept 개념
karma 카르마, 업보
seed 씨(앗)
harass 괴롭히다[희롱하다]
identity 신원, 신분
legal 합법적인
dispose of …을 처리하다
dump 버리다
investigation 수사, 조사
fine 좋은; *벌금
go bankrupt 파산하다
moral 도덕상의, 도덕적인
[문제]
corresponding 상응하는
outcome 결과
originate from …에서 유래하다
consequence 결과

• REVIEW TEST •

정답 및 해설 p. 14

A

네모 안에서 어법상 올바른 것을 고르시오.

1 She asked me [that / whether] I like sugar in my coffee.

2 I found [that / it] very exciting to swim in the pool at night.

3 A warm climate year-round makes it pleasant [live / to live] here.

4 As I've never met the man, I can't tell you [how / what] he looks like.

5 He told me [that / what] he had been a waiter before he became a taxi driver.

6 I called Kay and told her [that / whether] there were some problems with our plan.

B

괄호 안의 동사를 이용하여 우리말과 일치하도록 문장을 완성하시오.

1 나는 새 컴퓨터를 어디에 둘지 결정하지 못하겠다.
I can't decide __________ __________ __________ my new computer. (put)

2 나는 패스트푸드점에서 한 할머니께 무인 단말기를 어떻게 사용하는지 가르쳐 드렸다.
I taught an old woman __________ __________ __________ a kiosk at the fast-food restaurant. (use)

3 나의 미국인 친구는 한국에 머무르는 동안에 젓가락으로 어떻게 먹는지 배웠다.
My American friend learned __________ __________ __________ with chopsticks while staying in Korea. (eat)

4 모든 비행기 승무원은 비상시에 무엇을 할지 알아야 한다.
All flight attendants should be aware of __________ __________ __________ in case of an emergency. (do)

5 만약 내가 너에게 보고서를 언제 제출할지 물어보지 않았다면, 나는 마감 시간을 놓쳤을 것이다.
If I hadn't asked you __________ __________ __________ __________ the report, I would have missed the deadline. (hand in)

C

다음 문장의 괄호 안에 제시된 단어들을 바르게 배열하시오.

1 Critics tried to figure out (the writer, what, intended).

2 Your father asked me (would, when, come, you, home).

3 The technician hasn't found out (stop, the whole system, made, what).

4 The feature story this week is about (the novel, much, influences, how, society).

5 I am wondering (the price, if, all meals and accommodations, includes).

04

보어는 불완전함을 보충한다

보어는 의미가 불완전한 동사를 보충하여 그 의미를 완성하는 역할을 한다. 보어에는 명사, 형용사, 동명사, 부정사, 분사, 전치사구, 명사절 등 다양한 형태가 있다. 동사에 따라 달라지는 보어의 형태와 그 의미를 확실히 파악하도록 하자.

정답 및 해설 p. 14

be동사 뒤에 오는 주격보어에 유의하라

동명사구나 to부정사구, 명사절이 be동사 뒤에 오면 주격보어로 쓰여 '…는 ~이다'로 해석된다. 그러므로, 수식어가 붙어 길어진 문장이라도 **be동사를 기준으로 앞뒤를 나눠 구조를 파악하면 이해하기 쉽다.** 명사절이 보어인 경우, 명사절을 이끄는 다양한 접속사(that, if, whether), 의문사, 관계대명사 what 등의 쓰임에 익숙해지도록 하자.

A My most precious childhood memory is camping out under the countless stars. (SC (동명사구): camping out under the countless stars)

B The sole purpose of this performance is to raise money for charity. (SC (to부정사구): to raise money for charity)

C What I'm not sure of is whether his injury will be fully healed before the season starts. (SC (명사절): whether his injury will be fully healed before the season starts)

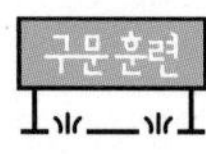

다음 문장에서 주격보어에 밑줄을 그어 보자.

1 What he liked most was going to the movies. 수능기출

2 The woman's job at the department store is selling cosmetics.

3 One difference between winners and losers is how they handle losing. 수능기출

4 One easy way to reduce global warming is to turn off the lights when leaving a room.

5 To repeat to them the findings of previous work is to bore them with unnecessary reminders. 수능기출 응용

6 Our body temperature drops during sleep, and that is why a person who is sleeping must be covered.

1

글의 흐름으로 보아, 주어진 문장이 들어가기에 가장 적절한 곳은?

> So, they sent her to record a conversation between two men from the Soviet Union.

Clever and cute, cats are beloved by people around the world. That's **why, in the 1960s, the CIA decided they would make perfect spies**. It was believed that nobody would suspect a cat of working for the government. After choosing a female cat, doctors surgically placed a tiny transmitter in her chest, along with a microphone in her ear and an antenna running along her backbone. (①) Performing the operation was not that hard. (②) However, training the cat proved to be quite difficult because they are such stubborn animals. (③) Finally, after five years of training, the CIA concluded their animal agent was ready. (④) Sadly, the cat was hit by a passing taxi after taking only a few steps. (⑤) As a result of this unsuccessful experiment, the idea of using cats was abandoned.

be beloved by …에게 사랑 받다
surgically 수술로
transmitter 발신기
backbone 척추
operation *수술; 작전, 활동
stubborn 완고한, 고집 센
conclude 결론[판단]을 내리다
agent 대리인; *첩보원, 스파이
abandon 버리다; *그만두다, 포기하다

2

다음 글의 제목으로 가장 적절한 것은?

One tradition found in many ancient cultures is **burying the dead with things they might need in the afterlife**, such as food, weapons, and clothing. Archaeologists in western Norway, however, have found an unexpected item in a grave that dates back to the Early Iron Age—a board game. The board itself was missing, but the archaeologists found dice and game pieces. They believe that the board game was an indication that the dead person was wealthy. This is because board games were a symbol of social status and power in ancient civilizations. Only someone who was educated and didn't need to work could spend time playing them. The likely purpose of burying the board game was **to provide the dead person with entertainment in the next world**.

① Decorating the Graves of the Wealthy
② The Burial Rituals of Western Norway
③ An Unexpected Place for a Board Game
④ Discovering the Origins of Board Games
⑤ Learning About the Past by Playing Games

bury 묻다, 매장하다 (*n.* burial 매장)
afterlife 내세, 사후 세계
archaeologist 고고학자
grave 무덤
date back to …까지 거슬러 올라가다
dice 주사위
indication 지시, 암시, 표시
wealthy 부유한, 재산이 많은
status 지위, 신분
civilization 문명
educated 교육받은, 교양있는
entertainment 오락(물), 여흥
[문제]
ritual 의식 절차, (제의적) 의례

목적어와 목적격보어를 의미 단위로 구분하자

5형식 문장에서 목적어나 목적격보어가 한두 개의 단어로 이루어져 있다면, 문장 해석에 큰 어려움이 없을 것이다. 그러나 실제로는 어디까지가 목적어이고 어디까지가 목적격보어인지 구분하기 어려운 경우가 많다. 이때는 **동사의 의미를 통해 이어질 내용을 짐작해 본 후, 의미 단위로 끊어 해석해 보자.**

A He found the woman in the red dress(O) stunning(OC).

B Personal trainers will help each member of our fitness club(O) improve their health(OC).

C Huge downpours of rain make thousands of people in the country(O) homeless(OC) each year.

전치사구가 보어로 쓰이는 경우도 있으므로, 목적어 뒤에 온 전치사구를 성급하게 단순 수식어로 판단하지 않도록 주의하자.

1 They will later find themselves(O) in great trouble(OC).

2 He considered it(가목적어) out of the question(OC) to take a vacation at that time(진목적어).

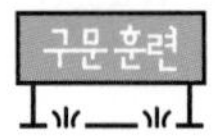

밑줄 친 부분에서 목적격보어를 찾아 [ ]로 묶어 보자.

1 The hurricane left many people wondering what to do next.

2 All in all, singing sea songs made their stay aboard the ship less difficult. 수능기출 응용

3 Too little oil makes popcorn dry and burnt, and too much oil makes it greasy.

4 If you do not practice what you know, you will soon find your knowledge of no use.

5 The trust that this apparent objectivity inspires is what makes maps such powerful carriers of ideology. 수능기출

3

주어진 글 다음에 이어질 글의 순서로 가장 적절한 것은?

> If you've ever been inside a shopping mall, you probably noticed that there were no clocks or windows. The reason for this is to create a change in our perception of time, also known as a "temporal distortion."

(A) For instance, we might end up buying stuff we don't actually want or need and then regret the purchase later. This happens because malls are cleverly designed to overwhelm us, pushing us toward making impulsive purchases.

(B) You have likely experienced this phenomenon while playing video games. It felt like you were playing for minutes, but it was actually hours. This is because the gaming environment **makes it difficult to tell how much time has passed**.

(C) The same thing happens in malls. We end up spending more time shopping, which leads the brain to become exhausted from making too many decisions. This **leaves us more susceptible to poor decision-making**, causing us to make bad purchases.

① (A) – (C) – (B)　　② (B) – (A) – (C)　　③ (B) – (C) – (A)
④ (C) – (A) – (B)　　⑤ (C) – (B) – (A)

perception 인식
temporal 속세의; *시간의
distortion 왜곡
purchase 구입, 구매
cleverly 영리하게; *교묘하게
design 디자인; *설계하다
overwhelm 압도하다
impulsive 충동적인
phenomenon 현상
exhausted 기진맥진한
susceptible 민감한; *(…의) 영향을 받기 쉬운

4

밑줄 친 부분이 가리키는 대상이 나머지 넷과 다른 것은?

Triboulet was born in France in the 15th century. His body looked different from those of other people. He had short, crooked legs and long arms. People teased him about how he looked, but Triboulet just **made it part of** ① his **sense of humor**. He was so funny that it was his job to **make the king laugh**. But Triboulet was not just funny. He was also very bold. One day, Triboulet **found himself in serious trouble**. ② He had decided to slap the backside of the king. The king didn't **consider it funny** and demanded an apology. Triboulet apologized by saying, "I'm sorry. I didn't recognize you! I thought you were the queen!" The king **found this even less amusing**. He decided to put ③ him to death. He **allowed Triboulet to choose** how ④ he would die. Triboulet immediately replied, "I choose to die of old age." The king liked this clever answer, so ⑤ he called off the execution.

*crooked: 비뚤어진, 구부러진

tease 놀리다, 장난하다
bold 용감한, 대담한
slap 철썩 때리다
backside 엉덩이
apology 사과
(*v.* apologize 사과하다)
recognize 알아보다, 알다
put ... to death 사형에 처하다
execution 처형, 사형 (집행)

정답 및 해설 p. 16

목적격보어로 부정사가 오는 동사를 정리해 두자

목적격보어로 부정사가 오는 경우, 동사에 따라 그 형태가 달라진다. 이 때문에, 올바른 목적격보어의 형태를 찾는 것이 어법성 판단 유형에 자주 출제되곤 한다. 목적격보어로 부정사를 쓰는 동사 중 실제 지문에서 자주 사용되는 것들을 중심으로 정리해 두자.

원형부정사를 목적격보어로 쓰는 주요 동사

- have, let, make: '…가 ~하게 하다[시키다, 만들다]'
- see, watch, hear, listen to, feel: '…가 ~하는 것을 보다[듣다, 느끼다]'

A He **saw** a strange-looking insect(O) **crawl** on his arm(OC) and **let** it(O) **fly away** through the window(OC).

to부정사를 목적격보어로 쓰는 주요 동사

- want, wish, like: '…가 ~하기를 바라다'
- tell, order, ask: '…에게 ~하라고 말하다[명하다, 요청하다]'
- allow, persuade, encourage: '…가 ~하도록 허락하다[설득하다, 장려하다]'

B Queen Victoria **encouraged** her people(O) **to read** books(OC).

C The company **asked** people who wanted an early retirement(O) **to hand in** the required documents(OC).

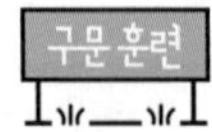

밑줄 친 부분에서 목적격보어를 찾아 [ ]로 묶어 보자.

1 His parents persuaded him not to go backpacking alone.

2 I asked her to fix my laptop if she had time during the weekend.

3 The hospital director let the student volunteers spend some time with the sick children.

4 Through the window, George watched them pass under the street light and cross the street.

5 The rise in commerce and the decline of authoritarian religion allowed science to follow reason in seventeenth-century Europe. 수능기출

5

다음 글에서 필자가 주장하는 바로 가장 적절한 것은?

Today, with the advent of the internet and new technology for editing digital material, more people than ever before can produce artistic creations and share them with the world. Many critics, though, have expressed concern that this is **causing us to lose** our sense of what makes truly great art. Great art challenges our perceptions of the world and forever changes our thoughts and feelings. Artists ought to remember that new technologies are nothing more than tools that can be used in the creative process. In other words, the goal of the modern artist should not be simply to utilize technology for its own sake. Rather, it should be to produce unique creations that will **allow the public to have** new, eye-opening experiences.

① 현대 기술을 적극 활용하여 작품을 창작해야 한다.
② 예술가는 자신의 가치관과 작품관을 구분해야 한다.
③ 현대 예술가는 진정한 의미의 예술 창작을 추구해야 한다.
④ 디지털 시대의 예술 작품을 보호할 방안을 마련해야 한다.
⑤ 예술가는 대중이 공감할 수 있는 작품을 만들어 내야 한다.

advent 도래, 출현
critic 비평가, 평론가
challenge 도전하다
nothing more than …에 불과한
utilize 활용[이용]하다
for one's own sake …을 위해서
eye-opening 놀랄 만한

6

다음 글의 주제로 가장 적절한 것은?

When Harriet Beecher Stowe published the novel *Uncle Tom's Cabin* in 1852, it had a significant effect on the United States. At that time, slavery was still legal in the southern part of the country. The book's anti-slavery message **made people in the Northern states begin** to realize just how bad slavery was. This was partly because Stowe wrote in a very personal, informal style that **enabled readers to empathize** with the slaves in her novel. Stowe's novel had a stronger effect than newspaper articles and political speeches. It **inspired many ordinary Americans to believe** that they could help make the world a better place. Nine years after *Uncle Tom's Cabin* was published, the American Civil War began, which eventually led to the end of slavery.

① the issues that led to the American Civil War
② a former slave who wrote a best-selling novel
③ a realistic novel about the American Civil War
④ a novel that helped turn Americans against slavery
⑤ the reasons why slavery was legal in the United States

significant 중요한, 중대한
slavery 노예 (상태·신분); *노예 제도 (*n.* **slave** 노예)
legal 법률과 관련된; *합법적인
empathize 공감하다
political 정치적인
[문제]
former 과거[이전]의
turn A against B A로 하여금 B에게서 등을 돌리게 하다

정답 및 해설 p. 17

보어로 쓰인 분사를 바르게 파악하자

분사는 단순 수식어로 쓰였는지 보어로 쓰였는지 구분하기 어렵기 때문에 분사가 보어로 쓰인 문장은 해석하기 까다롭다. **현재분사는 능동이나 진행의 의미를 나타내며 '…하는', '…하고 있는'으로 해석되고, 과거분사는 수동이나 완료의 의미를 나타내며 '…된', '…한'으로 해석된다.**

A I heard his voice (O) **shaking** (OC) when he was answering the question.

B He saw a small child (O) **drowning** in the pool (OC) and tried to save him.

C I was shocked when I saw pieces of glass (O) **scattered** all over the room (OC).

D They had the furniture (O) **delivered** to their new apartment (OC) a few weeks ago.

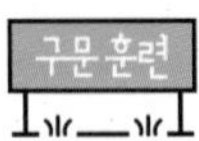

다음 문장에서 보어로 쓰인 분사를 모두 찾아 밑줄을 그어 보자.

1 He stopped when he heard his name called, but there was no one in sight.

2 Now that Kate has a Spanish friend, she is becoming interested in learning Spanish.

3 My grandfather, not knowing much about computers, gets frustrated easily when using them.

4 When he looked up again, he saw a different bus coming that was going right to his work. 수능기출

5 The people you communicate with will be much more relaxed around you when they feel heard and listened to. 수능기출 응용

7

다음 글의 밑줄 친 부분 중, 문맥상 낱말의 쓰임이 적절하지 않은 것은?

Have you ever wanted to say something but **found yourself struggling** to remember the correct word? This is called the tip-of-the-tongue phenomenon. There are several different things that can cause it. In some cases, it happens because you **feel exhausted**. In other cases, it is caused by having a ① weak memory of the missing information. No matter what the cause is, you shouldn't struggle to remember the desired information, as this can make it more difficult to ② recall in the future. A better way of ③ resolving the situation is to simply look it up online. Once you've found the word, you can ④ break the cycle by repeating the word over and over, either aloud or silently. This creates something called a procedural memory, which will ⑤ raise the chances of the word being forgotten again.

desired 바라던, 바람직한
recall 기억해 내다, 상기하다
resolve 해결하다
look ... up (정보를) 찾아보다
procedural 절차(상)의

8

다음 글의 제목으로 가장 적절한 것은?

Voter advice applications, sometimes referred to as VAAs, are short online quizzes. Voters who take them **have their opinions on social issues matched** to the policies of political parties. VAAs **get users engaged** in the political process by encouraging them to do further research on these policies and participate in elections more. They also help users decide on who they should vote for. What's more, most VAAs collect and save data anonymously, allowing it to be used to create informative reports about the country's political situation. Currently, VAAs are popular in a number of European countries, including the Netherlands, Germany, and Finland. They are expected to become more widely used around the world in the near future.

① New Services for Future Politicians
② Online Guides for Interested Voters
③ A Group of Voters Making a Difference
④ Technology: Helping or Hindering Elections?
⑤ Different Voting Traditions Around the World

match 어울리다; *연결시키다
policy 정책, 방침
engage in …에 관여[참여]하게 하다
election 선거
anonymously 익명으로
informative 유용한 정보를 주는, 유익한
[문제]
hinder 저해[방해]하다

• REVIEW TEST •

정답 및 해설 p. 18

A 네모 안에서 어법상 올바른 것을 고르시오.

1 The air we breathe in and out keeps our heart [beating / beaten].

2 He saw a tall man [step / to step] out into the street and call for a taxi.

3 The woman had her lawyer [prepare / to prepare] all the documents for the lawsuit.

4 That accident caused my friend [to spend / spending] the rest of his life in a wheelchair. 수능기출

5 Indeed, one role of a paradigm is [enable / to enable] scientists to work successfully without having to provide a detailed account of what they are doing or what they believe. 수능기출 응용

6 The curator's explanation made the intricate works of art [understandable / understandably].

7 When you are talking with someone, you should allow the other person [finish / to finish] speaking before you take your turn. 수능기출

B 다음 문장의 밑줄 친 부분을 바르게 고쳐 쓰시오.

1 One of his favorite hobbies is <u>go</u> rock climbing.

2 The drop in the exchange rate made the situation <u>badly</u>.

3 The passenger asked the bus driver <u>open</u> the back door.

4 Noise issues can cause neighbors <u>argue</u> with one another.

5 He felt his legs <u>trembled</u> when he walked into the haunted house.

6 One fact about sleep disorders is <u>whether</u> they decrease your ability to concentrate.

C 다음 문장의 괄호 안에 제시된 단어들을 바르게 배열하시오.

1 My dream in life is (a more peaceful, to make, the world, place).

2 The best way to avoid arguments is (other, listen to, to, perspectives, people's).

3 One reason for declining birth rates is (that, a lot of, raising children, money, costs).

4 The question is (the athlete, took, whether, before the competition, drugs).

5 People allergic to penicillin will need to (prescribed, them, special medication, to, have).

05

수식어는 괄호로 묶어라

수식어란 주어, 동사, 목적어, 보어를 제외한 나머지 문장 요소를 말한다. 수식어가 길고 복잡하면 주어와 동사를 찾기가 어려울 수 있다. 문장의 중심 요소와 수식어를 정확하게 가려 내는 것이 빠른 독해의 방법임을 명심하자.

전치사구의 수식은 괄호로 묶어라

문장에 전치사구가 많으면 중심 요소와 수식 관계를 파악하기가 어려워진다. **각 전치사가 이끄는 의미 단위가 어디까지인지를 파악하여 괄호로 묶어 보자.** 그러면 문장의 중심 요소와 수식 관계가 분명해질 것이다.

A He couldn't understand the answer [on page 32] [of this book].

B I need the document [on the desk] [next to the photocopier].

C The house [with solar cells] [on its roof] enables its inhabitants to save energy.

다음 문장에서 전치사구를 찾아 [ ]로 묶어 보자.

1 That large building with shiny windows on the top floor is my former office.

2 A small, blue car with an unknown driver at the wheel was following close behind.

3 My class went to the park beside the lake and took a tour around the gardens.

4 Their knowledge of the deadly effects of extreme altitude was limited, and their equipment was poor. 수능기출

5 The chart above shows the changes in the number of frogs on an island off the coast of Brazil from December 2019 to November 2020.

1

다음 글의 상황에 나타난 분위기로 가장 적절한 것은?

One day, my father took me and my brother on a camping trip. While driving to a nearby forest, he explained how to set up the tent. Almost immediately after we arrived, however, my brother was stung by a wasp, which caused his forehead to swell. We tried to catch our dinner **by fishing in a nearby lake**, but we failed miserably, returning **with nothing but dozens of mosquito bites**. Without any fish, we cooked a can **of beans over a campfire**, which was an unwise endeavor that burned the bottom layer of beans while leaving those on top cold. When bedtime came, we unrolled my father's old sleeping bags to find them stinking of damp mold. The odor was so overpowering that even my father gave up. We packed the tent, got in the car, and drove home.

*wasp: 말벌

① sad and nostalgic
② joyous and hopeful
③ suspenseful and thrilling
④ mysterious and frightening
⑤ frustrating and discouraging

swell 붓다, 부어오르다
miserably 비참하게; *초라하게
endeavor 노력, 시도
stink 악취를 풍기다
damp 축축한, 눅눅한
mold 곰팡이
odor 냄새, 악취
overpowering 아주 강한[심한]
[문제]
nostalgic 향수를 불러일으키는
suspenseful 긴장감 넘치는

2

다음 글의 밑줄 친 부분 중, 문맥상 낱말의 쓰임이 적절하지 않은 것은?

The Venus flytrap, a meat-eating plant, has a pair of leaves that ① act as jaws and a stomach. If an insect touches the trigger hairs **on the surface of these leaves**, the leaves close, ② trapping the insect. Amazingly, a recent experiment showed that the Venus flytrap ③ knew how many times its trigger hairs were touched and could even count the time between these stimuli. The trap closed only if the plant sensed two stimuli within a 20 second time span. Once 20 seconds passed, the process was reset. In addition, more than three stimuli were required for the plant to begin ④ producing the enzymes that digest the trapped insect. Thanks to this process, the Venus flytrap doesn't make ⑤ meaningful efforts trying to trap and digest raindrops or fallen leaves.

*Venus flytrap: 파리지옥풀 **enzyme: 효소

jaw 턱
stimulus 자극 (*pl.* stimuli)
time span 기간, (특정한) 시간
digest (음식을) 소화하다, 소화시키다

명사를 뒤에서 수식할 경우에 대비하라

분사가 다른 수식어구를 동반하여 길어지면 명사를 뒤에서 수식한다. **특히 주어를 뒤에서 수식하는 경우, 분사구를 괄호로 묶어 보자.** 그러면 뒤에 나오는 동사를 파악하기가 훨씬 수월해질 것이다.

현재분사구의 후치 수식

A In 1950, they decided to set up a charity to help those [living on the streets].

B All laborers [working at the construction site] should wear protective helmets.

과거분사구의 후치 수식

과거분사 역시 다른 수식어구를 동반하여 길어지면 명사를 뒤에서 수식한다. 그런데 과거분사가 주어를 뒤에서 수식하는 경우, 이를 문장 전체의 동사로 혼동하기 쉽다. **주어 뒤에 v-ed형이 나오더라도 그것을 동사로 단정짓지 말고 조금 더 읽어 보자. 뒤에 또 다른 동사가 나오면 앞의 v-ed는 과거분사일 가능성이 높다.**

C The environmental issues [mentioned above] will be discussed next time.

D The woman [elected as the mayor of the city] is being investigated for bribery.

형용사도 수식어구를 동반해 길어지면 명사를 뒤에서 수식한다. 명사 뒤에 형용사(구)가 나오면 수식어구일 가능성을 염두에 두고 이 부분을 의미 단위로 묶어 보자.

1 I have been searching for an English-learning website [suitable for beginners].

2 Lots of stars [invisible to the naked eye] can be observed through a telescope.

구문 훈련 밑줄 친 부분을 수식하는 말을 찾아 [ ]로 묶어 보자.

1 I found some websites for pet owners trying to train their dogs.

2 The armor worn by knights was designed to protect them in warfare.

3 The company I work for offers tours led by guides with more than 10 years of experience.

4 The locker rooms used for half-time breaks were painted to take advantage of the emotional impact of certain hues. 수능기출

3

다음 빈칸에 들어갈 말로 가장 적절한 것은?

The "Rat Park" was an experiment **conducted by a psychologist in the late 1970s**. It was used to show that ____________________. In the experiment, rats were given a choice between two bottles, one **containing plain water** and the other **containing water with morphine added to it.** The psychologist found that rats **kept together** drank much less of the morphine water than rats **kept alone**. He concluded that addictive qualities aren't the only thing that promotes drug use. The social and environmental conditions of the individual also play an important role. This seems to apply to humans as well as rats. People who are lonely and isolated are more likely to become addicted to drugs. But if these conditions are improved, their chances of breaking the addiction increase. This means that social recovery could someday become a treatment for drug addiction.

① rats do not become addicted to drugs like morphine
② drug addiction causes feelings of loneliness and isolation
③ social skills can be used to reduce a drug's addictive qualities
④ individuals all have the same reaction to addictive drugs
⑤ a social community can be more powerful than drugs

conduct (특정한 활동을) 하다
contain …이 들어 있다
morphine 모르핀(마약성 진통제)
conclude 결론짓다
addictive 중독성의 (*a.* addicted 중독된) (*n.* addiction 중독)
promote 촉진하다
as well as …뿐만 아니라
isolated 고립된 (*n.* isolation 고립)
recovery 회복
treatment 치료

4

글의 흐름으로 보아, 주어진 문장이 들어가기에 가장 적절한 곳은?

> However, negative pressure is not always beneficial, such as in the case of pipes **carrying drinking water to a city.**

"Negative pressure" refers to a situation in which the pressure of an enclosed area is lower than that of the surrounding area. (①) If the barrier between these two areas breaks, any substances in the high-pressure area will immediately flow into the low-pressure area. (②) For example, undersea pipes **used to transport oil** are in a state of negative pressure; therefore, any break in the pipeline will cause it to fill with ocean water. (③) This is much better than the opposite scenario, in which oil would be released into the ocean. (④) If these municipal waterlines are damaged, they can potentially suck in contaminated groundwater, which would then enter the water supply. (⑤) For this reason, a system of gauges and valves is used to adjust and control their pressure.

*negative pressure: 부압 **gauge: 계량기

enclosed 둘러싸인, 에워싸인
barrier 장벽, 장애물
substance 물질
transport 수송[운송]하다
state 상태
municipal 지방 자치의, 시(市)의
suck 빨아들이다
contaminated 오염된
groundwater 지하수
water supply 상수도
adjust 조정[조절]하다

to부정사의 수식은 문맥을 통해 의미를 구분하라

to부정사는 명사를 수식하는 형용사의 역할뿐만 아니라 동사, 형용사, 부사, 절을 수식하는 부사의 역할도 할 수 있다. 문맥을 통해 to부정사의 다양한 의미를 파악하도록 한다.

A Julie was the only student in the class to pass the test.
(명사 수식)

B He got a part-time job at a fast-food restaurant to save money for a trip next year.
'…하기 위해서' (목적)

C Water skiing is a sport that is not easy to learn in a short time.
'…하기에' (형용사 수식)

D Alex's injury was too serious to be treated at home.
'너무 …해서 ~할 수 없다' (정도)

E The woman was terrified to realize that a strange man was following her.
'…해서' (원인)

F I left for the airport only to realize that I had left my passport at home.
'(결국) …하고 말다' (결과)

밑줄 친 부분에 유의하여 다음 문장을 우리말로 해석해 보자.

1 What does democracy mean to us if we don't have the freedom to tell the truth? 수능기출

2 People pushed and shoved to the front of the crowd to see the king, only to be blocked by his guards.

3 To solve a problem, you must look beyond how you feel and combine information that you already know with new observations. 수능기출

4 Words have weight, sound, and appearance; only by considering these can you write a sentence that is enjoyable to read.

5

다음 글의 빈칸에 들어갈 말로 가장 적절한 것은?

If astronauts travel to Mars in the near future, the journey will probably take years. Therefore, ________________________________ will be a major challenge. Scientists are now looking for ways **to allow astronauts to extend their food supply** by growing crops. Seeds take up less storage space than packaged meals, and astronauts can plant them once they reach Mars. NASA is already conducting experiments **to find out what might grow on Mars**. The soil on Mars is made up mostly of crushed rocks, so it has few or no nutrients. In a test, NASA planted lettuce in crushed volcanic rock from Hawaii, which also contains few nutrients. The lettuce took a long time **to grow**, but it tasted normal. Because this test was a success, NASA now plans to find out how long other vegetables would take **to grow on Mars**.

① deciding which planet to travel to next
② learning about climate changes on Mars
③ building a spaceship that is large enough
④ providing the astronauts with enough to eat
⑤ choosing the scientists who will be involved

extend 더 길게 만들다; *확대[확장]하다
crop (농)작물
storage 저장, 보관
crush 으스러뜨리다
nutrient 영양소, 영양분
volcanic 화산의, 화산 작용에 의해 만들어진

6

다음 글의 요지로 가장 적절한 것은?

Every four years, a twenty-ninth day is added to the month of February. This day, also known as Leap Day, was created **to ensure that our calendar and our seasons stay in line with each other**. While we think that a normal year consists of 365 days, it actually takes Earth about 365.2421 days to orbit the sun. Every four years, it is necessary to add an extra day **to account for the lost time**. Without the addition of a leap day, winter would occur earlier in the calendar year, causing problems for agricultural schedules and potentially leading to crop failures. Additionally, many holidays and cultural celebrations are linked to specific seasons or dates. Without leap years **to keep the calendar in check**, these events would gradually drift away from their intended time of celebration.

① 나라마다 윤일을 기념하는 다양한 사회 문화적 제도가 존재한다.
② 윤일을 정확히 계산하지 않으면 농작물의 성장에 악영향을 미칠 것이다.
③ 윤일은 고대 사회부터 통치를 강화하기 위한 이론적 기반으로 활용되었다.
④ 윤일의 사회·문화적 의의는 고대 때부터 지금까지 꾸준히 변화해 왔다.
⑤ 윤년은 시간을 계절과 일치시켜 사회·문화 전통을 유지하는 데 필요하다.

ensure 반드시 …하게 하다
in line with …와 함께, …에 따라
consist of …으로 이루어지다
orbit (다른 천체의) 궤도를 돌다
agricultural 농업의
additionally 게다가
be linked to …와 연관되다
keep ... in check …을 감독하다
drift away (서서히) 이동하다, 움직이다
intended 의도된, 계획된

수식어가 많은 문장은 우선 주어와 동사를 찾아라

전치사구, to부정사구, 분사구 등의 수식어로 인해 복잡해진 문장에서는 **우선 문장 전체의 주어와 동사를 찾아라.** 그런 다음, 각 수식어가 무엇을 수식하는지를 파악하면 문장의 의미를 보다 쉽게 이해할 수 있다.

A Cacao beans [harvested by child workers {in Africa}] are used to make chocolate.
(S: Cacao beans / V: are used)

B On the desk, there is a university brochure [containing information {about the application process}].
(V: is / S: a university brochure)

C The percentage of children [in Canada {under the age of six} {diagnosed with asthma}] has decreased.
(S: The percentage / V: has decreased)

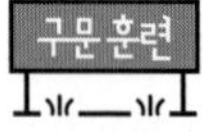

다음 문장의 주어와 동사를 찾아 밑줄을 그어 보자. (수식어구 제외)

1 All the items in the store marked with a red tag are on sale.

2 Fifteen minutes in warm water before going to bed helps those who suffer from sleeplessness. 수능기출

3 Those who cannot succeed in their business or profession are the ones whose concentration is poor. 수능기출

4 All over the world today, the milk of cows, goats, sheep, buffaloes, and even horses is used to make cheese.

5 In all stages of life, for people from all classes and cultures, friendship is one of the most important relationships.

7

다음 글의 밑줄 친 부분 중, 어법상 틀린 것은?

The urgency instinct is ① that allows people to act quickly when faced with danger. It is particularly useful in emergency situations, ② where making quick decisions is essential. However, in non-emergency situations, it can cause people to panic and make poor decisions. **One example** of the urgency instinct in mass media **is** the fear of terrorism. People in the Western world fear terrorism more than heart disease, despite the fact that heart disease represents a much greater threat. The reason for this is the media's coverage of terrorist attacks, which greatly exaggerates the threat of terrorism. In reality, **the possibility** of ③ being killed in a terrorist attack **is** extremely low. **The chances** of dying from heart disease, on the other hand, **are** much higher. The urgency instinct causes us to feel that immediate action is required ④ to combat terrorism, even though there are many more significant threats. This is why rational analysis is required. It allows us to counteract the urgency instinct and ⑤ respond to risks accordingly.

urgency 긴급함, 다급함
particularly 특히, 특별히
essential 필수적인, 중요한
represent 대표하다, 대신하다; *…에 해당하다
coverage 보도, 방송
exaggerate 과장하다
extremely 극도로, 극히
rational 합리적인, 이성적인
counteract 대응하다
respond 대답하다; *대응하다
accordingly 그에 맞춰, 부응하여

8

주어진 글 다음에 이어질 글의 순서로 가장 적절한 것은?

> In 2011, **Joao Pereira de Souza**, an old man living in an island village near Rio de Janeiro, Brazil, **found** a penguin struggling on the beach.

(A) Amazingly, though, Dindim returned! It is believed that he traveled around 5,000 miles between Mr. de Souza's house and the coasts of Argentina and Chile.

(B) What is more, he makes this journey every year. After spending about eight months with Mr. de Souza, he goes on his annual migration for his breeding routine, only to return once again.

(C) **The helpless, starving creature** covered in oil **was adopted** by Mr. de Souza and named Dindim. Mr. de Souza nursed him back to health and released him, thinking they would never meet again.

① (A) – (C) – (B)　② (B) – (A) – (C)　③ (B) – (C) – (A)
④ (C) – (A) – (B)　⑤ (C) – (B) – (A)

migration (대규모) 이주, 이동
breeding 사육; *번식
starve 굶주리다, 굶어 죽다
nurse ... back to health …을 간호해서 건강을 되찾게 하다
release 석방[해방]하다; *놓아주다

• REVIEW TEST •

정답 및 해설 p. 22

네모 안에서 어법상 올바른 것을 고르시오.

1 All those wishing to come to the party [is / are] welcome.

2 One of the best ways to make friends [is / are] to join a club.

3 People [living / lived] in big cities cannot breathe fresh air easily.

4 The couples sitting on the blue sofas behind the front desk [is / are] speaking loudly.

5 The baseball game played between the Chicago Cubs and the Atlanta Braves [was / were] very exciting.

다음 문장의 괄호 안에 주어진 동사를 알맞은 형태로 고쳐 쓰시오.

1 A cash discount is a lower price (offer) to people who pay in cash.

2 Some people believe that golf began in Holland as a game (play) on ice.

3 The World Cup is an international soccer tournament (hold) every four years.

4 The number of people (learn) several foreign languages is greater than before.

5 A strange phenomenon (add) to the list of global warming effects is that sheep are becoming smaller.

C

제시된 단어들을 바르게 배열하여 우리말과 일치하도록 문장을 완성하시오.

1 거실의 탁자 위에 있는 꽃들이 아름답다. (the table, in, the flowers, the living room, on)
______________________________ are beautiful.

2 그녀는 그 회사의 최고 경영자로 임명된 최초의 여성이 되었다. (be named, to, woman, the first)
She became ________________________ CEO of the company.

3 너는 이 웹사이트를 이용해서 공항에 접근하고 있는 비행기를 볼 수 있다.
(approaching, the airport, airplanes)
You can see ________________________ by using this website.

4 나는 하와이에서의 일주일간의 휴가 동안 머물 방을 예약했다.
(during, my, to stay in, one-week vacation)
I made a reservation for a room ________________________ in Hawaii.

06

접속사로 문장 간의 논리를 간파하라

접속사는 단어와 단어, 구와 구, 절과 절을 연결하여 상호 간의 논리적 관계를 명확하게 해주는 역할을 한다. 하나의 접속사가 여러 가지 뜻으로 쓰일 수도 있고, 형태는 비슷해도 뜻이 전혀 다른 접속사들도 있으므로 각각의 의미를 정확하게 기억하도록 하자.

짝이 되어 쓰이는 상관접속사를 기억하라

both가 나오면 뒤에 and가 올 것을, either가 나오면 뒤에 or가 올 것을 예상하며 읽어 보자. 이것이 상관접속사가 쓰인 문장을 빠르게 해석하는 요령이다. **형태상 상관접속사의 일부로 보이는 것이 있으면 표시해 두고, 뒷부분을 읽으면서 나머지 짝을 찾아보자.** 이때, 서로 멀리 떨어져 있는 상관접속사나, 생략 또는 변형된 요소가 있는 상관접속사의 쓰임에 유의한다.

자주 나오는 주요 상관 접속사

- 「both A and B」 'A와 B 둘 다[모두]'
- 「not A but B」 'A가 아니라 B'
- 「either A or B」 'A 또는 B'
- 「neither A nor B」 'A도 B도 아닌'
- 「not only A but (also) B」 'A뿐만 아니라 B도 (= B as well as A)'

A She can **both** speak **and** write Chinese well, so she will be hired as an interpreter.

B The purpose of the program is **not** to give you money **but** to provide you with work.

C **Either** the teachers **or** the principal is responsible for the problem.

D **Neither** he **nor** I can understand these new theories on education.

E The cook **not only** prepared the food **but also** carried it to each table.

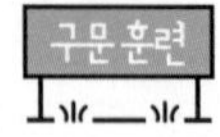

밑줄 친 부분에 유의하여 다음 문장을 우리말로 해석해 보자.

1 Neither my computer nor yours has enough memory to run the program.

2 Our fatigue is often caused not by work but by worry, frustration, and resentment.

3 In this new world, both differences and similarities in culture determine partners and enemies. 수능기출

4 Maps do indeed reflect the world views of either their makers or, more likely, the supporters of their makers. 수능기출 응용

5 Farming was a revolutionary discovery that not only made a reliable supply of food available but also made settlements possible.

1

다음 빈칸에 들어갈 말로 가장 적절한 것은?

In a scientific study, 72 people were asked to listen to "dad jokes." After each joke, there was **either** no laughter, fake laughter, **or** real laughter. The participants then rated how funny the jokes were. Jokes with no laughter didn't get high ratings. Jokes followed by fake laughter were rated 10 percent funnier. And jokes followed by real laughter were rated 20 percent funnier. This study shows that **both** real **and** fake laughter make a big difference in how funny we find jokes. It suggests that we pay close attention **not just** to a joke's content **but also** to the reaction it gets. This is because we get ready to smile or laugh when we hear someone else laughing. Essentially, laughter **not only** makes jokes funnier **but also** brings people together. This highlights laughter's ______________________ nature.

*dad joke: 어설픈 농담, 아재 개그

① cooperative and cultural
② logical and mathematical
③ personal and humorous
④ emotional and unreasonable
⑤ social and contagious

scientific 과학의; *과학적인
laughter 웃음 (소리)
participant 참가자
pay attention to …에 주의를 기울이다
essentially 본질적으로
highlight 강조하다
[문제]
cooperative 협력적인
logical 논리적인
unreasonable 불합리한
contagious 전염성의

2

다음 글에서 전체 흐름과 관계 없는 문장은?

Music sampling involves taking part of an existing recording and using it in a new song. Musicians have been sampling for a long time, but the practice has become more common in recent years. Samples from older songs are often used to bring back old memories. ① By using samples that are familiar to older listeners, musicians create music that is popular with people of all ages. ② Nowadays, sampling a recording without proper permission is **neither** ethical **nor** legal and can have serious consequences. ③ Musicians use samples **not only** to bridge generation gaps between listeners, **but also** to create new approaches to song production. ④ They want to create unique sounds and come up with innovative ways of writing songs. ⑤ Therefore, we can expect to see new and experimental ways of including samples in songs, and for sampling to become more and more popular in the future.

involve 수반[포함]하다
existing 기존의
bring back …을 기억나게 하다[상기시키다]
ethical 윤리적인
bridge 다리; *간극을 메우다
approach …에 다가가다; *접근법
come up with …을 제시[제안]하다
experimental 실험적인

접속사 전후에 나오는 대등한 어구를 각각 묶어 보자

등위접속사(and, but, or, so, for 등)나 일부 상관접속사로 연결되는 어구들은 대등한 개념, 혹은 기능을 나타내기 위해 문법적으로 같은 구조를 취한다. 이렇게 같은 구조가 계속해서 나올 때는 각각을 하나의 의미군으로 묶어 보자.

A He [has a lot of experience] **and** [is known for his integrity and confidence].

B I like [to watch musicals], [(to) eat at fancy restaurants], [(to) go to art museums], **and** [(to) visit my friends].

C When you feel sad, [allowing yourself to cry], **rather than** [holding back your tears], could be the best solution.

D The tennis coach **neither** [confirmed] **nor** [denied] the rumor that he is going to leave for another school next year.

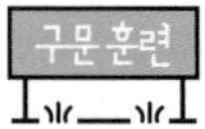

다음 문장에서 등위접속사나 상관접속사에 의해 연결된 어구를 모두 찾아 [ ]로 묶어 보자.

1 Huge amounts of space are taken up by parking lots rather than by trees and birds. 수능기출 응용

2 One of the major problems we face, both as individuals and as a society, is egoism.

3 When she plays her guitar and takes singing lessons, she feels great because she is doing what she loves.

4 The northern countries either banned hunting or established rules limiting the number of polar bears that hunters could kill.

5 Easter eggs are usually painted with bright colors to represent the sunlight of spring and are sometimes used in egg-rolling contests.

3

다음 빈칸에 들어갈 말로 가장 적절한 것은?

There will soon be many self-driving cars with internet access on the road. Although these cars have many benefits, experts warn that having more self-driving cars also means having ______________________. Researchers recently proved through a demonstration that even today's "smart" cars are vulnerable. They used a computer to take control of a car while someone else was driving it. They were **not only able to change** the radio's volume, **adjust** the air conditioner, **and switch** the windshield wipers on, **but** they were **also able to take** control of the transmission **and stop** the car as it was driving down the highway. Fortunately, it was just a demonstration, but it sends a clear message to **both the auto industry and the government**: automotive cybersecurity is a real issue that must be taken seriously.

*transmission: (자동차) 변속기

① more accidents on highways
② more unemployed car mechanics
③ more potential targets for hackers
④ more traffic jams during rush hour
⑤ more incidents of automobile theft

demonstration 시위; *실물 설명, 시연
vulnerable 취약한, 연약한
switch on (스위치를 눌러서) 켜다
windshield wiper (자동차 앞창을 닦는) 와이퍼
automotive 자동차의 (*n.* automobile 자동차)
cybersecurity 사이버 보안 [문제]
unemployed 실직한, 실업자인
incident (범죄·사고 등의) 사건
theft 절도

4

글의 흐름으로 보아, 주어진 문장이 들어가기에 가장 적절한 곳은?

This collaborative use of resources has several positive effects.

The "sharing economy" is a system based on the idea of individuals renting things from each other through the internet. (①) Things now commonly rented in this way include houses, cars, boats, and power tools. (②) These items **are considered** by many to be too expensive to own **but are owned** by others who are willing to share them for a price. (③) Owners make money from the things they own, and renters pay less than they would if they **bought** the things themselves **or rented** them from a company such as a car rental agency. (④) The environment also benefits because **sharing** a product with others **rather than buying** the product for yourself means fewer resources are consumed in making products. (⑤) As more people use sharing services, these benefits are likely to grow.

collaborative 공동의
resource 자원, 재원
power tool 전동 공구
agency 대리점, 대행사
benefit 득을 보다; 이득
consume 소모하다, 소비하다

여러 개의 절이 있을 때는 먼저 주절을 찾아라

절과 절은 등위접속사로 연결될 수도, 종속접속사로 연결될 수도 있는데, 이 두 가지가 함께 나와 문장이 길어질 때가 많다. **이 경우, 접속사가 얼마나 있든 먼저 주절을 찾아 핵심 의미를 파악하자.** 수식어에 해당하는 종속절은 주절의 의미에 조금씩 살을 붙이듯 해석하면 된다.

A **The researchers believe** [that the spiders have grown larger {because their hunting season has become longer}].

B **I think** [that {if people want to be teachers}, {they must be responsible}, and {they should like spending time with children}].

C **How would you feel** [if {your classmates asked you to join a club}, but {they changed their minds a few days later}]?

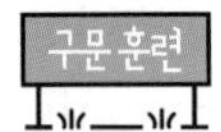

다음 문장에서 주절을 찾아 밑줄을 그어 보자.

1 If an environment turns out to be deadly, for instance, it might be too late by the time you find out. 수능기출 응용

2 Even after years of telling the same old jokes and singing the same silly songs, my father could always make my mother laugh, no matter what situation they were in.

3 Every evening, as the sun went down over the prairie wheat fields, the farmer and his family would gather around the dinner table to talk and laugh while they shared a meal together.

4 More generally, when we are presented with a list of alternative explanations for some phenomenon, and are then persuaded that all but one of those explanations are unsatisfactory, we should pause to reflect. 수능기출

5

다음 글의 밑줄 친 부분 중, 어법상 틀린 것은?

Astronauts feel weightless when they travel outside our planet's atmosphere because the speed of a spacecraft in orbit ① balances the force of Earth's gravitational pull. In fact, you ② may have experienced a similar feeling when riding a roller coaster. As the roller coaster car climbs up the track, **gravity pulls your body downward**, and **you feel yourself** ③ **pushing down on your seat**. However, when the car rushes down, **your body hangs in the air** until it is pulled down by your safety belt. Using this phenomenon, NASA prepares its astronauts for space travel. **The astronauts fly in an aircraft that ascends to an altitude of 24,000 feet**, and ④ once the aircraft dives down, **the passengers experience about 20 to 25 seconds of weightlessness**. These flights help astronauts get used to the environment of space, and they allow NASA to conduct experiments and ⑤ test equipment in a similar environment as well.

weightless 무게가 없는, 무중력의
(*n.* **weightlessness** 무중력 상태)
atmosphere 대기
balance 균형을 유지하다; *상쇄하다
gravitational 중력의
(*n.* **gravity** 중력)
downward 아래쪽으로
phenomenon 현상
ascend 오르다, 올라가다
altitude 고도
once (일단) …하면
equipment 장비, 용품

6

밑줄 친 the impact of confirmation bias가 다음 글에서 의미하는 바로 가장 적절한 것은?

In order to efficiently process information, our brains employ strategies that affect how we gather and interpret data. **One of these strategies is called confirmation bias**, and it occurs when we interpret information in a way that supports what we already believe. A study from Stanford University in 1979 revealed how powerful confirmation bias is. Researchers produced two fake research reports with opposing arguments about the effects of capital punishment. **One of the reports suggested that capital punishment leads to reduced crime rates**, while the other proposed that the two were not related. When participants were presented with these fabricated reports, their responses were shown to be significantly influenced by their existing opinions on the issue. Even when they encountered evidence that contradicted their beliefs, the impact of confirmation bias proved to be highly significant.

*capital punishment: 사형

① the tendency to remain committed to one's original stance
② the loss of confidence in one's own opinion on an issue
③ the shifting of one's position to a neutral middle ground
④ the feeling that one must consider all opposing points of view
⑤ the willingness to change one's views based on new evidence

employ 고용[사용]하다
opposing 대립하는
fabricated 만들어진, 거짓된
encounter 맞닥뜨리다; *접하다
contradict 부정하다, 반박하다
[문제]
committed 헌신적인, 열성적인
stance 입장, 태도
shift 옮기다, 이동하다
neutral 중립의
middle ground 중간 입장, 절충안

정답 및 해설 p. 25

해석 기법 24 의미와 형태가 혼동되는 접속사를 알아 두자

하나의 접속사가 여러 가지 의미를 갖는 경우, 문맥을 통해 그 의미를 파악하는 훈련을 하는 것이 좋다. 형태는 비슷하지만 의미가 서로 다른 접속사들은 그 형태와 의미를 구분하여 알아 두자.

여러 가지 의미로 쓰이는 주요 접속사

- while: '…하는 동안', '…이긴 하지만', '…인 반면에'
- as: '…할 때', '…하는 대로', '…함에 따라', '… 때문에'
- if: '(만약) …라면', '…인지', '…이긴 하지만'

A He promised to take care of my cats **while** I'm away.
B I'm tired, **as** I stayed up late last night doing my homework.
C It is true that he is very knowledgeable, **if** a little overconfident.

형태는 비슷하지만 의미가 서로 다른 주요 접속사

- 「so+형용사/부사+that ~」 '너무 …해서 ~하다' 〈원인·결과〉
- 「so that ... may[can] ~」 '…가 ~할 수 있도록' 〈목적〉

D The movie was **so** touching **that** I saw it three times.
E She will record her son's play **so that** she **can** watch it later at home.

빠바 PLUS

다음과 같이 부사(구), 전치사구, 명사구, 분사 등의 모습을 한 어구들이 접속사의 기능을 하기도 한다.

- 「now that」 '…이므로'
- 「in case」 '…의 경우에 대비해서'
- 「each[every] time」 '…할 때마다'
- 「by the time」 '…할 때까지(는)', '…할 때쯤에(는)'
- 「for fear (that)」 '…할까 우려하여'
- 「the minute[moment]」 '…하자마자'
- 「the next time」 '다음에 …할 때'
- 「provided[providing]」 '만약 …라면'

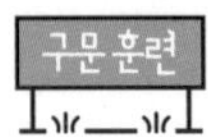

구문 훈련 밑줄 친 부분에 유의하여 다음 문장을 우리말로 해석해 보자.

1 I followed the directions as I was told to do, but the outcome wasn't satisfying.

2 In the absence of other information, you probably conclude that the shorter person is a woman while the taller one is a man. 수능기출 응용

3 The woman of the house tells me that she hopes to learn to read so that she can study a handbook on raising children. 수능기출

7

다음 글의 밑줄 친 부분 중, 문맥상 낱말의 쓰임이 적절하지 않은 것은?

While you're unlikely to receive an email from a vegetable, it's not impossible. A team of engineers placed special devices in spinach plants that ① emit a signal when they sense nitroaromatic compounds in the soil. These components are commonly found in explosives. The signal causes a small computer to ② send an email to the engineers. The goal of this study was to find out **if** spinach could ③ hide explosives, but the technology involved has broader potential. It is possible that it can be used to help scientists ④ gather vital information about environmental conditions. The engineers believe plants have the ability to predict upcoming droughts, as well as more ⑤ subtle changes in soil and water, **as** they grow. They could also be useful in detecting pollution and combating climate change.

*nitroaromatic: 질화방향족

emit 내다, 내뿜다
compound 화합물, 혼합물
component (구성) 요소, 성분
explosive 폭발물, 폭약
potential 가능성; *잠재력
vital 필수적인
upcoming 다가오는
drought 가뭄
subtle 미묘한, 감지하기 힘든
detect 감지하다
combat …와 싸우다; *방지하다

8

다음 글의 밑줄 친 부분 중, 어법상 틀린 것은?

To tantalize someone is to make them ① want something, often something they can never get. The word comes from the Greek myth of King Tantalus, ② who was **so** proud **that** he tried to fool the gods. When ③ inviting to eat with them, Tantalus stole their special food **so that** he **could** bring it to his friends. As a punishment, he was sent to the underworld. He had to stand in a pool of water with delicious ripe fruit ④ hanging from a tree above him. ⑤ Whenever he tried to drink the water, it would drain away. **If** he tried to pick the fruit, the branches would move out of reach. Tantalus was already in the underworld, so no matter how hungry or thirsty he got, he would never die.

*tantalize: 감질나게 하다

myth 신화
punishment 벌, 처벌
underworld 암흑가; *지하 세계, 저승
drain away (물이) 빠지다
out of reach 손이 닿지 않는 곳에

• REVIEW TEST •

정답 및 해설 p. 26

A

네모 안에서 어법상 올바른 것을 고르시오.

1 My classmate both understood and [accepted / to accept] my proposal.

2 I spend weekends reading, gardening, and [to take / taking] care of my dog.

3 When I went to the US and [have to / had to] speak English, I was terrified.

4 Cro-Magnons, who lived about 43,000 years ago, were about two meters tall, stood straight, and [had / had had] large brains.

5 Your posture and facial expressions can either contribute to or [take / taken] away from the effective delivery of your message.

B

다음 문장의 밑줄 친 부분을 바르게 고쳐 쓰시오.

1 Take extra clothes <u>for</u> you get wet.

2 I neither gave her a present <u>or</u> sent her flowers on her birthday.

3 The actor appears not only in many films <u>and</u> also in countless TV programs.

4 You must submit the application <u>such</u> that you can participate in the competition.

C

제시된 단어들을 바르게 배열하여 우리말과 일치하도록 문장을 완성하시오.

1 이 섬은 너무 작아서 돌아다니는 데 차가 필요 없다. (small, that, so)
This island is ______________________ you don't need a car to get around.

2 날씨가 더 따뜻해져서 공원은 사람들로 가득하다. (that, is, now, warmer, the weather)
______________________________, the park is packed with people.

3 카메라가 아니라 모델들이 좋은 사진을 찍는 것을 어렵게 만들고 있다.
(but, the models, the camera, not)
______________________________ are making it difficult to take good pictures.

4 그 교사는 숙제를 내기 위해서뿐만 아니라 학습 자료들을 제공하기 위해서도 자신의 블로그를 이용한다.
(learning materials, to provide, to assign, as well as, homework)
The teacher uses his blog ____
____________________.

07

관계사절이 꾸며 주는 말을 찾아라

관계사는 뒤의 절을 이끌어 앞에 나온 명사 또는 대명사를 수식하거나 부연 설명하는 기능을 한다. 관계사에는 「접속사+대명사」의 역할을 하는 관계대명사와 「접속사+부사」의 역할을 하는 관계부사가 있다.

생략된 목적격 관계대명사를 찾아보자

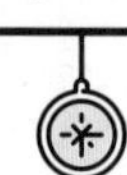

목적격 관계대명사가 생략되어 있으면 어디서부터 어디까지가 관계사절이고, 그것이 수식하는 선행사가 무엇인지 짐작하기 어렵다. 이렇게 **목적격 관계대명사가 생략된 경우에는 선행사 바로 뒤에 「주어+동사」가 나온다는 사실을 기억하자. 선행사와 「주어+동사」 사이를 끊고 관계사절을 하나의 의미 단위로 묶어 보면 문장 구조를 파악하기가 훨씬 쉬울 것이다.**

A He doesn't remember the woman [(who(m)/that) he met at the party last night].

B The novel [(which/that) I bought a few months ago] is so hard to understand that I haven't finished it yet.

C There are some things [(which/that) you should take into consideration] when choosing which country to go to as an exchange student.

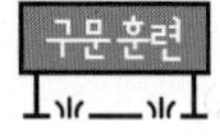

다음 문장에서 목적격 관계대명사가 생략된 부분에 모두 ∧표시를 해 보자.

1 Every product we buy has an effect on the environment. 수능기출

2 Try to find some physical activities you can enjoy in your free time.

3 We hear about the wonderful changes people have made in their lives, and we want to duplicate those results.

4 People who lose weight quickly through extreme measures usually gain back all of the weight they've lost.

5 Take time to do things you enjoy after work in order to reduce the stress you experience during your workday. 수능기출 응용

1

주어진 글 다음에 이어질 글의 순서로 가장 적절한 것은?

> People sometimes worry that a bank will run out of money. So they all panic and try to withdraw their money. This is called a bank run. In some cases, it can cause a bank to go bankrupt.

(A) These sales must be done quickly, so the price of the assets is likely to be much lower than normal. This can cause even more customer anxiety, leading to increased withdrawals.

(B) Therefore, if a bank run occurs, the bank must find a way to increase **the amount of cash they have on hand**. One way that they can do this is by selling their assets.

(C) The reason for this is that most banks keep a limited amount of money in their safes. They do this for security purposes. The amount is only a small percentage of the total deposits made by customers.

① (A) – (C) – (B) ② (B) – (A) – (C) ③ (B) – (C) – (A)
④ (C) – (A) – (B) ⑤ (C) – (B) – (A)

run out of …을 다 써 버리다, …이 없어지다
panic 극심한 공포; *겁에 질려 어쩔 줄 모르다
withdraw 물러나다; *(계좌에서 돈을) 인출하다 (*n.* **withdrawal** 철회; *인출)
asset 자산, 재산
anxiety 불안, 염려
on hand 사용 가능한, 보유한
safe 안전한; *금고
deposit 보증금; *예금

2

다음 글의 제목으로 가장 적절한 것은?

Although being ill is quite serious, some trips to the hospital now include unexpected laughter. Healthcare workers have been dressing up like clowns to help patients relax and reduce **the stress staying in the hospital can cause.** Evidence suggests **the laughter these medical clowns create** is as effective as some medication. In one experiment, researchers sent clowns to entertain children being prepared for surgery. One group of kids spent about half an hour with a clown, while a second group of children received a sedative instead. The kids who met with clowns showed the same reduction in anxiety as those who were given the sedative. It is believed that medical clowns could also be used to help kids with autism and young burn victims in need of painful bandage-changing.

*sedative: 진정제

① A Clown Who Quit His Job to Help Kids
② Laughter Really Can Be the Best Medicine
③ Doctors Are Dressing Like Clowns to Relax
④ People Laugh More When They Feel Stressed
⑤ Medicine Is More Effective on Relaxed Patients

clown 광대
reduce 줄이다 (*n.* **reduction** 축소, 감소)
evidence 증거, 흔적
effective 효과적인
medication 약[약물] (치료)
entertain 즐겁게 해주다
surgery 수술
autism 자폐증
victim 피해자[환자]
bandage 붕대

정답 및 해설 p. 28

관계사 앞의 수식어나 술어부를 괄호로 묶어 보자

관계사절의 선행사는 대개 관계사 바로 앞에 위치하지만, 관계사절과 선행사가 서로 떨어져 있는 경우도 있다. 다음 두 가지 경우가 대표적인데, 이럴 때는 **관계사 앞에 있는 수식어나 술어부를 괄호로 묶어 구분해 보면 문장 구조를 더 쉽게 파악할 수 있다.**

선행사에 관계사절 외에 또 다른 수식어가 붙는 경우

A I saw a girl [with blue eyes] [whose hair came down to her waist].

B The green skirt [in size 28] [that I was looking for] was sold out.

술어부가 관계사절보다 짧아서 문장의 균형을 위해 관계사절 앞에 위치하는 경우

C A situation occurred [that changed our plans].
S V

D The day will come [when you will regret your decision].
S V

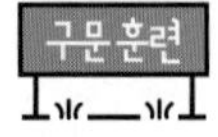

다음 문장에서 관계사절이 수식하는 부분을 찾아 밑줄을 그어 보자.

1 There is a cloud in the sky that looks like a fish.

2 A man came to our town who changed our lives.

3 There was a certain panic in his voice that demanded attention. 수능기출

4 Eventually, a solution was found that made both groups happy.

5 The above graph shows the percentages of the respondents in five countries who sometimes or often actively avoided news in 2017, 2019, and 2022. 수능기출

3

다음 빈칸에 들어갈 말로 가장 적절한 것은?

In the 1950s, biologists observed chimpanzees that weren't biologically related sharing meat. They struggled to understand why animals that aren't part of the same family help one another. Today, it is believed that the answer is related to game theory. To understand this concept better, consider the following situation. **Tournaments** were once held by a political scientist **in which computer programs competed against each other**. Each program had a specific strategy that it followed when encountering an opponent—cooperating with it, backing down from it, and so on. **A strategy** emerged over time **that was more successful than others**: start by being cooperative, and then simply copy your opponents' behavior. In other words, if they cooperate, I cooperate. If they stop sharing with me, I stop sharing with them. **The behavior** we observe in the animal kingdom **that is similar to this** is called reciprocity. The chimpanzees share food with others because they believe the other ______________________.

① will express gratitude
② will return the favor
③ will criticize them
④ will ignore the gesture
⑤ will bear the consequences

biologically 생물학적으로
related 관련된; *혈연 관계의, 친척의
encounter 맞닥뜨리다, 마주치다
opponent (게임·대회에서의) 상대
back down from …으로부터 뒤로 물러서다
emerge 모습을 드러내다; *생겨나다
copy 복사; *복사[복제]하다
reciprocity 상호성
[문제]
gratitude 고마움, 감사
criticize 비판하다
bear 참다; *(책임 등을) 감당하다

4

글의 흐름으로 보아, 주어진 문장이 들어가기에 가장 적절한 곳은?

> If the border line runs through the middle of buildings such as houses and cafés, it cuts them in half, and each part belongs to a different country.

Baarle is a small border village where areas of Belgian land are scattered within the surrounding Dutch territory. To make things more confusing, there are **some Belgian areas** within the Dutch territory **that contain smaller Dutch properties**. (①) It is one of **only a few places** in the world **that have such a complicated border**. (②) In 1995, the Belgian and Dutch governments decided to clearly mark the unusual border with a line on the ground. (③) Which country do you live in if your house is divided by this line? (④) This is determined by where your front door is! (⑤) So if the Dutch annoyed you last week, all you have to do is move your front door to relocate to Belgium.

border 국경[경계] (지역)
scattered 산재해 있는
surrounding 인근의, 주위의
territory 지역, 영토
property 재산, 자산; *소유지, 토지
determine 결정하다
annoy 짜증나게 하다
relocate 이전[이동]하다

관계부사의 선행사로 올 수 있는 말들을 알아 두자

관계부사 when, where, why, how의 선행사로는 각각 시간, 장소, 이유, 방법을 나타내는 명사가 온다. 그런데 **실제로는 문장에서 선행사 없이 관계부사만 쓰이거나, 관계부사가 생략되기도 한다.** 특히 how는 선행사 the way와 함께 쓰지 않고 반드시 둘 중 하나만 쓴다는 점에 주의하자.

A I remember the day [when the butterfly festival was first held in my town].

B I recently visited the town [where I was born and spent my childhood].

C He didn't tell me the reason [why he lost his temper at the meeting].

D This video shows you the way [bears react to different environmental conditions].

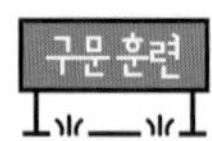

다음 문장에서 관계부사절을 [ ]로 묶어 보자.

1 This is a place where you can watch rare films.

2 There are many reasons why people resist change in their lives.

3 Clothes are part of how people present themselves to the world. 수능기출

4 The settings of your dreams represent the feelings you have about the way your life is going at the moment.

5 During the early stages when the aquaculture industry was rapidly expanding, mistakes were made that were costly both in terms of direct losses and with respect to the industry's image. 수능기출 응용

5

주어진 글 다음에 이어질 글의 순서로 가장 적절한 것은?

> The sit-in movement was part of the struggle for racial equality in the US. Its goal was to end the forced separation of races in public places.

(A) This was not the first sit-in of the civil rights movement, but it led to a series of similar protests. During them, protesters occupied seats in **places where races were segregated, including restaurants and libraries.**

(B) One of the most important events of this movement was **the moment when some African American college students sat in a segregated section of a restaurant in North Carolina**. They were told to leave, but they protested by remaining in their seats.

(C) They refused to move unless they were either served or arrested. Many establishments decided to end their practice of racial segregation rather than deal with more protests. These sit-ins helped pass the Civil Rights Act of 1964, which officially ended segregation in public places.

*sit-in: 연좌시위(앉아서 하는 시위) **segregate: (인종·종교·성별에 따라) 분리[차별]하다

① (A) – (C) – (B) ② (B) – (A) – (C) ③ (B) – (C) – (A)
④ (C) – (A) – (B) ⑤ (C) – (B) – (A)

movement 움직임; *(정치·사회적) 운동
racial 인종의, 인종간의 (*n.* race 인종)
a series of 일련의
protest 항의, 시위; 항의하다 (*n.* protester 시위자)
occupy 차지하다, 점거하다
section 부분, 구획, 구역
establishment 기관, 시설

6

다음 글의 밑줄 친 부분 중, 문맥상 낱말의 쓰임이 적절하지 않은 것은?

Insomnia sufferers face a vicious cycle. First, they fail to sleep well for a few nights in a row, and then they begin to experience stress about their ① lack of sleep. This stress, in turn, leads to further trouble sleeping. While many patients feel medication is the only remedy for their problem, doctors ② disagree. They believe that a ③ physical condition is often responsible for insomnia. This condition can be treated with cognitive behavioral therapy, which focuses on changing **the way these people think about insomnia**, thereby ④ enabling a change in behavior. The therapy involves showing patients that they can still be ⑤ healthy even if they fail to get a good night's sleep once in a while.

insomnia 불면증
vicious cycle 악순환
in a row 잇달아[연이어]
in turn 차례차례; *결국
remedy 치료, 요법
cognitive 인식[인지]의
enable 가능하게 하다

계속적 용법은 앞뒤 문맥으로 의미를 파악한다

콤마(,)와 함께 쓰이는 계속적 용법의 관계사는 문맥에 따라 다양한 접속사의 의미를 취할 수 있다. 따라서, 어떤 의미로 쓰였는지를 바르게 이해하기 위해서는 앞뒤 내용의 흐름을 잘 따져 보아야 한다. 단, 관계대명사 that은 계속적 용법으로 쓰일 수 없으므로 콤마 뒤의 that은 관계사처럼 해석해서는 안 된다. 또한, **계속적 용법으로 쓰인 which는 명사와 대명사뿐만 아니라 앞에 나온 구나 절 전체를 선행사로 취할 수도 있다는 점에 유의하자.**

A The company will lay off the newly hired employee**, who** is lazy and dishonest.
(≒ The company will lay off the newly hired employee, for he is lazy and dishonest.)

B I forgot the deadline of the project**, which** I had written down on my calendar.
(≒ I forgot the deadline of the project, though I had written it down on my calendar.)

C The scientists tested more than ten raincoats**,** none of **which** were completely waterproof.
(= The scientists tested more than ten raincoats, and none of them were completely waterproof.)

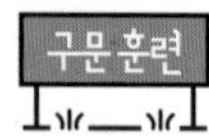

밑줄 친 부분에 유의하여 다음 문장을 우리말로 해석해 보자.

1 He got the new job through Tony, whom he has known since elementary school.
2 It only took him one night to finish the novel, which consisted of more than 500 pages.
3 This time, the playful and curious boy was interested in his brother Felix, who committed himself to studying no matter where he was. 수능기출
4 One of the most famous theme parks in the world is Universal Studios Hollywood, which was initially created to offer tours of real film sets.
5 The dead bodies of organisms in the forest are broken down and turned into soil, which in turn nourishes other organisms. 수능기출

7

Grace Hopper에 관한 다음 글의 내용과 일치하지 않는 것은?

Grace Hopper was born in New York in 1906. She showed an interest in mechanics at an early age, often taking apart appliances and putting them back together. She earned degrees in mathematics and physics at Vassar College and later received a PhD in mathematics from Yale. Upon graduating, she returned to Vassar as a professor. Following the attack on Pearl Harbor in 1941, **which caused the US to enter World War II**, Hopper joined the military. In 1944, she was assigned to a computer project at Harvard University. Her team helped create an early version of an electronic computer. After the war, she took part in the creation of UNIVAC, the first all-electronic digital computer. She eventually reached the rank of commander and was recognized internationally for her work with computers. In 1973, she became the first woman to be named a distinguished fellow of the British Computer Society.

*distinguished fellow: 명예 위원

① 어린 시절 집안의 물건을 자주 분해하고 조립했다.
② 두 곳의 대학에서 학위를 받았다.
③ 제2차 세계대전이 시작되기 전에 입대했다.
④ 전자 컴퓨터의 초기 버전을 만드는 데 참여했다.
⑤ 영국 컴퓨터 학회의 명예 위원으로 임명된 최초의 여성이다.

mechanics 역학; *기계학
take apart 분해하다
appliance 가전 제품
degree 각도, 온도; *학위
physics 물리학
PhD 박사 (학위)
join the military 입대하다
assign (일 등을) 맡기다; *(사람을) 배치하다
electronic 전자의

8

다음 글의 밑줄 친 부분 중, 어법상 틀린 것은?

Mount Vesuvius is a volcano in Italy ① that had been inactive for hundreds of years until August 24, 79 A.D., **when it suddenly erupted**. The eruption began in the morning, as rock and lava began ② to be expelled at an amazing rate of 1.5 million tons per second. The sky darkened and about six inches of ash fell to the ground each hour. The lava started to flow around midnight, and the next morning a cloud of toxic gas ③ reaching Pompeii, **where around 20,000 people lived**. At the time, the region was a popular resort spot, with many tourists. Most of the people who did not leave at the start of the eruption ④ were buried alive in rock and ash. In the end, it is believed that ⑤ approximately 16,000 people died.

inactive 활동하지 않는
erupt (화산이) 분출하다 (*n.* **eruption** 분화, 분출)
lava 용암
expel 쫓아내다; *배출[방출]하다
ash 재
toxic 유독성의
resort 휴양지
approximately 거의, 대체로

복합관계사의 두 가지 쓰임을 알아 두자

관계사에 -ever를 붙인 형태의 복합관계사는 명사절 또는 부사절을 이끌어 부정(不定)이나 양보의 의미를 나타낼 수 있다. 여기서 부정이란 불특정한 사람, 사물, 수량 등을 막연히 표시하는 것을 말한다. 복합관계사의 두 가지 용법은 다음과 같다.

부정: …하는 사람은 누구든지, …하는 것은 무엇이든지, …할 때는 언제든지, …하는 어떤 방법으로든지, …하는 어느 것이든지 등

A Whoever purchases a computer will get a chance to enter our giveaway event.
(= Anyone who)

B I hope he feels free to say whatever is on his mind.
(= anything that)

C You can call me whenever you are available to discuss our new project.
(= at any time that)

D You can decorate the classroom however you want.
(= in whatever way (that))

양보: 누가[누구를] …하더라도, 무엇이[을] …하더라도, 어디서 …하더라도, 아무리/어떻게 …하더라도 등

E Whoever is elected chairman, there will be some people who are upset.
(= No matter who)

F Whatever happens, you should know that your parents are on your side.
(= No matter what)

G I'll remember our time together wherever you may go.
(= no matter where)

H However hard she tried, she couldn't beat her rival.
(= No matter how)

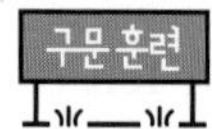

밑줄 친 부분에 유의하여 다음 문장을 우리말로 해석해 보자.

1 Jonathan always tries to do whatever his older brother does.

2 Try all the shirts on, and I'll buy you whichever you like best.

3 Whoever wins the game, how well we play is the most important thing.

4 However much money you make, your health isn't something you can buy.

5 Many of us fall into the trap of trying to please people by going along with whatever they want us to do. 수능기출

9

다음 글의 밑줄 친 부분 중, 어법상 틀린 것은?

Whenever people on ships use a radio to call for help, they use the word "mayday." But what does it mean? The word was actually selected by a British man named Frederick Mockford in the 1920s. He chose it because it sounds like the French term *m'adier*, ① which means "help me." According to standard procedure, the word is ② to say three times in a row so that it won't be mistaken for something similar. After this, important information should be given, such as the name and location of the ship. Sometimes, however, one ship will make a mayday call for ③ another ship in trouble. This is called a "mayday relay." It is done when a ship in danger is unable to contact rescuers. A ship ④ hearing the original call may choose to repeatedly perform a mayday relay until help is on the way. This is because when a mayday call is sent, **whoever receives** ⑤ **it** is expected to help out **however they can**.

radio 라디오; *무전기
select 선정하다, 선택하다
procedure 절차
location 장소, 위치
rescuer 구조자, 구출자
repeatedly 반복해서
on the way 도중에, 진행 중에
receive 받다; *수신하다

10

밑줄 친 these savings vanish into thin air가 다음 글에서 의미하는 바로 가장 적절한 것은?

Although new technologies often seem to save us time and money, these savings vanish into thin air when we do a thorough cost analysis. For example, when email was first introduced, it changed the way we communicate. **Whatever the message is and however long it may be**, you can quickly type it out and send it anywhere for free. But there are other factors that must be considered. Spam emails need to be filtered out, and we all receive many messages that are unimportant but still must be read. This can be a time-consuming process. And when calculating the cost savings that email brings, you should also consider the cost of your computer and smartphone, as well as the time it takes for your software to update. Roughly, it can be estimated that each email you send costs you one dollar, which is as much as an old-fashioned letter.

① new technology may force users to adapt to it
② some existing technology may be superior to new technology
③ new technology requires continuous updates for maintenance
④ advanced technology may not solve the issues of old technology
⑤ advancements in technology may not always produce the benefits we think

vanish 사라지다
thorough 철저한
analysis 분석
introduce 소개하다; *도입하다
filter out …을 걸러 내다
estimate 추정; *추정하다
old-fashioned 구식의
[문제]
adapt 적응하다
superior to …보다 뛰어난
maintenance 유지 보수
advanced 진보한
(*n.* advancement 발전, 진보)
benefit 혜택, 이득

• REVIEW TEST •

정답 및 해설 p. 31

네모 안에서 어법상 올바른 것을 고르시오.

1 Sue is the only one in this office [who / which] is able to understand my feelings.

2 Many of the films I watched with my brother [was / were] too complicated for me to understand.

3 The flower basket the boy bought for his parents [remind / reminds] them of that wonderful day.

4 This can create an atmosphere [where / which] children have more chances to experience nature.

5 Egyptian civilization was built along the Nile River, [that / which] flooded each year, depositing soil on its banks.

B

다음 문장의 밑줄 친 부분을 바르게 고쳐 쓰시오.

1 I got a lot of apples, <u>that</u> were grown by my father.

2 <u>Whomever</u> wants to be great must serve others.

3 I want to know <u>the way how</u> I can solve this math problem.

4 The history books you lent me last weekend <u>was</u> very interesting.

5 There are three boys in the classroom <u>which</u> have not submitted their homework.

다음 두 문장이 같은 의미가 되도록 빈칸을 채우시오.

1 He skipped school and did whatever made him happy.

= He skipped school and did __________ __________ made him happy.

2 Whoever is responsible, everyone wants the manager to deal with the situation.

= __________ __________ __________ is responsible, everyone wants the manager to deal with the situation.

3 However hard you may try, you won't be able to remove the stain from your pants.

= __________ __________ __________ hard you may try, you won't be able to remove the stain from your pants.

08

문맥을 통해 분사구문의 의미를 파악하라

부사절의 접속사와 주어가 생략되어 분사로 시작하는 간결한 구를 분사구문이라고 한다. 분사구문에는 현재분사로 시작하는 분사구문과 과거분사로 시작하는 수동형 분사구문이 있다. 이들 분사구문은 문맥에 따라 시간, 이유, 조건, 양보, 동시동작, 연속상황[결과] 등의 다양한 의미로 해석될 수 있다.

분사구문의 의미는 문맥으로 판단하자

분사구문은 접속사와 주어가 생략되어 있어 의미 파악이 어려울 수 있다. **이는 분사구문이 시간, 이유, 조건, 양보, 동시동작, 연속상황[결과] 등 여러 가지 의미로 해석될 수 있기 때문이다.** 따라서, 분사구문을 하나의 부사절로 보고, 글의 흐름상 어떤 접속사가 분사구문의 내용을 가장 자연스럽게 나타낼지 생각해 보자.

A (Being) Satisfied with the result of the experiment, I moved on to the next step.
분사구문 (이유)

(= Because[As/Since] I was satisfied with the result of the experiment, I moved on to the next step.)

B Eating dinner together, they talked about their vacation plans.
분사구문 (동시동작)

(= While[As] they ate dinner together, they talked about their vacation plans.)

C Used properly in class, this teaching method will help students of all levels.
분사구문 (조건)

(= If it is used properly in class, this teaching method will help students of all levels.)

밑줄 친 부분에 유의하여 다음 문장을 우리말로 해석해 보자.

1 I handed in my paper, leaving the question blank. 수능기출

2 She threw the ball too far to the left, breaking a window.

3 Taking the train instead of driving, you can save not only time but also money.

4 Not having enough money to go to the festival, we had a party at home instead.

5 Motivated by feelings of guilt, they are inclined to apologize for their actions. 수능기출 응용

1

다음 글에 드러난 Fiona의 심경 변화로 가장 적절한 것은?

On the day of her big audition, Fiona waited outside the theater, **looking at the closed doors**. Terrible thoughts ran through her head: "Am I good enough? What if I forget my lines?" It felt like a million butterflies were fluttering around her stomach. Suddenly, the doors swung open, and someone called her name. **Walking in**, Fiona relaxed a bit. "It's now or never," she whispered, **trying to make herself feel brave. Standing on the stage and saying her lines,** she began to feel sure of herself again. Not only did she recite every line perfectly, but she also delivered them with immense passion. **Coming off the stage**, she couldn't help but smile. "I did it. I really did it," she thought, **surprised at how the audition had gone**.

① nervous → confident
② pleased → indifferent
③ shocked → amused
④ angry → hopeful
⑤ relaxed → anxious

run through … 속으로 퍼지다[번지다]
line 선; *(연극·영화의) 대사
flutter 파닥이다, 훨훨 날다
swing 흔들리다; *휙 움직이다 (swung - swung)
recite 암송하다
immense 어마어마한
can't help but ... …하지 않을 수 없다
[문제]
indifferent 무관심한
anxious 불안한

2

다음 글의 밑줄 친 부분 중, 문맥상 낱말의 쓰임이 적절하지 않은 것은?

Despite the popularity of e-books, most kids still ① prefer printed books. Unfortunately, making printed books means cutting down trees. But an Argentine children's book called *My Father Was in the Jungle* can actually be turned back into a tree. **Made from acid-free paper and with non-toxic ink,** the entire book is ② environment-friendly. Seeds are also sewn into the book's pages, so it can be ③ transformed into a tree. Once they finish reading the book, children are encouraged to water its cover and put it in a sunny spot. **Placing the book in the dirt when the seeds begin to sprout**, children can ④ abandon it like any other plant. Although this is just a one-time project, the publisher hopes it will make people ⑤ aware of the resources needed to produce everyday items such as books.

popularity 인기
acid-free 산성 성분이 없는, 중성의
non-toxic 무독성의
sew (바느질로) 만들다[꿰매다] (sewed - sewn)
transform 변형시키다; *완전히 바꿔 놓다[탈바꿈시키다]
encourage 격려하다; *권장하다
abandon 버리다
publisher 출판인, 출판사

과거분사로 시작하면 수동형 분사구문인지 따져 보라

콤마(,)로 독립된 어구가 과거분사로 시작하면 수동형 분사구문일 수 있다. 따라서, 이런 형태가 나오면 분사구문일 수 있다는 점을 고려하여 그 의미를 생각해 보자. 수동형 분사구문은 「being[having been]+p.p.」에서 being[having been]이 생략된 형태로, 수동적인 동작이나 상태를 나타낸다.

A (Having been) Left alone in the dark room, the boy began to cry.
(= Because he had been left alone in the dark room, the boy began to cry.)

B (Being) Surprised to hear the news, he was unable to speak.
(= Because he was surprised to hear the news, he was unable to speak.)

C (Having been) Badly injured in the explosion, she was taken to the nearest hospital.
(= Since she had been badly injured in the explosion, she was taken to the nearest hospital.)

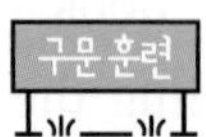

밑줄 친 부분에 유의하여 다음 문장을 우리말로 해석해 보자.

1 Exhausted from the trip, she quickly got ready for bed.
2 Viewed from space, Earth appears to be perfectly smooth.
3 Surprised, Anna and Jane simply looked at her with their eyes wide open. 수능기출
4 Concerned about his health, he decided to have a complete medical checkup.
5 Cooked too quickly in the microwave, food can often be burned on the edges.

3

글의 흐름으로 보아, 주어진 문장이 들어가기에 가장 적절한 곳은?

This reduces its ability to absorb water and nutrients from the soil.

Tree transplant shock is a condition that occurs when a tree undergoes stress or trauma after being moved to a new location. Symptoms of tree transplant shock include slower growth, which can potentially lead to death. (①) **Removed from its original location**, a young tree can be expected to retain only about 15% of its root system. (②) There are, however, ways to deal with this, such as transplanting only trees that are native to the region. (③) **Better suited to deal with the local climate and soils**, these trees will develop new roots more quickly. (④) Both before and after the transplant, be sure to provide the tree with plenty of water. (⑤) **Once successfully transplanted**, the tree will require regular watering until it has become firmly established in its new location.

absorb 흡수하다[빨아들이다]
nutrient 영양소, 영양분
transplant 이식; 이식하다, 옮겨 심다
potentially 잠재적으로, 어쩌면
retain 유지하다, 간직하다
deal with …을 다루다, 해결하다
region 지방, 지역
firmly 단호히, 확고히
establish 설립하다; *정착시키다

4

다음 글의 목적으로 가장 적절한 것은?

Earlier this week, our students welcomed Dr. Turner, a local dentist from the Randolph Dental Clinic nearby. The goal of his visit was to improve the students' understanding of the importance of dental health. They were extremely interested and asked Dr. Turner a number of questions. After the question-and-answer session, the students participated in a role-playing activity. They took turns playing the role of a dentist, even putting on a mask and gloves. **Having completed the experience**, each student received a gift bag filled with useful items for keeping their teeth clean and healthy. **Encouraged by the visiting dentist to practice proper dental care at home**, they are all likely to take better care of their teeth than ever before.

① 교내 행사에 대해 알려 주려고
② 과학 교과 행사의 참여를 독려하려고
③ 동네에 새로 생긴 치과를 홍보하려고
④ 구강 검진이 가능한 병원을 안내하려고
⑤ 올바르게 이 닦는 방법을 교육하려고

nearby 인근에, 가까이에
encourage 격려하다; *권장하다
practice 연습하다; *실천하다
proper 적절한

정답 및 해설 p. 33

분사구문의 접속사나 주어는 생략되지 않을 수도 있다

분사구문의 의미를 명확히 하기 위해 분사 앞에 접속사를 남겨두는 경우가 있다. 또한, 분사구문을 만들 때 부사절의 주어가 주절의 주어와 다르면 부사절의 주어를 생략하지 않고 분사 앞에 남겨두는데, 이런 경우 분사구문을 수식어로 혼동하기 쉽다. **그러나 분사구문의 앞이나 뒤에 나오는 콤마(,)에 주목하고 문맥을 잘 살펴보면 분사구문임을 알 수 있을 것이다.**

A While(접속사) running on a treadmill(분사구문), he listened to music.

B The traffic(의미상 주어) being heavy(분사구문), I took the subway instead of driving my car.

C Hands(의미상 주어) held high(분사구문), the children danced in a circle.

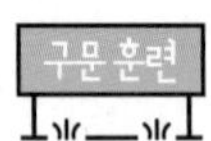

밑줄 친 부분에 유의하여 다음 문장을 우리말로 해석해 보자.

1 When working, just focus on what you are doing. 수능기출
2 The day's work done, she called her son to check on him.
3 Many workers learn new skills while keeping their regular jobs. 수능기출
4 There being no time to make a cake, we bought one from a bakery.
5 While playing in the forest, the children saw a small snake on a rock.
6 Although tired, he continued to prepare for his presentation the next day.
7 After checking the time on her watch, Mia said we wouldn't make it to the stadium before the game started.

5

Fritz Pollard에 관한 다음 글의 내용과 일치하지 않는 것은?

Fritz Pollard was an American football player and coach who broke many boundaries throughout his career. It started when he joined the Brown University football team in 1915. Being African American, Pollard wasn't accepted by his teammates at first. However, his skill and charisma changed their minds, and Pollard led Brown to a record of eight wins and one loss the following year. In 1920, Pollard became the first African American quarterback in the pro football league and won the championship with his team, the Akron Pros. The next year, he became the first African American head coach in the National Football League, and he continued to coach and play until 1926. **His playing days being behind him**, Pollard then organized and began coaching the Chicago Black Hawks, an all-African American professional football team, in 1928. Pollard finally retired from football in 1937.

① Brown 대학교 미식축구팀 입단 초기에 동료들에게 인정받지 못했다.
② 1916년에 소속팀을 8승 1패로 이끌었다.
③ Akron Pros에서 활동하던 시절에 선수권 대회에서 우승했다.
④ 아프리카계 미국인 최초로 National Football League의 수석 코치가 되었다.
⑤ 선수 생활을 병행하며 아프리카계 미국인으로만 구성된 프로 미식축구팀을 조직했다.

boundary 경계[한계](선)
throughout 도처에; *… 동안 쭉, 내내
quarterback 쿼터백 (선수)
championship 선수권 대회, 챔피언전
organize 조직하다, 편성하다
retire 은퇴[퇴직]하다

6

다음 글의 밑줄 친 부분 중, 어법상 틀린 것은?

Imagine that you ask a man for directions, and he gives you a rude response. You will probably assume ① that he has an unpleasant personality. In fact, though, he might have just received some terrible news that ② has seriously affected his mood. His response may have resulted from these circumstances, not from his true nature. It is quite common ③ to blame someone's personality without considering situational factors that may have contributed to his or her actions. What is especially ④ interested is that, while we often do this to other people, we rarely do it to ourselves. **When looking at our own actions**, we always believe that we have good reasons for the things we do. However, we are quick to judge others ⑤ negatively **while ignoring possible contributing factors.**

response 대답; 반응
assume 추정하다
unpleasant 불쾌한; 무례한, *불친절한
circumstance 환경, 상황
nature 자연; *천성
blame …을 탓하다
factor 요인, 인자
contribute 기부하다; *기여하다, …의 원인이 되다

정답 및 해설 p. 34

「with + (대)명사 + v-ing/p.p.」도 분사구문처럼 해석하라

「with + (대)명사 + v-ing/p.p.」도 분사구문의 한 형태이므로, 이 형태가 나오면 일단 하나의 의미군으로 묶자. 이는 분사의 의미상 주어가 주절의 주어와 다른 경우에 나타나는 분사구문의 일종으로, '…가 ~한/된 채로', '…가 ~하면서/해서'의 의미로 해석한다. **(대)명사와 분사가 능동 관계일 때는 현재분사를, 수동 관계일 때는 과거분사를 쓴다는 점을 기억해 두자.**

A The angry teacher scolded the students with her arms folded.
(= while her arms were folded)

B I can't concentrate on the lecture with other students chatting with each other.
(= when[while] other students are chatting with each other)

C With December approaching, we need to set up this year's holiday schedule.
(= As December approaches)

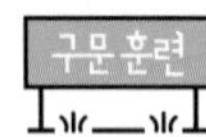

밑줄 친 부분에 유의하여 다음 문장을 우리말로 해석해 보자.

1 The dog ran all around the park with my shoe held firmly in his mouth.

2 My father was sleeping on the sofa with his legs stretched toward the fire.

3 By nightfall, with the heat of the day cooling, the family would gather together for the evening meal.

4 The bargaining in the noisy market became spirited, with Paul stepping up his price slightly and the seller going down slowly. 수능기출

5 In both cases, the focus is exclusively on the object, with no attention paid to the possibility that some force outside the object might be relevant. 수능기출

7

다음 글에서 전체 흐름과 관계 없는 문장은?

Young children write **with all their attention focused on each letter**. Despite this, it's common for them to write some of the letters backwards. This is called "mirror writing," and it may be caused by the way our brains store images, known as "mirror generalization." ① When we remember images, we focus on shape rather than orientation. ② This is because early humans needed to be able to recognize a dangerous predator, such as a tiger, from any angle. ③ Like most predators, a tiger's eyes are directed forward, allowing it to easily track prey. ④ Therefore, whether we're looking at a tiger directly or from the side, we still immediately know it's a tiger. ⑤ It is believed that mirror generalization, combined with a child's weak understanding of right and left, is what causes the occasional backward letter.

backwards 뒤로, 거꾸로 (*a.* **backward** 거꾸로의)
generalization 일반화
orientation (목표하는) 지향, 방향; *(물체가 향하는) 방향
predator 포식자, 포식 동물
angle 각도, 각
direct 직접적인; *…로 향하다[…을 겨냥하다] (*ad.* **directly** 곧장, 똑바로)
track 추적하다[뒤쫓다]
occasional 가끔의

8

글의 흐름으로 보아, 주어진 문장이 들어가기에 가장 적절한 곳은?

> **With the caterpillar's camouflage giving it a frightening appearance like that of a predator**, the birds stay away.

With predators hiding around every corner, it's not easy for many animals to survive in the wild. That's why some have developed camouflage to trick their predators. (①) The caterpillar of a moth called *Hemeroplanes triptolemus*, found in many areas of Africa and South America, is one example. (②) It mimics a snake to scare away birds, which like to eat the caterpillars but are preyed upon by snakes. (③) The snake caterpillar does this by inflating its front part to form a diamond-shaped head. (④) When it does this, eye-shaped markings on its head get bigger, making the caterpillar look like a snake with large eyes. (⑤) It can also move its body like a striking snake, even though it can't bite and isn't poisonous.

camouflage 위장
moth 나방
mimic …을 모방하다[흉내 내다]
inflate 부풀리다
marking 무늬[반점]
striking 눈에 띄는; *공격하는
poisonous 유독한, 독[독성]이 있는

• REVIEW TEST •

정답 및 해설 p. 35

네모 안에서 어법상 올바른 것을 고르시오.

1 [Losing / Lost] in thought, he didn't notice me.

2 [Being / It being] sunny, the kids will fly the kites they made.

3 Nobody [wanted / wanting] to take a break, the meeting continued.

4 With the crowds [cheering / cheered], the royal party drove to the palace.

5 [After / If] running around the track, he was too tired to attend history class.

6 He sat there and watched TV, completely [forgetting / forgotten] about the apple pie in the oven.

다음 문장의 밑줄 친 부분을 바르게 고쳐 쓰시오.

1 There was no bridge, we couldn't cross the river.

2 With his car keys losing, he couldn't get into his car.

3 Walked in the park yesterday, I found someone's wallet on the ground.

4 Leaving alone for the weekend, the girl had a party with her friends.

5 Not been a fan of baseball, she refused to go see the baseball game.

다음 두 문장이 같은 의미가 되도록 분사구문을 이용하여 빈칸을 채우시오.

1 The weather was mild and little wind was blowing.

= The weather was mild with ______________________________.

2 As it is a holiday, the company parking lot is empty.

= ______________________________, the company parking lot is empty.

3 When I arrived at the station, I got a call from my mother.

= ______________________________, I got a call from my mother.

4 Because my right hand was bandaged, I couldn't type properly.

= ______________________________, I couldn't type properly.

5 As it had been written in haste, the essay had a lot of spelling errors.

= ______________________________, the essay had a lot of spelling errors.

09

가정법의 형태와 의미를 혼동하지 마라

직설법과는 달리 가정·상상·소망 등을 나타내는 가정법에 자신 없어 하는 학생들이 많다. 가정법을 공식처럼 암기하려 하면 오히려 해석하기 힘들어진다. 가정법을 혼란스럽게 만드는 형태와 의미 사이의 규칙을 이해해야 가정법이라는 고지를 정복할 수 있다.

가정법은 상황을 반대로 보면서 이해하라

가정법 문장에서 의미 파악의 핵심은 상황을 반대로 보는 것이다. 가정법 문장은 현재나 과거의 사실을 반대로 가정·상상하거나 현재나 미래에 실현 가능성이 거의 없는 일을 상상·소망할 때 사용되기 때문이다. **이때, 동사의 시제와 실제로 나타나는 시점이 어떻게 다른지 파악하는 것이 중요하다.** 아래 세 가지 형태와 쓰임을 기본적으로 알아 두자.

가정법 과거: 현재 사실과 반대되는 일 또는 현재나 미래에 실현 가능성이 거의 없는 일을 가정한다.

- 「If+주어+동사의 과거형, 주어+조동사의 과거형+동사원형」

A **If** it **were** not raining, we **could have** a picnic in the park.

B **If** everyone in the world **donated** just one dollar, we **could solve** all of the earth's problems.

가정법 과거완료: 과거 사실과 반대되는 일을 가정한다.

- 「If+주어+had+p.p., 주어+조동사의 과거형+have+p.p.」

C **If** she **had been** awake, she **would have heard** the sound.

D **If** I **had known** it was your birthday, I **could have made** you a cake.

조건절의 형태가 「If+주어+were to-v」인 가정법: 실현 가능성이 전혀 없거나 희박한 미래의 일을 가정한다.

E **If** I **were to win** the lottery, I **would buy** a large house with a pool.

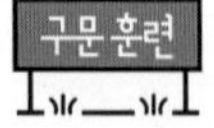

밑줄 친 부분에 유의하여 다음 문장을 우리말로 해석해 보자.

1 If someone offered you a new job, would you accept it?

2 If you had asked me to go to the dance, I would have said yes.

3 If I were to find any fault with you, it would be that you are not always on time.

4 If they worked in a well-organized environment, they would be surprised at how much more productive they were. 수능기출

5 What would the world be like if we could produce another Michael Jordan, Elvis Presley, or Albert Einstein?

1

다음 글에서 전체 흐름과 관계 없는 문장은?

People often omit the period at the end of sentences in single-sentence text messages, which has influenced the way we perceive periods. In an experiment, participants reading text messages found single sentences with a period less sincere than those without one. ① This could be due to something called "situational code-switching," which simply means that we change how we talk depending on the social setting. ② For example, the language that students use in the classroom is different from the language they use on the playground. ③ The language most commonly learned in schools is English, due to the fact that it is spoken in many places. ④ **If** they **talked** to their friends the same way they talked to their teachers, it **would** probably **sound** strange. ⑤ Similarly, a person using periods in text messages can cause feelings of awkwardness, just like someone using formal language in a casual setting.

omit 생략하다, 빠뜨리다
period 기간; *마침표
perceive 감지[인지]하다
sincere 진실된
depending on …에 따라
setting (어떤 일이 일어나는) 환경[장소]
awkwardness 어색함

2

다음 글의 밑줄 친 부분 중, 문맥상 낱말의 쓰임이 적절하지 않은 것은?

In the 1800s, the people of Ireland used potatoes as their basic food source. Unfortunately, everyone was growing the same type of potato, which meant the crops all had the same genes. The farmers did not realize the ① danger in this. In the 1840s, a new potato disease struck. The genetically identical potatoes all ② possessed the ability to fight the disease, so they all rotted. Because people were ③ dependent mainly on potatoes for their food, Ireland suffered a famine in which one in eight people died during the following years. **If** people **had grown** many types of potatoes, they **could have identified** ④ resistant ones and **grown** more of them, making the famine less serious. Despite knowing this, many countries today take the same ⑤ risk with their crops.

gene 유전자
strike 치다, 때리다; *(재난·질병 등이 갑자기) 발생하다 (struck–struck)
genetically 유전적으로
identical 동일한
possess 소유하다; *(자질·특징을) 지니다[갖추고 있다]
rot 썩다, 부패하다
famine 기근
identify 확인하다; *찾다, 발견하다
resistant 저항력 있는, …에 잘 견디는[강한]

정답 및 해설 p. 37

「주어+wish/as if+가정법」은 주절의 시제와 비교하라

「주어+wish/as if+가정법」이 쓰인 문장에서는 시제 파악에 특히 주의해야 한다. **일반 가정법 문장에서처럼 단순히 가정법 과거가 현재를, 가정법 과거완료가 과거를 나타내지 않을 수도 있기 때문이다.** 다음과 같은 기준에 따라 시제를 살펴보자.

「I wish+가정법 과거」, 「as if+가정법 과거」: 주절의 시제와 **같은 시점**의 일을 나타낸다.

A **I wish** we **could get along** like we used to.
(≒ I am sorry we can't get along like we used to.)

B She always talks to me **as if** she **were** my mother.

「I wish+가정법 과거완료」, 「as if+가정법 과거완료」: 주절의 시제보다 **이전 시점**의 일을 나타낸다.

C As soon as I saw the hotel, **I wished** I **had booked** a nicer place to stay.
(≒ As soon as I saw the hotel, I was sorry I had not booked a nicer place to stay.)

D When she entered the room, they acted **as if** nothing **had happened**.

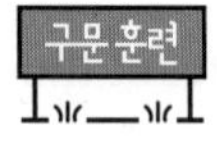

가정법에 유의하여 다음 문장을 우리말로 해석해 보자.

1 Michael behaves as if he didn't care what others thought.

2 He wishes that he had learned to play a musical instrument.

3 I wish that all of us were able to help others as much as Steve has.

4 Laura is the only person who will laugh at my jokes as if she hadn't heard them before.

5 I wish I could camp in the wild and enjoy the company of mosquitoes, snakes, and spiders. 수능기출

6 Animals have no memories of what the elderly once were and greet them as if they were children. 수능기출 응용

3

다음 글에 드러난 'I'의 심경 변화로 가장 적절한 것은?

In 1985, my husband and I moved to his hometown, located in China's Ordos Desert. When I first saw our new home, I burst into tears. There was nothing but sand for miles around. "**I wish** I **could see** some plants," I thought. Then one day I saw a small tree growing beside a nearby well. I realized that if this tree could survive, others might be able to, too. I started to plant more trees. At first, many of them ended up buried in sandstorms, but my husband and I eventually managed to get most of the trees to survive. We have now planted more than 600,000 trees in the desert. We have turned one of the most desolate places in China into something beautiful.

① curious → hopeless
② depressed → proud
③ lonely → annoyed
④ disappointed → indifferent
⑤ amused → terrified

burst into (갑자기) …을 터뜨리다[내뿜다]
nearby 인근의, 가까운 곳의
end up 결국 (어떤 처지에) 처하게 되다
buried 파묻힌
manage 간신히 해내다
desolate 황량한, 적막한
[문제]
indifferent 무관심한

4

Socotra Island에 관한 다음 글의 내용과 일치하지 않는 것은?

Socotra Island, a small island owned by Yemen and located in the Arabian Sea, looks **as if** it **were** part of another planet. In fact, it separated from the mainland of Africa six or seven million years ago, causing unique forms of life to develop on it. It is home to about 800 species of rare plants and animals, many of which are found nowhere else on earth. Because the island experiences extreme heat and frequent droughts, many of its plants have evolved unusual appearances. One striking example is the dragon's blood tree. Its branches make it look like a giant umbrella. It gets its name from a thick, red substance that comes out when its bark is cut. When this happens, it appears **as if** the tree **were** bleeding.

*dragon's blood tree: 용혈수

① 아라비아해에 위치한 작은 섬이다.
② 약 6~7백만 년 전에 아프리카 본토에서 분리되었다.
③ 800여 종의 희귀 동식물이 서식한다.
④ 심한 더위와 잦은 강우로 인해 식물들이 독특한 모습으로 진화했다.
⑤ 대표적인 식물인 용혈수는 큰 우산의 형태를 보인다.

mainland 본토
extreme 극도의, 극심한
drought 가뭄
evolve 발달시키다; *진화시키다
appearance (겉)모습, 외모
striking 눈에 띄는, 두드러진
substance 물질
bleed 피를 흘리다

동사를 보고 가정의 의미가 숨어 있는지 확인하라

가정법 문장은 대개 if절을 포함하지만, if절 없이도 가정의 의미를 나타내는 표현들이 있다. 글을 읽다가 **조동사의 과거형이 이끄는 동사가 발견되면 가정의 의미가 숨어 있는지 살펴보자.**

부사구가 if절을 대신하는 경우

A Without immigrant farm workers, the vast agricultural industry **could not exist.**
(= If it were not for immigrant farm workers)

주어인 명사(구)에 가정의 의미가 함축되어 있는 경우

B A fair election **would have ended** at the time announced beforehand.
(≒ If the election had been fair, it)

분사구문이나 to부정사(구)에 가정의 의미가 함축되어 있는 경우

C Happening during wartime, the same thing **would have caused** a lot of trouble.
(≒ If it had happened during wartime)

D To hear him talk about Nancy, you **would think** she were his girlfriend.
(≒ If you heard him talk about Nancy)

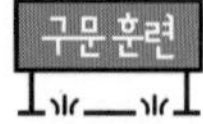

다음 문장을 우리말로 해석해 보자.

1 You'd be surprised to see him dance on the stage.
2 A road through the forest would destroy the national park.
3 Born in better times, he could have become a great painter.
4 Would one not be better off without grief altogether? 수능기출
5 Medical treatments that many people now think of as simple would have been considered risky 50 years ago.

5

다음 글의 밑줄 친 부분 중, 어법상 틀린 것은?

Everyone on Earth may soon lose one second of time. For the first time ever, scientists are considering ① subtracting a single second. This is called a "negative leap second," and it may be necessary in 2029 because Earth is rotating slightly faster than before. Surprisingly, **without global warming**, this time change **would likely have been** necessary sooner. The reason Earth is spinning faster ② is the unpredictable behavior of its hot liquid core. This behavior has been causing an increase in speed for ③ approximately 50 years, but the melting of polar ice has been counteracting this effect. Melting ice raises sea levels and shifts the planet's mass away from the poles and toward the equator. This slows the Earth's rotation in the same way that figure skaters spin more slowly when ④ extended their arms outward. **Without the melting of polar ice**, it is likely that we **would need to lose** a second in 2026 rather than 2029. "We are ⑤ headed toward a negative leap second," said one expert. "It's a matter of when."

*leap second: 윤초(세계 기준 시와 실제 시각과의 오차를 맞추기 위해 도입된 시간)

subtract (수·양을) 빼다
rotate 회전하다; *자전하다 (*n.* **rotation** 회전; *자전)
slightly 약간, 조금
spin 돌다, 회전하다
approximately … 가까이, 거의
counteract 거스르다; *중화하다
mass 덩어리, 무리; *질량
equator 적도

6

다음 글에서 전체 흐름과 관계 없는 문장은?

The origins of flags probably began with warriors decorating their spears with colored ribbons as a way of distinguishing one army from another. ① This practice was adopted by early explorers, who started using flags to show who newly discovered lands belonged to. ② During the modern era, flags became a symbol of individual nations, and it has become accepted that every country must have its own flag. ③ Most of these national flags are roughly the same size and shape. ④ It is customary for schools to honor their country's flag by displaying it near the entrance. ⑤ They commonly feature bold colors and simple patterns, as **flags with intricate patterns would appear** distorted when blowing in the wind.

warrior 전사(戰士)
spear 창
distinguish 구별하다
practice 관습
individual 각각의
roughly 대략, 거의
customary 관례적인
feature 특별히 포함하다, 특징으로 삼다
intricate 복잡한
distorted 찌그러진, 일그러진

도치된 가정법 문장은 동사를 통해 파악한다

조건절의 (조)동사가 were나 had인 경우에는 if를 생략하고 주어와 (조)동사를 도치하여 쓰기도 한다. 이러한 구문은 가정법 구문인지 파악하기 어려울 수 있으므로, 주절의 동사 형태와 문맥으로 판단해야 한다.

A Were I asked to work on weekends, I **would quit** my job.
(= If I were asked to work on weekends)

B Had they known the facts, they **would not have reacted** that way.
(= If they had known the facts)

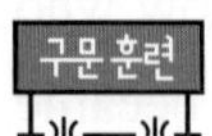

밑줄 친 부분에 유의하여 다음 문장을 우리말로 해석해 보자.

1 Were the sun to go out, all living things would die.

2 Had the weather been warmer, all the snow would have melted.

3 Were I to take over my father's business, I would make changes.

4 Had I been wearing glasses, I would have recognized you at once.

5 Were you to be injured, your insurance would cover the hospital bills.

6 Had I been at the party, I would not have missed the chance to dance with Sarah.

7

주어진 글 다음에 이어질 글의 순서로 가장 적절한 것은?

> Around 2.35 billion years ago, Earth's atmosphere underwent a significant transition. It went from being oxygen-free to possessing a small percentage of oxygen.

(A) Eventually, the oceans' accumulated oxygen began to escape into the atmosphere. There, it reacted with methane, gradually displacing it. **Had there been no cyanobacteria**, oxygen **might never have become** a major component of Earth's atmosphere.

(B) This change was partly due to tiny organisms known as cyanobacteria. Cyanobacteria, which evolved approximately 2.7 billion years ago, took in water to obtain hydrogen. This allowed them to assimilate carbon from CO_2 in the atmosphere. They then released oxygen as waste.

(C) But how could such tiny creatures have caused such a huge change in the planet? It is believed that the amount of oxygen cyanobacteria released slowly increased over hundreds of millions of years. Over this period, it accumulated in Earth's oceans, oxygenating the water.

*oxygenate: 산소를 공급하다

① (A) – (C) – (B)　② (B) – (A) – (C)　③ (B) – (C) – (A)
④ (C) – (A) – (B)　⑤ (C) – (B) – (A)

atmosphere 대기
undergo 겪다 (underwent – undergone)
accumulate 모으다, 축적하다
displace 대신하다, 대체하다
component 요소
obtain 얻다
assimilate 동화되다; *흡수하다
release 풀어 주다; *방출하다, 배출하다

8

글의 흐름으로 보아, 주어진 문장이 들어가기에 가장 적절한 곳은?

> However, this does not mean we should stop working together with others.

Being alone makes us more creative. Many great artists and thinkers throughout history have lived by themselves. When we are alone, we have fewer distractions. This allows our thoughts to run free without interruption or judgment. Creative people have entire worlds inside their heads, and being alone gives them the opportunity to bring ideas from this inner world into the real world. (①) Steve Wozniak, for example, invented the Apple computer sitting alone at a desk. (②) He says his creativity came from being introverted as a child. (③) **Had it not been for** his shyness, he **might not have become** a computer expert. (④) **Had it not been for** Wozniak's collaboration with Steve Jobs, he **could not have started** his own business. (⑤) Therefore, we should seek out solitude, but only when we need it.

distraction 주의 산만
interruption 중단, 방해
judgment 판단, 비판
entire 전체의; *완전한
introverted 내성[내향]적인
expert 전문가
collaboration 협력, 협동
solitude 고독

• REVIEW TEST •

정답 및 해설 p. 39

A

네모 안에서 어법상 올바른 것을 고르시오.

1 I wish I [went / had gone] with you that day.

2 If you were to run for president, I [will / would] vote for you.

3 I left at once; otherwise, I would [miss / have missed] the bus.

4 Supposing you [have / had] a million dollars, what would you do first?

5 Had you studied harder, you [wouldn't fail / wouldn't have failed] the test.

6 If I had told you that, you might [panic / have panicked] and none of us would [make / have made] it.

B

다음 문장의 밑줄 친 부분을 바르게 고쳐 쓰시오.

1 If you <u>are</u> an actor, what role would you want to play?

2 If it had not been for your help, I could not <u>finish</u> the work.

3 I wish I could <u>have taken</u> care of your house while you're away.

C

다음 두 문장이 같은 의미가 되도록 빈칸을 채우시오.

1 Were you to give her a deadline, the work might get done faster.

= If ______________________ her a deadline, the work might get done faster.

2 Without smartphones, most people wouldn't know what to do these days.

= If ______________________ smartphones, most people wouldn't know what to do these days.

3 A stronger earthquake would have knocked down the building.

≒ If the earthquake ______________________ stronger, it would have knocked down the building.

4 Living in the city, the family would have a more exciting life.

= If they ______________________ in the city, the family would have a more exciting life.

5 I am sorry that I didn't take more trips with my sister before she went abroad.

≒ I wish I ______________________ more trips with my sister before she went abroad.

10

비교 표현의 형태를 이해하라

많은 학생들이 비교와 관련된 표현을 공식처럼 암기하려고 한다. 그러나 비교 표현의 형태에 대한 기본적인 이해가 없으면, 실제 문장 속에서 표현을 구별해 내기가 쉽지 않다. 빠른 독해를 위해서는 비교 표현의 형태를 숙지하고 그것이 포함된 문장을 많이 접해야 한다. 특히 비교 대상을 정확하게 파악하는 눈을 기르도록 하자.

정답 및 해설 p. 40

해석 기법 38

비교 구문의 기본 형태와 주요 구문을 파악하라

비교 구문에서는 무엇과 무엇이 비교되는지를 올바르게 파악하는 것이 중요하다. **기본 비교 구문에서는 than의 앞뒤 내용을 살펴보면 비교하는 대상을 찾아낼 수 있다.**

A I sometimes feel **more comfortable** talking to strangers **than** to people I know.

자주 나오는 주요 비교 구문

- 「the + 비교급 ..., the + 비교급 ~」 '…할수록 더 ~하다'
- 「비교급 + and + 비교급」 '점점 더 …한/하게'
- 「much[still] less ...」 '하물며[더구나] …은 아니다'
- 「no more than ...」 '겨우 …만[밖에]'
- 「no less than ...」 '(자그마치) …만큼이나'
- 「no[not ... any] longer」 '더 이상 … 아닌'

B **The sooner** you plan, **the more** likely you are to enjoy yourself after your retirement.

C **More and more** people are becoming aware of the necessity of protecting the environment.

D You can **no longer** use this security program unless you pay for renewal.

빠바 PLUS

다음과 같이 -or로 끝나는 형용사들은 비교 대상을 나타낼 때 than 대신 to를 사용한다.

- 「superior to ...」 '…보다 뛰어난'
- 「inferior to ...」 '…보다 열등한'
- 「senior to ...」 '…보다 상급의; 연상의'
- 「junior to ...」 '…보다 하급의; 연하의'
- 「prior to ...」 '…보다 전[앞]의'

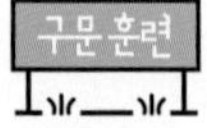
구문 훈련

밑줄 친 부분에 유의하여 다음 문장을 우리말로 해석해 보자.

1 In courts of law, photographs often had <u>more value than</u> words. 수능기출

2 In general, <u>the older</u> the surface of a planet is, <u>the more</u> craters it has.

3 I didn't even speak to him, <u>much less</u> discuss your problems with him.

4 Influenza <u>no longer</u> causes the deadly epidemics that it once did, but it still has the potential to.

1

다음 글의 목적으로 가장 적절한 것은?

Local elementary schools are invited to join us in celebrating the 25th anniversary of the city's subway system. We're asking elementary students to create a poster that will be displayed in our subways during the celebration. The theme of the poster should be "uniting communities." Be creative and show us what the subway means to you and your community. Each student may submit only one poster by September 22. This event is **less** about competition **than** it is about showcasing community spirit. However, the winner will receive a special subway tour, and the winner's school will receive $500. There will also be a promotional photoshoot featuring the winner and all of the winner's classmates. The judging period will take **no longer than** one week. So we expect to announce a winner by October 1. We hope everyone participates!

① 미술 대회의 심사 결과를 발표하려고
② 한 초등학교의 안내 벽보를 변경하려고
③ 지하철 회사의 기념행사를 홍보하려고
④ 학생들에게 전시회 관람 방법을 알려주려고
⑤ 대회 수상자를 가장 많이 배출한 학교를 축하하려고

celebrate 기념하다
(*n.* **celebration** 기념행사)
anniversary 기념일
theme 주제
unite 결합하다; *결속시키다
competition 경쟁, (경연) 대회
showcase 보여주다
spirit 정신
promotional 홍보의
feature 특별히 포함하다
judge 재판하다; *심사하다

2

다음 글의 주제로 가장 적절한 것은?

Have you ever walked through a city on a windy day? If you have, you probably noticed that the wind was stronger near tall buildings. This is called the "downdraught effect." Generally, **the higher** you go, **the stronger** the winds are. When strong winds high above the ground hit a tall building, they can't go through it. Instead, they go up, down, or around the sides of the building. The wind that shoots down to the ground is strong at street level. Having several tall buildings near one another can also increase wind speeds. This is due to the "channeling effect," which occurs when the wind blows through the narrow spaces between the buildings. It's similar to water flowing in a river—**the narrower** the space, **the faster** it moves.

*downdraught: 하강 기류, 하향 통풍

① causes of high winds in urban areas
② safety issues caused by high winds in cities
③ the necessity of city planning to enhance safety
④ how cities are designed to decrease wind speed
⑤ the benefits of tall buildings in reducing strong winds

notice 알아채다, 인지하다
shoot (총 등을) 쏘다; *휙 움직이다
[문제]
urban 도시의
necessity 필요성

비교 구문에서 무엇이 생략되었는지를 생각하라

「as+형용사/부사의 원급+as ...」 비교 구문에서, 보통 두 번째 as 다음에는 핵심이 되는 비교 대상만 남고 반복되는 표현은 생략되거나 대동사로 표현된다. 그러므로 이에 유의하여 무엇과 무엇이 비교되는지 파악하도록 한다.

A Summer classes are **as challenging and rewarding as** regular classes (are).

B Doing volunteer work is not **as hard as** you think (it is).

자주 나오는 주요 비교 구문

- 「as+형용사/부사의 원급+as possible[+주어+can]」 '가능한 한 …한/하게'
- 「as many[much] as ...」 '(수·양 등이) …나 되는'
- 「not so much A as B」 'A라기보다는 B'
- 「may[might] as well A as B」 'B하기보다는 (차라리) A하는 편이 낫다'

C He wanted to get the work done **as soon as possible**.

D **As many as** 100,000 people from all over the world came to see the parade.

E The important thing in this contest is **not so much** winning **as** participating.

F You **may as well** clear the table yourself **as** have him do it.

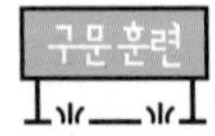

밑줄 친 부분에 유의하여 다음 문장을 우리말로 해석해 보자.

1 She is not as talkative as her sister.

2 They imagine others are as interested in them as they are in themselves. 수능기출

3 He plays basketball not so much for the joy of it as for the exercise it provides.

4 The police said that as many as 26 people were killed in the attack, including two suspects.

5 As we agreed during the meeting, please send a service engineer as soon as possible to repair the washing machine. 수능기출

3

다음 글에서 전체 흐름과 관계 없는 문장은?

Hoarding disorder is a mental illness characterized by the inability to get rid of possessions that have no use or value. ① It is often accompanied by "excessive acquisition," which means sufferers feel the need to own **as many** things **as possible**. ② Hoarding behavior tends to start at an early age and becomes more and more extreme as the person grows older. ③ Once it becomes a significant problem, it is generally treated with behavioral therapy, which helps hoarders make better decisions about keeping or getting rid of their belongings. ④ Unwanted belongings should be donated to charity rather than thrown in the trash, as long as they are still in good condition. ⑤ However, as hoarding disorder can be a complex condition with multiple causes, this treatment often takes a long time, and additional methods may be required.

hoarding 저장, 축적
(*n.* **hoarder** 축적가)
disorder 엉망; *장애[이상]
characterize 특징 짓다
inability 무능, 불능
possession 소유(물), 소지(품)
be accompanied by …을 동반하다
excessive 지나친, 과도한
acquisition 획득, 습득
belongings 소유물, 소지품

4

다음 글의 요지로 가장 적절한 것은?

Have you ever seen rows of identical fruit or vegetables in the supermarket? They may look pretty, but consider this—perfectly fine produce that looks a little different is being wasted. In fact, some farmers end up throwing away **as much as** 50 percent of their harvest because it doesn't look quite right. Fortunately, this is beginning to change. All of this wasted produce tastes just **as good as** what they sell in the supermarket. So there are now some organizations that buy ugly produce from farmers and sell it to consumers at prices **as much as** 30 percent lower than normal. Not only does this practice benefit farmers and consumers, but it also helps protect the environment, since farmers don't have to waste resources growing unwanted produce.

① 농산물의 품질 개선을 위한 연구가 시급하다.
② 농산물 안전성 평가 기준을 강화할 필요가 있다.
③ 농가의 무분별한 농업용수 사용에 대한 규제가 필요하다.
④ 지역 농산물을 소비하는 것이 지역 경제 발전의 첫걸음이다.
⑤ 버려지는 농산물을 줄이기 위해 농업 시장에 변화가 생기고 있다.

identical 동일한, 똑같은
produce 생산물, 농산물
harvest 수확하다; *수확, 수확물[량]
organization 조직, 단체
consumer 소비자
practice 실행, 실천

원급·비교급을 이용한 최상급 표현을 익혀 두자

원급이나 비교급을 이용해서 다양한 최상급 표현을 만들 수 있다. **이때, 비교 표현에 no, any, any other, ever 등을 덧붙인다.** 이런 표현들은 단순히 암기하기보다는 원급 및 비교급의 기본 형태에 유의하여 차근차근 우리말로 옮겨 보면 의미를 파악할 수 있다.

자주 나오는 원급·비교급을 이용한 최상급 표현

- 「부정주어+as[so]+원급+as ...」 '어떤 누구[무엇]도 …만큼 ~하지 않다'
- 「부정주어+비교급+than ...」 '어떤 누구[무엇]도 …보다 더 ~하지 않다'
- 「비교급+than ever ...」 '(과거) 그 어느 때보다도 더 ~한/하게'
- 「비교급+than any other ...」 '다른 어떤 누구[무엇]보다 더 ~한/하게'

A In relationships, **nothing** is **as important as** faith.
(= In relationships, faith is the most important thing.)

B There is **no other place** that would be **better than** Cancun for a vacation.
(= Cancun would be the best place for a vacation.)

C I had a headache that was **more painful than any other** I've ever experienced.
(= I had a headache that was the most painful that I've ever experienced.)

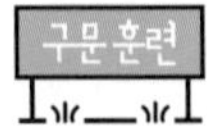

다음 문장을 우리말로 해석해 보자.

1 At that time, no other author was as famous as her.

2 No other art form is more beautiful to me than music.

3 That night, he slept more deeply than ever before.

4 Nothing is more satisfying than making your dreams come true through your own efforts.

5 On August 27, when Mars was closer to Earth than ever before in human history, the one-way travel time of light was just 3 minutes and 6 seconds. 수능기출

5

주어진 글 다음에 이어질 글의 순서로 가장 적절한 것은?

> Palm scanning is a form of biometrics that uses the palm of a person's hand as a unique form of identification.

(A) Furthermore, there is little chance of fraud. **No biometric system** is **harder** to fool **than** palm scans. Vein patterns are unique, and unlike fingerprints, cannot easily be taken without a person's knowledge. This guarantees a level of safety **greater than** that of **any other** system.

(B) More specifically, it maps the vein patterns that are found in the person's palm. After the scan is complete, it compares the patterns to existing scans to look for matches. If there are no matches, it is added to the database.

(C) Once recorded and stored, these palm scans can serve as a person's digital signature for both online and in-person transactions. As a result, people no longer need to carry credit cards or cash. Soon, people may be able to make purchases with just their hand.

*biometrics: (생체 정보를 기반으로 한) 인증 방식

① (A) – (C) – (B)　② (B) – (A) – (C)　③ (B) – (C) – (A)
④ (C) – (A) – (B)　⑤ (C) – (B) – (A)

palm 손바닥
identification 신원 확인, 식별
fraud 사기
vein 정맥
fingerprint 지문
guarantee 보장하다
specifically 구체적으로
map …의 지도를 만들다
signature 서명
in-person 실제로 하는
transaction 거래

다음 글의 밑줄 친 부분 중, 문맥상 낱말의 쓰임이 적절하지 않은 것은?

It is now believed that deserts may be perfect places for harvesting solar power. If this is true, there would be **no other place as ideal as** the Sahara, the world's largest desert. Unfortunately, solar farms in the desert could have ① adverse environmental effects. For example, covering half the Sahara with solar farms would ② raise local temperatures by approximately 2.5 °C. This warming would not be ③ limited to the desert—it would spread around the globe, eventually increasing the world's average temperature by 0.39 °C. This could speed up global warming by ④ melting sea ice and exposing the dark water beneath it, which absorbs greater amounts of solar energy than sea ice does. Rising temperatures in the Sahara could also cause other problems by ⑤ maintaining global precipitation patterns, including droughts in the Amazon and more frequent tropical cyclones.

ideal 이상적인, 가장 알맞은, 완벽한
adverse 부정적인, 불리한
approximately 거의, 대략
maintain 유지하다[지키다]
precipitation 강수(량)
drought 가뭄
tropical 열대 지방의, 열대의

배수사를 사용하는 비교 표현에 유의하라

배수사를 사용하는 비교 표현은 도표 또는 수치가 나오는 문제에 자주 등장하므로 반드시 익혀두자. 그 형태는 다음과 같이 **배수사와 함께, 원급이나 비교급을 사용하여 나타낼 수 있다.**

- 「배수사 + as + 형용사/부사의 원급 + as ...」 '…보다 몇 배만큼 ~한/하게'
- 「배수사 + 비교급 + than ...」 '…보다 몇 배 더 ~한/하게'

A Women are **twice as likely** to suffer from insomnia **as** men.

B We spent **ten times more** money on the campaign **than** we did last year.
(= We spent **ten times as much** money on the campaign **as** we did last year.)

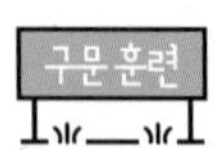

밑줄 친 부분에 유의하여 다음 문장을 우리말로 해석해 보자.

1 A chameleon's tongue is twice as long as its body.

2 On Earth, everything is six times as heavy as on the Moon.

3 Since getting a new customer costs six times more than keeping an existing one, customer service is very important.

4 A spider's thread is only about one-tenth the diameter of a human hair, but it is several times stronger than steel of the same weight.

5 A study of the 1974 Canadian federal elections found that attractive candidates received more than two and a half times as many votes as unattractive candidates. 수능기출

7

다음 글의 밑줄 친 부분 중, 어법상 틀린 것은?

Research suggests that when we use the term “brilliant,” we usually apply it to men rather than women. It is said that this is an unconscious bias that occurs all across the world. It may also be the reason why even brilliant women are less likely to be employed in fields ① where a high level of intelligence is prized, such as math and science. A study conducted in 2016 ② analyzed 14 million student reviews of university faculty members. It found that male professors were **two to three times more likely** ③ to describe with the words “brilliant” or “genius” **than** female professors were. Furthermore, students were more likely to use these words in reference to professors of physics and philosophy, two fields with ④ relatively few women. These results suggest that we either underestimate women or overestimate men. This is why we need to be aware of the words we use and think about why we use ⑤ them.

term 용어, 말
brilliant 훌륭한, 뛰어난
apply 신청하다; *적용하다
unconscious 무의식적인
bias 편견
employ 고용하다
intelligence 지능
faculty 능력; *학부, 교수진
in reference to …에 관해
relatively 비교적

8

다음 글의 밑줄 친 부분 중, 문맥상 낱말의 쓰임이 적절하지 않은 것은?

Coral reefs are being ① threatened by unusually warm water that is causing them to bleach and die. One team of researchers has ② devised an unusual plan to deal with this. They intend to record the sounds of healthy reefs and then play them near reefs that are suffering from severe bleaching. A healthy reef is noisy, and it is believed that this ③ attracts young fish, letting them know that this is a place where they can safely live. Damaged reefs, on the contrary, are silent. They attract ④ few new inhabitants, which causes them to degrade even further. The researchers tested their idea at a reef severely affected by bleaching. Healthy reef sounds were played in certain locations for 40 days. At the end of this period, the researchers found that the areas where the sounds were played had attracted **twice as many** young fish **as** places that were left ⑤ noisy.

coral reef 산호초
threaten 협박하다; *위태롭게 하다
bleach 표백되다[바래다] (*n.* **bleaching** 표백)
devise 창안[고안]하다
inhabitant (특정 지역의) 주민[서식 동물]
degrade 지위가 떨어지다; *퇴화하다

• REVIEW TEST •

정답 및 해설 p. 43

다음 문장의 밑줄 친 부분을 바르게 고쳐 쓰시오.

1 They cannot read English, <u>much more</u> write it.

2 It's my job, and no one cares about it <u>as more as</u> I do.

3 The more you watch TV, <u>more likely you are to</u> get exhausted.

4 <u>As much as</u> 1,000 physicians attended the annual conference this year.

5 House prices in London rose <u>as three times much as</u> incomes over the last ten years.

B

다음 문장의 괄호 안에 제시된 단어들을 바르게 배열하시오.

1 This watch is (to, a bit, the one, inferior) I bought last year.

2 It's hard for me to persuade him, (less, his, much, parents).

3 This year's audition was (competitive, than, before, ever, more).

4 The longer you get stuck in your solitude, (it, the harder, your pain and sorrow, to share, becomes).

C

다음 두 문장이 같은 의미가 되도록 빈칸을 채우시오.

1 This website is more popular and accessible than any other source.
= __________ other source is as popular and accessible as this website.

2 This company has a higher productivity than any other company in its field.
= This company has __________ __________ productivity in its field.

3 No other drug in the world is taken more often than aspirin.
= Aspirin is taken more often than __________ __________ __________ in the world.

4 The tuatara has a faster molecular evolutionary rate than any other animal ever tested.
= The tuatara has __________ __________ molecular evolutionary rate of all animals ever tested.

11

숨어 있는 부정의 의미를 찾아라

not이나 never와 같은 부정어 없이도 부정의 의미를 나타내는 어구들이 있다. 또한 전체가 아닌 부분만을 부정하거나, 얼핏 봐서는 부정문인 것 같으나 실제로는 긍정의 의미를 나타내는 경우도 있다. 이러한 부정 구문을 확실히 알아 두면 빠르고 바른 독해에 도움이 될 것이다.

부정의 의미를 가지는 표현들을 조심하라

not이나 never와 같은 부정어 없이도 부정의 뜻을 나타내는 표현들이 있다. 이러한 표현들에 익숙하지 않으면 문장의 의미를 완전히 반대로 이해하게 될 수도 있으므로 반드시 알아 두도록 한다.

- 「little」 '거의 없는', '소량의'
- 「few」 '거의 없는', '소수의'
- 「hardly[scarcely, barely]」 '거의 … 않다'
- 「rarely[seldom]」 '좀처럼 … 않는'
- 「free from ...」 '…이 없는'
- 「beyond + 명사(구)」 '…할 수 없는'
- 「fail to-v」 '…하지 못하다', '…하지 않다'
- 「too + 형용사/부사 + to-v」 '너무 …해서 ~할 수 없는', '~하기에 너무 …한/하게'
- 「anything but[far from] ...」 '결코 …이 아닌'
- 「the last + 명사 + to-v[관계사절]」 '결코 …할 것 같지 않은 ~'

A New cars are very expensive, so **few** people can afford them.

B She got fired because she **failed to meet** her deadlines.

C When he heard that he had won the contest, he was **too** excited **to sit down**.

D My father would be **the last person to force** me to study for a test all night.

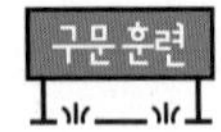

다음 문장을 우리말로 해석해 보자.

1 Why he did it is beyond my comprehension.

2 These diets are far from being nutritious or balanced.

3 They are hardly what I would call professional entertainers.

4 Medical checkups, even if you feel healthy, are anything but a waste of time.

5 Generally, you have little difficulty performing each of your roles because you know what is expected of you. 수능기출

6 Teenagers' behavior changes when they realize others are too busy with their own lives to be watching them. 수능기출

1

다음 글의 밑줄 친 부분 중, 어법상 틀린 것은?

Over time, certain biological and behavioral features of humans stop serving a purpose. Instead of disappearing ① completely, they remain intact but have no function. This is what happened with the grasp reflex. If you place an object in an infant's hand, he or she will automatically grab it. This reflex was helpful for our distant ancestors, ② whose babies had to hold tightly to their mothers' fur. But the grasp reflex is of **little** use to human babies now, as they don't have to cling for survival. Another unnecessary feature we inherited from our ancestors ③ are goose bumps. Goose bumps occur when we are cold or frightened and the hairs on our body stand straight up. Today, they are **anything but** useful. But they kept our hairy ancestors ④ warm because the erect hairs prevented body heat from escaping. They also made our ancestors appear larger, ⑤ helping them scare away predators.

*grasp reflex: 파악 반사, 움켜잡기 반사

biological 생물학의
intact (하나도 손상되지 않고) 온전한
infant 유아, 아기
automatically 자동적으로, 무의식적으로
distant (멀리) 떨어져 있는; *먼 (친척 관계인)
ancestor 조상, 선조
cling 꼭 붙잡다, 매달리다
inherit 물려받다
goose bumps 소름
erect 똑바로 선

2

다음 글에서 전체 흐름과 관계 없는 문장은?

The iris is a muscle found in the eye. It can control the amount of light that enters the eye by opening and closing the pupil. ① Each of a person's two irises has a pattern of textures which is different from that of the other, as these patterns are not genetic. ② DNA decides the color and structure of the iris, but the patterns are formed randomly while the baby is still developing in the womb. ③ A baby's DNA is **far from** random, as it comes from both parents. ④ As the baby opens and closes its eyes, the tissue of the iris moves and folds, creating patterns. ⑤ Like fingerprints, iris patterns are unique and **rarely** change over time, so they are now often used for identification.

*iris: (안구의) 홍채

pupil 학생; *눈동자, 동공
texture 질감; *조직, 구성
genetic 유전의
randomly 무작위로, 임의로 (*a.* random 닥치는 대로의; *임의의)
womb 자궁
tissue (세포들로 이뤄진) 조직
fingerprint 지문
identification 신원 확인, 신분 증명

부분부정과 이중부정에 주의하라

not이나 never와 같은 부정어는 일반적으로 문장의 내용 전체를 부정하지만, **특정한 단어들과 함께 쓰이면 일부만을 부정할 수도 있다. 부정의 의미를 지닌 단어에 부정어를 추가해 이중부정을 만들 수도 있다.** 부정의 두 가지 표현을 잘 구별해 두자.

자주 나오는 부분부정 표현

- 「not both ...」 '둘 다 …인 것은 아니다'
- 「not always ...」 '항상 …인 것은 아니다'
- 「not all[every] ...」 '모두 …인 것은 아니다'
- 「not exactly ...」 '전혀 …인 것은 아니다'
- 「not necessarily ...」 '반드시 …인 것은 아니다'
- 「not quite[entirely, completely] ...」 '전적으로[그다지] …인 것은 아니다'

A Good luck does **not always** come to those who deserve it.

B Great wealth does **not necessarily** guarantee great happiness.

이중부정: 부정의 뜻이 있는 단어 앞에 not, no, never 등의 부정어를 써서 이중부정을 만들 때는 강한 긍정의 의미로 해석한다.

C Child labor is **not uncommon** in developing countries.

D He was**n't irresponsible**, but an accident occurred while he was working.

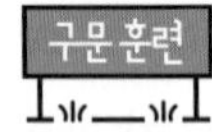

다음 문장을 우리말로 해석해 보자.

1 Solving the puzzle is not impossible, but it is very difficult.

2 Dogs' noses may be remarkable, but they're not always switched on. 수능기출

3 I haven't read all of his novels, but judging from the ones I have read, he seems to be a fairly promising writer.

4 These days, it is not unusual to see people wearing interesting costumes on Halloween in Korea.

5 Although not every book is expected or intended to go on the bestseller list, publishers expect every new book to at least earn a profit.

3

다음 글의 목적으로 가장 적절한 것은?

Dear Staff and Supporters,

Our plan to move our bird exhibits to a larger space was intended to enhance the quality of the birds' lives. However, we have decided that our planned move is **not necessarily** a good idea at the present time. In-depth discussions with experts have led us to believe that the move could produce dangerous levels of stress as well as potential health risks for the birds. **Not every** member of the zoo's board of directors agreed, but we have decided to cancel the move. While this is **not quite** the outcome we had hoped for, we will continue to seek out other ways of improving our bird exhibits. Thank you for your understanding and support.

Sincerely,

Zoo Manager

① 새롭게 개최되는 조류 전시회를 홍보하려고
② 예정된 일을 취소하게 된 경위를 설명하려고
③ 전시장 이전을 도울 자원봉사자를 모집하려고
④ 동물원 시설 증축에 필요한 기부금을 요청하려고
⑤ 동물원에서 열릴 축제에 대한 의견을 수집하려고

exhibit 전시회; 전시품
enhance 향상시키다
quality 질
necessarily 반드시
in-depth 면밀한
potential 잠재적인
risk 위험
outcome 결과
seek out …을 찾아내다

4

주어진 글 다음에 이어질 글의 순서로 가장 적절한 것은?

In the 15th century, some Europeans used a strange medicine to stay healthy. It was called "mumia," and it was made from ground-up mummies.

(A) Modern people would view this practice as a kind of cannibalism. Medieval Europeans, however, considered it an unusual type of medicine. Fortunately, as medical knowledge advanced, doctors eventually stopped prescribing mumia.

(B) Despite this, there was still a high demand for mumia in Europe. Some people dug up Egyptian graves to steal the mummies. Others attempted to turn the bodies of people who had recently died into mummies.

(C) People ate it or rubbed it into injuries. They believed it could be used to treat coughs and headaches. However, mumia was **not always** embraced by the medical community. Additionally, **not all** patients were willing to try it.

① (A) – (C) – (B)　② (B) – (A) – (C)　③ (B) – (C) – (A)
④ (C) – (A) – (B)　⑤ (C) – (B) – (A)

medicine 의학; *약
grind 갈다 (ground - ground)
practice 실행; *관행
cannibalism 카니발리즘, 식인 (풍습)
medieval 중세의
prescribe 처방하다
demand 요구; *수요
embrace 포옹하다; *(생각 등을) 받아들이다

부정 강조어구는 해석하려고 애쓰지 마라

예기치 못한 곳에 at all, whatsoever, in the least, by any means 등의 어구가 나올 때, 이 표현이 어디에 연결되는 것인지 몰라 당황할 수 있다. 이런 어구들은 **부정어와 함께 쓰여 부정의 의미를 강조하는 관용적인 표현들이므로 따로 기억해 두는 것이 좋다.**

- 「not[no] ... at all[whatsoever]」 '전혀 … 않다'
- 「not ... in the least」 '조금도[전혀] … 않다'
- 「not ... by any means」, 「by no means」 '결코 …이 아닌'

A There is **no** doubt **at all** that technology has changed our lives.

B He has **no** interest **whatsoever** in the problems of others.

C I am **not in the least** worried about my test scores.

D Getting hold of this information was **not** a simple task **by any means**.

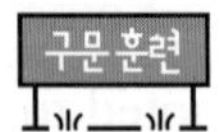

밑줄 친 부분에 유의하여 다음 문장을 우리말로 해석해 보자.

1 War achieves nothing whatsoever.

2 I will by no means take the job if I have to move to another city.

3 The school has no plan whatsoever to build a new gymnasium in the next two years.

4 She had little experience of the countryside, and none at all of swimming in rivers.
수능기출 응용

5 She was irritated because the man didn't care in the least about how his dog's barking was affecting his neighbors.

5

다음 글의 요지로 가장 적절한 것은?

A parasocial relationship occurs when an individual invests emotional energy, interest, and time in someone who is unaware of their existence. Commonly seen with fans of celebrities, these one-sided relationships allow individuals to attach themselves without the fear of disapproval or rejection. Even if there is no chance of a real interaction, studies indicate that these chosen relationships offer companionship and emotional support, especially during difficult times. These relationships are **by no means** meaningless because they have been shown to play a role in shaping an individual's personal identity. There is **no** doubt **at all** that parasocial relationships can hold significant value in enriching one's life.

*parasocial: 준(準)사회적인

① 준사회적 관계는 개인의 인적 네트워크를 넓히는 데 도움을 줄 수 있다.
② 준사회적 관계를 통해서 정서적인 만족감과 긍정적인 자아상을 형성할 수 있다.
③ 준사회적 관계의 위상이 높아지고 있지만, 실제 대인 관계보다 중요하지는 않다.
④ 준사회적 관계는 익명성을 보장하고 동시다발적인 의사소통을 가능하게 한다.
⑤ 현대 청소년들은 현실뿐 아니라 온라인 세상에서 제2의 자아 정체성을 확립하고 있다.

invest 투자하다, 부여하다
emotional 정서의, 감정적인
existence 존재, 실재
one-sided 일방적인
attach 붙이다; *…에게 애착을 갖게 하다
disapproval 반감
rejection 거절, 거부
interaction 상호 작용
companionship 동료애, 우정
identity 정체성
enrich 질을 높이다, 부유하게 만들다

6

다음 글의 제목으로 가장 적절한 것은?

Before the 16th century, there were **no** sizing systems for clothing **whatsoever**. Then, in 1589, one of the first written works related to the tailoring of clothes was published. This may have represented the beginnings of modern measurement standards. At the start of the 19th century, however, clothes were still being measured individually. It was a series of wars that finally led to the establishment of universal sizing, due to a sudden increase in the demand for military uniforms. By the end of the century, men's clothing was being sold in standardized sizes that didn't require any additional measurements. Women's clothing, however, took longer to change, as it was generally much more close-fitting. It wasn't until the early 20th century that ready-to-wear women's clothing became popular.

① Women's Fashion: A Reminder of the Distant Past
② The Process of Creating Ready-to-Wear Clothing
③ What Delayed the Development of Sizing Systems
④ How International Standards of Sizing Developed
⑤ Amazing Changes in Men's and Women's Clothing

tailor 재단사; *(옷을) 짓다, 맞추다
represent 대표[대신]하다; *나타내다, 의미하다
measurement 측정, 치수 (*v.* measure 측정하다, 재다)
standard 기준, 표준 (*v.* standardize 표준화하다)
individually 개별적으로, 각각
establishment 설립, 수립
universal 일반적인, 보편적인
close-fitting 몸에 꼭 맞는
ready-to-wear 기성복의
[문제]
reminder 상기시키는 것

• REVIEW TEST •

정답 및 해설 p. 46

네모 안에서 문맥상 올바른 것을 고르시오.

1 Daniel hates sports. He is [the very / the last] person I'd expect to be interested in golf lessons.

2 She has to study math more. She [fails to get / never fails to get] good scores on all her math exams.

3 It is not [common / uncommon] to find such a bird here. You can see them everywhere you look.

4 [Unlike / Not unlike] many of our successful graduates, your children will have the chance to succeed in the fields of politics and economics.

B

보기에서 알맞은 단어를 골라 우리말과 일치하도록 문장을 완성하시오. (단, 중복 사용 가능함.)

보기 every	not	entirely	always	whatsoever	beyond

1 동해의 아름다운 일출은 말로 표현할 수 없었다.
The beautiful sunrise over the East Sea was __________ description.

2 나는 사용 설명서를 읽어 보았지만, 그것은 전혀 도움이 되지 않았다.
I read the instruction manual, but it was __________ helpful __________.

3 소송을 제기하는 것이 항상 법적 분쟁을 해결하는 최선책은 아니다.
Going to court is __________ __________ the best way to solve a legal dispute.

4 장마 때 인근의 모든 집이 침수된 것은 아니었다.
__________ __________ house in the neighborhood was flooded in the monsoon.

5 그는 자신이 축구 경기에 갈 수 있을지 전적으로 확신하지는 못하지만, 그럴 수 있기를 정말로 바란다.
Though he is __________ __________ sure if he can go to the soccer game, he really hopes that he can.

다음 문장의 괄호 안에 제시된 단어들을 바르게 배열하시오.

1 He lives (from town, too, use, to, far away) public transportation.

2 In my opinion, he would be (the, to betray, last, his friends, person).

3 I love her very much. So in my eyes, she seems (free, to be, any faults, from).

12

특수 구문의 질서를 익혀 두자

독해를 하다 보면 문장의 일부가 생략 또는 삽입되었거나 동격을 포함하거나 어순이 도치된 문장들을 접할 수 있다. 그렇다고 해서 이런 문장들이 영어의 틀에서 벗어난 것은 아니며 이들 나름대로의 질서가 있다. 독해의 고지를 정복하려면 바로 이러한 특수 구문들에 강해져야 한다.

어구의 생략에 주의하자

문장 내에서 같은 내용이 되풀이될 때는 반복을 피하기 위해 종종 생략이 일어난다. 생략이 일어난 문장은 흐름이 자연스럽지 않고 뚝뚝 끊어지는 느낌을 줄 수 있으므로, **문장 성분이 생략된 부분이 보이면 문장 내에서 생략된 공통어구가 무엇인지 찾아보자.**

A Some people remember their dreams, while others don't (remember their dreams).

관용적인 생략: 특정 어구가 없어도 의미 전달에 어려움이 없을 때 관용적인 생략이 일어난다. 자주 쓰이는 다음 표현들을 익혀두자.

- 「what if (= what would happen if) ...?」 '만약 …하면 어떻게 될까?'
- 「if any (= if there is any)」 '만약에 있다면', '설령 있다 할지라도'
- 「if possible (= if it is possible)」 '가능하면'
- 「if necessary (= if it is necessary)」 '필요하면'
- 부사절의 「접속사+주어+be동사 ...」에서 「주절의 주어와 동일한 주어+be동사」의 생략

B You can borrow my notes for the exam if (they are) necessary.

C Most people in that country enjoyed few, if (there were) any, civil and political rights.

D She never gives up when (she is) presented with a challenge.

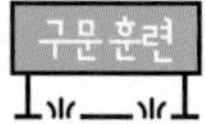

다음 문장에서 생략이 일어난 부분에 ∧로 표시하고, 문장 내에서 생략된 어구에 밑줄을 그어 보자.

1 The groups which encourage individual members to think creatively will prosper, whereas those which do not will fail. 수능기출

2 A business manager should not be expected to perform the duties of a human resources representative, nor a financial officer the job of a CEO.

다음 문장을 우리말로 해석해 보자.

3 What effects, if any, do the holes in the ozone layer have on global warming?

4 We can offer alternative solutions, if necessary, in order to keep costs to a minimum.

5 The task of finding what you want would be time-consuming and extremely difficult, if not impossible. 수능기출

1

다음 빈칸에 들어갈 말로 가장 적절한 것은?

One of the most difficult conditions that patients deal with after a stroke is called "hemispatial neglect." This occurs when there is damage to the brain's parietal lobe, which helps process sensory information. When it is damaged, patients cannot perceive people, sounds, and objects on one side of their body. Each of the brain's hemispheres controls the other side of the body, so patients cannot sense what is on the opposite side of the brain damage. For example, a man with damage to the left side of the brain cannot perceive what is on the right. As a result, he might only shave the left side of his face. Similarly, **what if** a woman suffering from damage to the right side of the brain put on makeup? She would only apply it to ______________ of her face.

*parietal lobe: 두정엽

stroke 뇌졸중
sensory 감각의
perceive 감지[인지]하다
hemisphere (뇌의) 반구
makeup 메이크업, 화장

① the top
② the right side
③ the left side
④ the other side
⑤ the bottom

2

다음 글의 밑줄 친 부분 중, 어법상 틀린 것은?

Many people are ① embarrassed by the sound of their own voice. It doesn't bother ② them when they are having a conversation. But they feel uncomfortable **when hearing** a recording of it. There is actually a scientific explanation for this. We usually hear our own voice **while talking** to other people, and ③ when we do so, we receive the sound in two different ways. It arrives externally through the air, just like the sound of other people's voices. But it also arrives internally, because it moves through the bones of our skull. On the other hand, when we hear a recording of our voice, the sound only travels through the air. Sound that travels through bone ④ are perceived as being deeper than sound that travels through the air. So we often find that our voice has a higher pitch than what we expected when we hear it on a recording. Our voice is an important part of our identity. Therefore, it is a little ⑤ upsetting to find out it doesn't sound like what we thought!

embarrassed 당황스러운, 쑥스러운
externally 외부적으로, 외부에서
internally 내부적으로
skull 두개골
pitch 음높이
identity 정체성

어려운 삽입구나 삽입절은 건너뛰어라

삽입구의 앞뒤에는 보통 콤마(,)나 대시(—)가 사용된다. 그러나 I think나 it seems, I believe와 같은 절은 흔히 콤마나 대시 없이 삽입되기도 한다. 특히 관계대명사 다음에 이러한 절이 나오고, 이어서 동사가 온다면 해당 절은 삽입된 것이다. **삽입구나 삽입절이 나오면 그 부분을 괄호로 묶어두고 문장의 전체 구조를 먼저 이해한 후, 삽입된 부분의 뜻을 덧붙여 해석하는 것이 효과적이다.**

A New Zealand(S), [well known for its wonderful landscapes and wildlife](삽입구), has(V) many laws to protect nature.

B We called him, we emailed him, and we even went to his home—[in short](삽입구), we did everything we could to contact him.

C They will choose the one that [they think](삽입절) is most efficient.

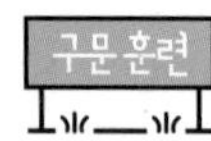

다음 문장에서 삽입된 부분을 찾아 [ ]로 묶어 보자.

1 He is the candidate that I believe will win the election next year.

2 Going to the park, whether with friends or family, is a fun way to spend the afternoon.

3 Most of the decisions people make are based on what they feel will be the best solution. 수능기출

4 Villagers in Cambodia have discovered a cow that they believe is sacred and can bring luck to people.

5 This infrasound, as a means of communication, has a special advantage: It can travel a greater distance than higher-pitched noise. 수능기출

3

다음 글의 밑줄 친 부분 중, 문맥상 낱말의 쓰임이 적절하지 않은 것은?

Light is a mixture of all the colors of the rainbow. Different wavelengths of light are different colors. Blue wavelengths—**which help us during the day by improving our mood and increasing our attention span**—seem to be the most ① disruptive at night. Device screens, **along with energy-efficient lighting**, are ② increasing the amount of blue wavelengths we are regularly exposed to after sunset. Studies suggest that blue light affects our production of melatonin, a hormone that ③ helps us sleep, more than other types of light. It ④ encourages melatonin production and damages our sleep patterns. In an experiment, Canadian researchers compared the melatonin levels of two groups of people. One group wore special goggles that blocked blue light while exposed to bright light. The other did not wear goggles and was exposed to regular light. The fact that the melatonin levels of the group without goggles were the same as those of the first group ⑤ supports the theory that blue light is harming our sleep.

*wavelength: 파장

mixture 혼합물, 혼합체
span 기간, 시간
disruptive 지장을 주는
along with …에 덧붙여, …와 마찬가지로
expose 드러내다; *노출시키다
block 막다, 차단하다
harm 해치다, 해를 끼치다

4

Jungle Marathon에 관한 다음 글의 내용과 일치하지 않는 것은?

Brazil's Jungle Marathon, **held in the Amazon rainforest every October**, is one of the world's most challenging competitions. There are three races—**a 42-kilometer marathon, a 127-kilometer four-stage race, and a 254-kilometer six-stage race**—that participants can choose from. The six-stage race is clearly the most difficult, taking participants more than a week to complete. The races all go through swamps, across rivers, and along beaches. Only basic necessities such as shelter, first aid, and drinking water are provided, so the runners have to carry their own food and survival equipment. Despite its difficulties and dangers, the event attracts athletes from around the world who can't resist the opportunity to compete in a beautiful natural environment.

① 매년 10월에 개최된다.
② 3가지의 경주 중에서 선택할 수 있다.
③ 가장 긴 경주는 완주하는 데 일주일이 넘게 걸린다.
④ 모든 경주에 늪과 강을 건너는 것이 포함된다.
⑤ 경주 참가자들에게 식수와 음식이 제공된다.

swamp 늪, 습지
necessity 필요(성); *필수품
shelter 주거지; *쉼터
first aid 응급 처치
equipment 장비, 용품
resist …에 저항하다; *참다, 억제하다

동격 관계의 형태를 익혀 두자

문장 내에서 명사(구)의 의미를 보충하기 위해 다른 명사 (상당어구)를 덧붙이는 경우, 두 명사(구) 간의 관계를 동격 관계라고 한다. 자주 쓰이는 형태들을 익혀 두어 동격 관계를 파악할 수 있도록 하자.

- 「a/the belief[fact, thought, news] that+주어+동사」 '…라는 믿음[사실, 생각, 소식]'
- 「명사 (상당어구)+콤마(,)+명사 (상당어구)」 '~인 …'
- 「명사+of+명사 (상당어구)」 '~라는 …', '~한다는 …'

A I was troubled by the thought that I might miss the bus and be late for the conference.

B Nuts cause the brain to release serotonin, a hormone that makes you feel good.

C My sister is in the habit of working out before dinner.

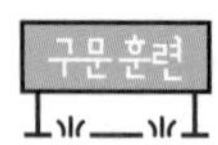

밑줄 친 부분에 유의하여 다음 문장을 우리말로 해석해 보자.

1 The possibility of moving to a new country made the family excited.

2 Buying a house had been a big step for my parents, a sign of their growing wealth.

3 There is evidence that even very simple algorithms can outperform expert judgement on simple prediction problems. 수능기출

4 Tempted by fame, I told my art professor that I wanted to leave university to go to Paris, the home of many well-known artists. 수능기출

5 Some of this decline in newspaper reading has been due to the fact that we are reading newspapers online more. 수능기출 응용

5

다음 글의 제목으로 가장 적절한 것은?

Surprisingly, the English word "alcohol" originally referred to a kind of eyeshadow. In Ancient Egypt, the mineral stibnite was heated to put it through **sublimation, the process of turning a solid into a gas**. The smoky vapor that was produced left a layer of black powder that could be collected. They used the powder to produce a thick paste, which was then used as eyeshadow. This paste was called ***kohl*, an Arabic term meaning "stain" or "paint."** This term was combined with ***al-*, the Arabic word for "the"**, to create **al-kohl, the Arabic word for eyeshadow made from sublimated stibnite**. In the mid-1500s, chemists and alchemists discovered this term in ancient textbooks and had **a realization that sublimation could draw the purest essence out of something**. They began applying this process to liquids produced through a similar process of distillation. Over time, it led to liquors being simply known as "alcohol."

*stibnite: 휘안석 **sublimation: 승화

① The Evolution of the Term "Alcohol"
② The Fascinating Creation of Eyeshadow
③ The Surprising Discovery of Alcohol in Ancient Egypt
④ The Mysterious Transformation of Stibnite Into Alcohol
⑤ The Rise of Intoxicating Liquors: A History of Beverage Making

originally 원래
solid 고체
smoky 연기가 자욱한, 매캐한
vapor 증기
stain 얼룩
chemist 화학자
alchemist 연금술사
essence 본질; *진액
distillation 증류
liquor 액체; *술
[문제]
fascinating 흥미로운
transformation 변화, 변형
intoxicating 취하게 만드는

6

다음 글의 밑줄 친 부분 중, 문맥상 낱말의 쓰임이 적절하지 않은 것은?

The "veil of ignorance" is a concept that was first proposed by the political philosopher John Rawls. The idea can be summed up as follows: When setting up laws for a society, you should assume that you could end up in any ① social position. By doing so, you can ② avoid being biased by your current situation. Following this way of thinking, people would likely ③ reject slavery because there is **a chance that** they could find themselves as slaves instead of slave owners. Rawls believed that by keeping the "veil of ignorance" in mind, society would naturally ④ overlook fair, social-democratic policies. When you don't know where you will be on the socioeconomic ladder, strong redistribution and generous social welfare policies become much more ⑤ attractive.

sum up 요약하다
slavery 노예 제도
overlook 못 보고 넘어가다, 간과하다
social-democratic 사회 민주주의적인
policy 정책, 방침
socioeconomic 사회 경제적인
ladder 사다리; *계급, 지위
redistribution 재분배
welfare 안녕[행복]; *복지, 후생

정답 및 해설 p. 49

도치 구문의 주어와 동사를 찾아라

강조를 위해 부정어(구), 부사(구), 보어 등의 특정 어구가 문장 맨 앞에 오면, 뒤에 오는 주어와 (조)동사의 어순이 도치될 수 있다. 이 경우, 먼저 문장의 주어와 동사를 찾는 것이 빠른 독해의 지름길이다. 일반적으로 주어가 대명사일 경우에는 도치가 일어나지 않지만, 부정어(구)가 문두에 나오면 주어와 (조)동사의 도치가 일어난다.

A Never did I imagine that I would speak to such a large group.
(Never: 부정어 / did: 조동사 / I: S)

B On the right side of the road was a small house with a backyard.
(On the right side of the road: 부사구 / was: V / a small house with a backyard: S)

C Long and cold are the winter nights in the lands of the north.
(Long and cold: 보어 / are: V / the winter nights: S)

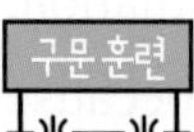

밑줄 친 부분에서 주어와 동사를 찾아 각각 S, V로 표시해 보자.

1 Out of the dark came a vague voice: "Who's there?" 수능기출

2 No longer were the shores densely wooded, nor could I see any wildlife anywhere. 수능기출

3 So impressive was the team's record that no other team dared to challenge them.

4 No sooner had the budget been announced than it was criticized for being too high.

5 To the west of the mountain lies the largest stretch of old-growth forest in the nation.

7

다음 글의 주제로 가장 적절한 것은?

Snakes are feared by humans and most animals. There is, however, one animal that does not fear them at all—the mongoose. **Not only is it** unafraid of snakes, but it also hunts them as prey. The thick fur of the mongoose helps protect it from snake bites, and **so does its quickness**. It is capable of moving at speeds of more than 30 kph. This, along with its slender body, gives it a great advantage when fighting snakes. **Not only can it** avoid the jaws of most snake species, but it can also survive when it does get bitten. **Rare indeed is the snake venom** powerful enough to kill an adult mongoose. The mongoose also has 28 sharp teeth, and it can bite with enough force to crack bones. It fights snakes by focusing on the head, often defeating them by smashing their skull.

① the methods snakes use to hunt and kill mongooses
② the reasons why the mongoose is not afraid of snakes
③ the different ways the mongoose hunts its prey
④ the similarities in how snakes and mongooses hunt
⑤ the advantages of mongoose fur when fighting snakes

prey 먹이
slender 날씬한, 가느다란
jaw 턱
indeed 정말, 대단히
venom (뱀 등의) 독
crack 갈라지다; *부수다
defeat (상대를) 패배시키다, 물리치다
smash 박살내다
[문제]
similarity 유사성, 닮음

8

주어진 글 다음에 이어질 글의 순서로 가장 적절한 것은?

> **In the Parana Delta near Buenos Aires, Argentina, is a small island called "The Eye,"** which floats in the middle of a small lake that is about 120 meters in diameter.

(A) Since its discovery, researchers have found out that the circular shape might be due to slow-moving water currents flowing to one side of the island. But there is still no explanation for the lake's unusually cold, clear water.

(B) What's more, the lake that surrounds the island is extremely cold and clear—an unusual phenomenon for the area. **So mysterious is the island** that people have wondered if it was created naturally or by aliens.

(C) It was accidentally discovered by Argentinian film director Sergio Neuspiller during the pre-production for a horror film about extraterrestrials. Interestingly, both the island and the lake are perfectly circular.

*delta: 삼각주

① (A) – (C) – (B)　② (B) – (A) – (C)　③ (B) – (C) – (A)
④ (C) – (A) – (B)　⑤ (C) – (B) – (A)

diameter 지름, 직경
circular 원형의, 둥근
explanation 설명, 이유
surround 둘러싸다
phenomenon 현상
alien 외계인
accidentally 우연히, 뜻하지 않게
extraterrestrial 외계인, 외계 생물체

• REVIEW TEST •

정답 및 해설 p. 50

네모 안에서 어법상 올바른 것을 고르시오.

1 Rarely [are / do] we have a chance to think about life.

2 When [writing / written], don't worry about what the reader will think.

3 Most helpful to the calm and peaceful atmosphere that a two-year-old girl needs [is / are] the love of her mother.

4 Hiring, they believe, [is / are] not about finding people with the right experience; it's about finding people with the right attitude.

5 James Cook, the owner of two supermarkets, [want / wants] to shut down one of his stores because of financial difficulties.

B

다음 문장의 밑줄 친 부분을 바르게 고쳐 쓰시오.

1 No sooner I had returned home than it began to rain.

2 I do not agree with the idea what success is a matter of luck.

3 Not until the wound on my foot had healed I could go swimming.

4 A nine-year-old girl was injured this morning when hitting by a car.

5 ADHD, one of the most common mental disorders, affect adults as well as children.

6 People will be willing to come forward if they have information that they believe are related to the case.

다음 문장의 괄호 안에 제시된 단어들을 바르게 배열하시오.

1 (stood, on the sidewalk, an old woman) named Susan.

2 So (that, was, the movie star, arrogant) he told everyone what to do.

3 Hardly (anything, she, could, eat) because of her severe stomachache.

4 Never (I, had, that, imagined) he could have survived the terrible accident.

5 Not only (we, in Rome, visit, did, many places), but we also learned about the city's history.

MINI
TEST

• MINI TEST 1회 •

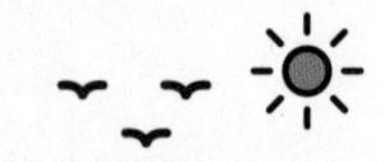

정답 및 해설 p. 51

1

다음 글의 제목으로 가장 적절한 것은?

People behaving badly online is a serious problem that keeps getting worse. You might imagine that the individuals who are causing this problem, often referred to as "online trolls," are angry, antisocial loners sitting alone in dark rooms. Recent research at a pair of universities, however, challenges this stereotype. An analysis of 16 million comments that were left on a news website revealed something surprising—about a quarter of the posts considered abusive were written by people who had no history of leaving abusive comments. It also showed that once a single negative post was made, more tended to follow. Furthermore, the researchers found that negative behavior was most likely to occur in the evenings and on Mondays, times when many people are in a bad mood. This suggests that any of us could act like a troll under certain circumstances.

① Online Trolls: They Could Be Anybody
② The Ways Online Trolls Trick Other People
③ Who Is Most Likely to Commit Cybercrimes?
④ Most Online Trolls Are Antisocial People
⑤ What We Can Do to Stop Online Trolls

서술형

윗글의 네모 안의 this stereotype이 가리키는 것을 찾아 영어로 쓰시오.

____

1 **badly** 나쁘게 **refer to A as B** A를 B로 칭하다, 언급하다 **antisocial** 반사회적인, 비사교적인 **loner** 외톨이 **challenge** 도전하다; *…에 이의를 제기하다 **stereotype** 고정관념 **analysis** 분석 (결과) **reveal** 드러내다, 밝히다 **abusive** 모욕적인, 욕하는 [문제] **commit** 저지르다, 범하다

2

다음 글의 목적으로 가장 적절한 것은?

Dear Patient,

In the interest of providing (of, our community, to, help, members), Kennedy Hospital now offers a financial assistance program for people without insurance. This program may be able to assist you if you're struggling to pay your bills from a recent visit to our hospital. To see if we can help, please carefully read the enclosed guidelines for the program. If you believe you qualify, please supply all the requested information and send it along with a completed application within 10 days. Once we have reviewed your application and verified the attached information, we will inform you whether or not you can get financial help. If you have any questions, please contact our administrative office.

Sincerely,

The Kennedy Hospital staff

① 연체된 병원비 수납을 요청하려고

② 병원비 지원 프로그램을 홍보하려고

③ 의료 보험금 신청 방법을 안내하려고

④ 병원 서비스 만족도 조사 참여를 촉구하려고

⑤ 병원의 재정 관리를 담당할 직원을 공개 채용하려고

서술형

윗글의 괄호 안의 단어들을 바르게 배열하여 문장을 완성하시오.

of, our community, to, help, members

In the interest of providing ____________________________________, Kennedy Hospital now offers a financial assistance program for people without insurance.

2 **in the interest of** …을 위하여 **financial** 재정의 **assistance** 도움 (*v.* **assist** 돕다, 거들다) **insurance** 보험 **struggle** 분투하다 **enclosed** 동봉된 **guideline** 지침 **qualify** 자격이 있다 **supply** 공급하다; *(필요·요구를) 충족시키다 **verify** 확인하다 **administrative** 행정상의

3 다음 표의 내용과 일치하지 않는 것은?

Americans' Tipping Habits in 2023

Situation	Always (A)	Often (B)	Gap (A-B)
Eating at a sit-down restaurant	81%	11%	70%
Getting a haircut	65%	13%	52%
Having food delivered	59%	17%	42%
Using a taxi or rideshare service	43%	18%	25%
Buying a beverage at a coffee shop	12%	12%	0%
Eating at a fast-food restaurant	7%	5%	2%

This table shows how often Americans tipped in different service situations in 2023. ① More than 90% of people in total always or often left a tip at sit-down restaurants. ② In all of the other situations, including getting a haircut and having food delivered, a smaller total percentage of people always or often tipped. ③ The biggest difference in the percentage of people who always tipped compared to the percentage that often tipped was in the taxi or rideshare service category. ④ There was little tipping at fast-food restaurants, with the percentage of people who often tipped being less than half as much as the percentage of those who often tipped at coffee shops. ⑤ Ⓐ The percentage of people who always tipped at fast-food restaurants was slightly higher than the percentage of those who often did.

*rideshare: 승차 공유 (운전자를 탑승자와 연결해 주는 것)

필수구문

Ⓐ 밑줄 친 people을 수식하는 관계사절은 [ ]로, those를 수식하는 관계사절은 { }로 묶은 후, 문장을 해석하시오.

The percentage of people who always tipped at fast-food restaurants was slightly higher than the percentage of those who often did.

____

3 **tip** 팁을 주다; 팁, 봉사료 **deliver** 배달하다 **table** 탁자; *표 **compared to** …와 비교하여 **category** 부문 **slightly** 약간

4

다음 글의 밑줄 친 부분 중, 문맥상 낱말의 쓰임이 적절하지 않은 것은?

Night terrors are unpleasant occurrences that cause sleepers to suddenly be half awake in a state of extreme fear, sometimes screaming or crying. They are not the same as nightmares, which occur during a ① different stage of sleep. Nightmares usually happen during REM (rapid eye movement) sleep, while night terrors are more likely to occur during NREM (non-rapid eye movement) sleep. Because this type of sleep takes place ② later in the night, night terrors are most common not long after a person has fallen asleep. Nightmares, on the other hand, usually occur after a person has been asleep for quite a while. Ⓐ Another difference is that nightmares are often ③ accompanied by memories of the dream that are quite vivid. People suffering from night terrors, however, do not remember what caused their fear. Experts advise ④ against trying to wake up someone experiencing a night terror. Ⓑ Instead, it is best to sit quietly by their side and to keep them ⑤ safe by making sure they don't accidentally harm themselves.

Ⓐ 문장의 주격보어를 찾아 [ ]로 묶고, 밑줄 친 memories of the dream을 수식하는 부분을 { }로 묶은 후, 문장을 해석하시오.

Another difference is that nightmares are often accompanied by memories of the dream that are quite vivid.

____

Ⓑ 문장의 진주어를 찾아 [ ]로 묶은 후, 문장을 해석하시오.

Instead, it is best to sit quietly by their side and to keep them safe by making sure they don't accidentally harm themselves.

____

4 **unpleasant** 불쾌한; 불친절한 **occurrence** 발생, 일어난 일 (*v.* **occur** 일어나다, 발생하다) **in a state of** …의 상태로 **extreme** 극도의, 극심한 **nightmare** 악몽 **accompany** 동반하다 **vivid** 생생한; 선명한 **accidentally** 우연히, 뜻하지 않게

5

주어진 글 다음에 이어질 글의 순서로 가장 적절한 것은?

> You may be surprised to learn how long the shortest war in recorded history lasted. It was called the Anglo-Zanzibar War, and it lasted only 38 minutes.

(A) However, when the leader of Zanzibar died in 1896, he was replaced by his cousin without the approval of the United Kingdom. The British ordered Zanzibar's new leader to step down, but he refused. Rather than surrender, he gathered 3,000 soldiers and ordered them to protect his palace.

(B) Three British ships were sent in response. They soon began to attack the palace, quickly destroying the new leader's army. Ⓐ The attack lasted for just 38 minutes, but it killed hundreds of Zanzibaris, forcing the new leader to flee and the country to immediately surrender.

(C) Ⓑ Why the war took place and the reason behind its brief duration are fairly interesting. The war broke out in 1896, between the United Kingdom and a small African island nation called Zanzibar. Before that time, the United Kingdom had a great deal of influence over Zanzibar, even choosing who the nation's leader would be.

① (A) – (C) – (B)　　② (B) – (A) – (C)　　③ (B) – (C) – (A)
④ (C) – (A) – (B)　　⑤ (C) – (B) – (A)

Ⓐ 분사구문을 찾아 [ ]로 묶은 후, 문장을 해석하시오.

The attack lasted for just 38 minutes, but it killed hundreds of Zanzibaris, forcing the new leader to flee and the country to immediately surrender.

____

Ⓑ 문장의 주어를 찾아 [ ]로 묶은 후, 문장을 해석하시오.

Why the war took place and the reason behind its brief duration are fairly interesting.

____

5 **replace** 대신[대체]하다 **approval** 인정, 승인 **step down** 퇴진[사직]하다, 물러나다 **surrender** 항복[굴복]하다 **flee** 달아나다, 도망치다 **brief** 짧은 **duration** 지속 기간 **break out** 발발[발생]하다 **a great deal of** 다량의, 많은 **influence** 영향

6 다음 글에서 전체 흐름과 관계 없는 문장은?

Some actors completely immerse themselves in their roles by using a technique called method acting. Method actors seem to actually become the characters they play, and they may even continue playing the role after the cameras have been turned off. Ⓐ If necessary, they will change their sleeping patterns or their appearance, with the ultimate goal of truly feeling the emotions that are written in the script rather than faking them. ① Each role becomes a journey for the actor to explore a whole new identity. ② It can cause serious psychological and behavioral changes, sometimes even resulting in emotional trauma. ③ Behavioral changes can be a sign of depression or extreme anxiety. ④ In order to give the best performance possible, method actors step out of their own comfort zone and into the character's shoes. ⑤ As a result, audiences feel like they are watching real people doing real things, not just fictional characters in a movie.

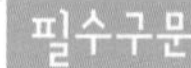

Ⓐ rather than으로 병렬 연결된 어구를 찾아 각각 [ ]로 묶은 후, 문장을 해석하시오.

If necessary, they will change their sleeping patterns or their appearance, with the ultimate goal of truly feeling the emotions that are written in the script rather than faking them.

____

6 **immerse** 담그다; *…에 몰두하다 **ultimate** 궁극적인, 최후의 **fake** 가짜의; *꾸미다, …인 척하다 **identity** 신원, 신분; *정체성 **psychological** 정신의, 정신적인 **behavioral** 행동의 **anxiety** 불안, 염려 **comfort** 안락, 편안 **fictional** 허구적인

· MINI TEST 2회 ·

정답 및 해설 p. 53

1

다음 글에서 필자가 주장하는 바로 가장 적절한 것은?

Imagine that you've been asked to solve two problems within one hour. Both problems are difficult and will require some creative thinking. How would you handle this situation? You could simply work on the problems one at a time. Or you could switch back and forth between them at set intervals. The third option would be switching back and forth whenever you want. Most people who are asked this question choose the third option. However, when it comes to creative thinking, this may be a bad choice. People search for creative ideas often hit dead ends and ends up wasting time going in circles. But if you've decided to switch back and forth at set times, you will be giving your brain a chance to refresh and approach the problem from a new angle.

① 창의적 사고력을 강화하려면 문제 접근 방식을 다양화하라.
② 과업을 빠르게 마무리하려면 적정한 선에서 심리적 압박을 받아라.
③ 창의적으로 문제를 해결하려면 과업을 규칙적으로 번갈아가며 수행하라.
④ 일의 완성도를 위해 한 과업에 집중해서 끝낸 후 다음 과업으로 나아가라.
⑤ 과업에 완료 기한을 두는 것은 창의적 사고를 저해할 수 있으므로 지양하라.

서술형

윗글의 밑줄 친 문장에서 어법상 틀린 부분을 두 군데 찾아 바르게 고쳐 쓰시오.

____

1 **require** 요구하다 **handle** 다루다, 처리하다 **switch** 전환하다, 바꾸다 **back and forth** 왔다 갔다 **interval** 간격, 사이 **dead end** 막다른 길; *막다른 지경 **refresh** 생기를 되찾게[상쾌하게] 하다 **approach** 다가가다; *접근하다 **angle** 각도; *시각, 관점

2 다음 글의 요지로 가장 적절한 것은?

Gentrification involves the transformation of a poor neighborhood into an area where rich people live. It is a type of urban development that is often the result of urban-renewal programs. The downsides of gentrification include an extreme increase in home prices and the displacement of the neighborhood's original residents. It is also controversial due to the fact that it has an overwhelmingly negative impact on racial minorities, women, the poor, and the elderly. Even though it may lead to overall improvements in an area, it can also force prior residents to move to unsafe places with limited access to things like healthy food and their personal networks. As a result, they may experience increased stress levels or suffer from mental health issues. The exclusion of the area's original residents also reduces the neighborhood's diversity. This can ultimately result in weakened community bonds.

① 젠트리피케이션은 개발 소외 지역을 배려하고 사회 소수자를 보호한다.
② 젠트리피케이션을 방지하려면 거주민의 안정적인 이주가 이루어져야 한다.
③ 젠트리피케이션은 지역 균형적 발전을 꾀할 수 있지만 세대 및 성별 갈등을 가져온다.
④ 젠트리피케이션은 도시 환경을 개선하는 효율적인 정책이나, 심각한 환경 오염을 초래한다.
⑤ 젠트리피케이션은 도시 개발 과정 중 사회적 약자를 배제함으로써 사회적 연대를 저해한다.

서술형

윗글의 밑줄 친 they가 가리키는 것을 찾아 영어로 쓰시오.

____

2 **transformation** 변화, 변모 **urban** 도시의 **downside** 불리한 면 **displacement** (제자리에서 쫓겨나는) 이동, 퇴거 **resident** 거주자, 주민 **controversial** 논란이 많은 **overwhelmingly** 압도적으로 **racial** 인종의 **minority** 소수 (집단) **overall** 종합[전반]적인 **prior** 사전의, 이전의 **access** *접근, 접촉 기회; 이용하다 **exclusion** 제외, 배제 **ultimately** 결국, 궁극적으로 **bond** 유대(감)

3

밑줄 친 they don't thrive too well이 다음 글에서 의미하는 바로 가장 적절한 것은?

Whatever survives at the expense of others must be careful not to destroy what it relies on. Predators, for instance, need to hunt and kill, but they also need their prey to continue to survive as a species. Likewise, parasites must carefully balance how aggressively they take from their hosts with how much harm they cause in the process. Ⓐ The Ebola virus is well known for being deadly, but rhinovirus, which causes the common cold, can be considered more successful. That is because, once a parasite kills its host, it loses the ability to spread to others. Compared to Ebola, rhinovirus is able to spread to a far greater number of hosts due to the mild nature of the illness it causes. In short, parasites can only thrive when they don't thrive too well.

① hosts are unable to defend themselves effectively
② parasites exploit their hosts enough to spread but not kill
③ parasites struggle to exchange resources with one another
④ parasites are able to reduce the number of available hosts
⑤ parasites spread to new habitats beyond their original hosts

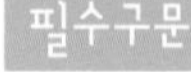

Ⓐ 밑줄 친 rhinovirus를 부연 설명하는 부분을 찾아 [ ]로 묶은 후, 문장을 해석하시오.

The Ebola virus is well known for being deadly, but rhinovirus, which causes the common cold, can be considered more successful.

____

3 **at the expense of** …을 희생하여 **destroy** 파괴하다 **rely on** …에 의존하다 **predator** 포식자 **prey** 먹이 **parasite** 기생충 **aggressively** 공격적으로 **host** 주인, 주최자; *숙주 **deadly** 생명을 앗아가는, 치명적인 [문제] **defend** 방어하다 **exploit** 이용하다, 착취하다 **habitat** 서식지

4

다음 글의 밑줄 친 부분 중, 문맥상 낱말의 쓰임이 적절하지 <u>않은</u> 것은?

After billions of years of evolution, Earth's life forms have become incredibly diverse, with a wide range of traits and characteristics. Evolution is a very slow process, but in recent years, scientists have found ways to bypass it by ① <u>modifying</u> plants and animals through genetic engineering. Some of these genetically modified organisms (GMOs) are potentially ② <u>advantageous</u> to farmers. They may be more nutritious, easier to grow, and more resistant to pests. However, they may also be a significant threat to the planet. Introducing them into the wild could lead to ③ <u>reduced</u> genetic diversity of plants and animals. Ⓐ This means the DNA of individual organisms will become more ④ <u>similar</u> to that of other members of their species. Maintaining genetic diversity is important to both farmers and environmentalists. This is because ⑤ <u>decreased</u> variability in DNA gives organisms a better chance of surviving changes in the environment.

*bypass: 우회하다, 건너뛰다 **variability: 변이성

필수구문

Ⓐ 문장의 목적어를 찾아 [ ]로 묶고, 밑줄 친 <u>that</u>이 가리키는 말을 찾아 { }로 묶은 후, 문장을 해석하시오.

This means the DNA of individual organisms will become more similar to <u>that</u> of other members of their species.

____

4 **evolution** 진화 **a wide range of** 광범위한, 다양한 **modify** 수정하다, 변경하다 **genetic** 유전의, 유전학의 (*ad.* **genetically** 유전자 상으로) **engineering** 공학 **organism** 유기체 **nutritious** 영양분이 많은, 영양가가 높은 **resistant** 저항력 있는, …에 잘 견디는[강한] **pest** 해충 **introduce** 소개하다; *들여오다

5

다음 글의 밑줄 친 부분 중, 어법상 틀린 것은?

Ⓐ Millions of Jewish people were killed during the Holocaust, the systematic persecution and murder of "enemies of the state" by the Nazi regime and its collaborators. The Nazis believed they were racially superior to Jewish people and considered them a threat. Ⓑ Jewish people were seized and sent to labor camps, where they were eventually killed. During this time, the Nazis required Jews to identify ① themselves as Jewish through markings such as yellow stars. People generally complied, fearing harsh consequences ② if they did not. Some individuals were forced to add middle names such as Israel or Sara to their identification documents. The Nazis also relied on local records and the knowledge of community members to identify Jews ③ to be killed. These records included tax documents and police files. In Germany and countries occupied by Germany, some citizens cooperated by showing the Nazis ④ that their Jewish neighbors lived. Some even helped in the act of detaining them. Because of this, Jewish people ⑤ hiding from the Nazis lived in constant fear of being identified.

*persecution: 박해

필수구문

Ⓐ 밑줄 친 Holocaust를 설명하는 동격어구를 [ ]로 묶은 후, 문장을 해석하시오.

Millions of Jewish people were killed during the Holocaust, the systematic persecution and murder of "enemies of the state" by the Nazi regime and its collaborators.

____

Ⓑ 밑줄 친 labor camps를 부연 설명하는 부분을 찾아 [ ]로 묶은 후, 문장을 해석하시오.

Jewish people were seized and sent to labor camps, where they were eventually killed.

____

5 **systematic** 조직적으로 **murder** 살인 **regime** 정권 **collaborator** 합작자; *협력자 **superior** 우수한, 우월한 **seize** 붙잡다; *체포하다 **identify** (신원을) 확인하다 (*n.* **identification** 신원 확인[증명]) **comply** 순응하다 **knowledge** 지식; *알고 있는 것 **occupy** 차지하다; *점령[점거]하다 **detain** 구금[억류]하다 **constant** 끊임없는, 지속적인

6

다음 글의 내용을 한 문장으로 요약하고자 한다. 빈칸 (A), (B)에 들어갈 말로 가장 적절한 것은?

Switching our attention back and forth between two tasks can cause problems. After switching to a second task and then returning to the original task, we assume the original task immediately has our full attention again. However, it probably does not. After shifting from one task to another, it takes some time for our full attention to return. An American researcher has studied this, concentrating on what happens when we switch our attention back to driving after looking at electronic devices. He found that it takes up to 27 seconds for the driver's full attention to return. This is important information for drivers who sometimes check their phones while stopped at a red light. Ⓐ When the light turns green and they start to drive through the intersection, there is a good chance that they are still distracted by their phone. This makes them more likely to make mistakes or even cause traffic accidents.

⬇

A researcher found that shifts in a person's ____(A)____ can cause extended periods of ____(B)____ which can be dangerous if the person is driving a car.

	(A)		(B)
①	focus	······	distraction
②	behavior	······	confusion
③	direction	······	interruption
④	attention	······	inefficiency
⑤	motivation	······	delay

필수구문

Ⓐ 밑줄 친 a good chance를 부가 설명하는 동격절을 찾아 [ ]로 묶은 후, 문장을 해석하시오.

When the light turns green and they start to drive through the intersection, there is a good chance that they are still distracted by their phone.

____

6 **return** 돌려주다; *되돌아오다 **assume** (사실일 것으로) 추정하다 **electronic device** 전자 기기 **up to** …까지 **intersection** 교차로 **distracted** 산만해진 **extended** 길어진[늘어난]; *장기간에 걸친 [문제] **motivation** 동기 (부여)

· MINI TEST 3회 ·

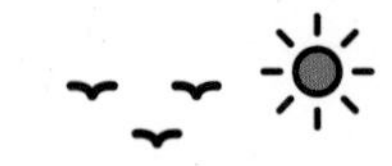

정답 및 해설 p. 55

1

Alan Smithee에 관한 다음 글의 내용과 일치하지 않는 것은?

Alan Smithee, sometimes referred to as "Allen Smithee," was a longtime Hollywood director responsible for a diverse list of films. Starting in 1969, he was credited as the director of dozens of films in nearly every genre. Some of his films were successful, while others were not. But perhaps the most interesting thing about Alan Smithee is the fact that he didn't exist. It is a fake name that was used by directors who didn't want to be associated with their own films. This might have been due to poor acting or to unwanted changes made by the studio. Whatever the reason, they could request that their name be removed and replaced with "Alan Smithee." It was up to the Directors Guild to make a decision regarding [each request]. However, they stopped allowing the name to be used in the year 2000.

*The Directors Guild: (미국) 감독 조합

① 다채로우며 폭넓은 작품 이력을 갖고 있다.
② 그의 작품들이 모두 좋은 평가를 받는 것은 아니다.
③ 여러 명의 감독이 참여한 작품에 대표로 표기된다.
④ 감독 조합의 허가가 있어야 그 이름을 사용할 수 있다.
⑤ 2000년 이후로는 그 이름을 사용하지 않는다.

서술형

윗글의 네모 안의 [each request]가 의미하는 바를 찾아 우리말로 쓰시오.

____

1 **director** 지도자; *(영화)감독 **responsible for** …에 책임이 있는 **diverse** 다양한 **credit** 신용; *언급하다 **exist** 존재하다, 실존하다 **associate** 연상하다, 연관짓다 **poor** 가난한; *서투른 **remove** 없애다, 제거하다 **replace A with B** A를 B로 대신하다, 대체하다 **be up to** …에 달려 있다

2

다음 글의 밑줄 친 부분 중, 문맥상 낱말의 쓰임이 적절하지 않은 것은?

Scientists have discovered that trees use an underground web of fungi to interact with one another. These fungi are ① beneficial because they allow healthy trees to share resources such as carbon, water, and nutrients with trees in need. Thanks to this close relationship, the whole system of trees is able to ② flourish. The scientists took their research further to see if trees ③ recognize their own relatives. They performed an experiment in which they grew Douglas firs together with their own seedlings and those of other trees, and they learned that "mother" trees actually send their own seedlings more carbon. [They] also ④ reduce the spread of their own roots to create growing space for their own seedlings. They even send defense signals to the next generation, allowing the young trees to increase their ⑤ vulnerability to future stresses.

*Douglas fir: 미송(美松), 미국 서부산 커다란 소나무

서술형

윗글의 네모 안의 [They]가 가리키는 것을 찾아 영어로 쓰시오.

____

2 **fungus** 균류, 곰팡이류 (*pl.* **fungi**) **interact** 상호 작용을 하다 **nutrient** 영양소, 영양분 **flourish** 번창하다; *잘 자라다 **relative** 친척; *동족, 동류 **seedling** 묘목 **defense** 방어 **vulnerability** 취약성

3

다음 도표의 내용과 일치하지 않는 것은?

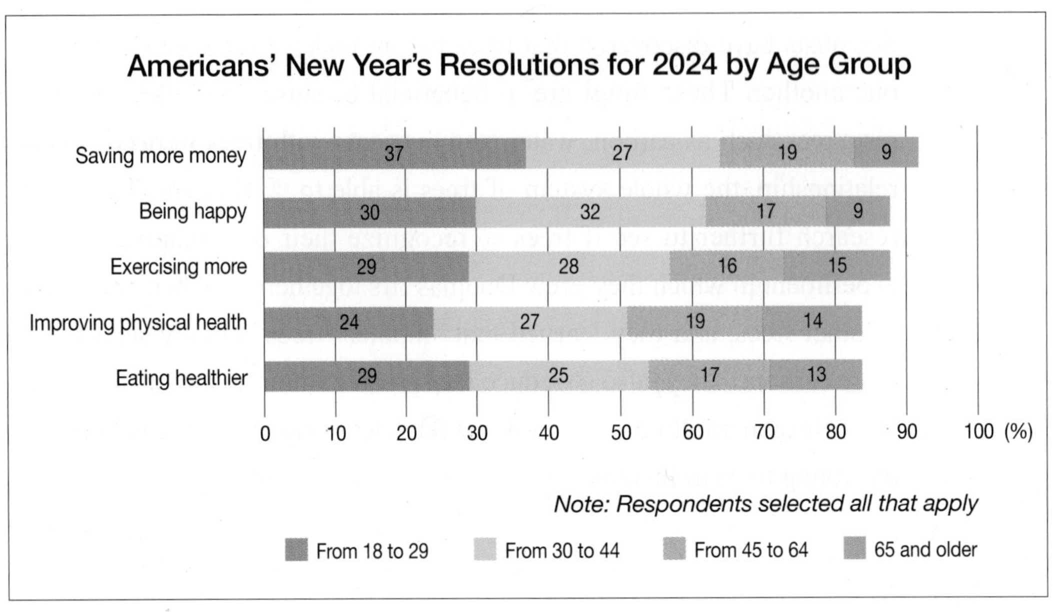

The above graph shows the New Year's resolutions of Americans in 2024, divided by age group. ① The 18-to-29 age group had the highest percentage of people reporting that their resolution was to save more money. ② Meanwhile, the 30-to-44 age group had the highest percentage of respondents who resolved to be happy. ③ Ⓐ In the 30-to-44 age group, the percentage of people whose resolution was to improve their physical health was the same as that of people whose resolution was to eat healthier. ④ Within the 45-to-64 age group, the percentage of people who pledged to exercise more was lower than that of any other resolution. ⑤ As for respondents who said they would focus on eating healthier, the percentage in the 30-to-44 age group was almost twice as high as that of the 65-and-older age group.

필수구문

Ⓐ 문장의 주어, 동사, 주격보어에 각각 밑줄을 긋고 S, V, SC로 표시한 후, 문장을 해석하시오.

In the 30-to-44 age group, the percentage of people whose resolution was to improve their physical health was the same as that of people whose resolution was to eat healthier.

____

3 **resolution** 해결; *결심 (*v.* **resolve** 해결하다; *결심하다) **respondent** 응답자 **report** 보고하다; *말하다 **meanwhile** 그동안; *한편 **pledge** 약속하다, 맹세하다

4

밑줄 친 to focus on improving the big picture가 다음 글에서 의미하는 바로 가장 적절한 것은?

The choices people make are greatly influenced by the uncertainties involved. Ⓐ If an option exists that removes an uncertainty, it will often be chosen, even if the total risk is higher or the rewards are lower. This is called the zero-risk bias. In a study, researchers presented participants with a situation involving two risks. The first risk had a 50% chance of occurring, and the second had a 5% chance. The participants were then given the choice to either reduce the chance of the first risk to 25% or remove the second risk entirely. Even though the first option was more logical, nearly half of the participants chose the second option. Ⓑ These results show how the zero-risk bias can lead to poor decision-making, even in situations where it should be obvious that it's better to focus on improving the big picture.

① to reduce the overall risk instead of only eliminating one risk
② to take greater risks only when the rewards are worthwhile
③ to decide which risks are necessary and ignore the others
④ to choose one risk that you want to completely get rid of
⑤ to remove any chance of risk rather than just lowering it

Ⓐ 밑줄 친 an option을 수식하는 부분을 찾아 [ ]로 묶은 후, 문장을 해석하시오.

If an option exists that removes an uncertainty, it will often be chosen, even if the total risk is higher or the rewards are lower.

____

Ⓑ [ ]로 묶인 의문사절의 주어와 동사를 찾아 각각 밑줄을 긋고 S, V로 표시한 후, 문장을 해석하시오.

These results show [how the zero-risk bias can lead to poor decision-making], ...

____

4 **big picture** 큰 그림[전체적인 상황] **uncertainty** 불확실성; *불확실한 것 **reward** 보상 **bias** 편견, 편향 **present** 주다; *제시하다 **entirely** 전적으로, 완전히, 전부 **logical** 논리적인; *타당한 [문제] **overall** 종합[전반]적인, 전체의 **eliminate** 제거하다 **worthwhile** 가치[보람] 있는, …할 가치가 있는 **get rid of** …을 제거하다

5

주어진 글 다음에 이어질 글의 순서로 가장 적절한 것은?

> In psychology, the traditional belief is that there is only one kind of intelligence, which can be tested and measured by IQ tests.

(A) This involves having a strong sense of self-awareness, which allows individuals to accept their strengths and weaknesses. Supporters of the theory believe that Aristotle, Albert Einstein, and Anne Frank all showed this form of intelligence.

(B) Recent theories, however, argue that this understanding is too limited. According to the theory of multiple intelligences proposed by Harvard psychologist Howard Gardner, there are as many as nine types of intelligence. For instance, he refers to one kind as intrapersonal intelligence.

(C) They also suggest that, with a bit of focus and effort, anyone can develop the potential for this kind of intelligence. Ⓐ One way this can be achieved is by simply scheduling some quiet time each day for personal reflection and self-evaluation.

① (A) – (C) – (B)　　② (B) – (A) – (C)　　③ (B) – (C) – (A)

④ (C) – (A) – (B)　　⑤ (C) – (B) – (A)

Ⓐ 밑줄 친 One way를 수식하는 부분을 찾아 [ ]로 묶은 후, 문장을 해석하시오.

One way this can be achieved is by simply scheduling some quiet time each day for personal reflection and self-evaluation.

____

5 **intelligence** 지능　**measure** 측정하다[재다]　**self-awareness** 자기 인식　**intrapersonal** 개인의 마음속에서 생기는, 개인 내의　**potential** 잠재적인; *잠재력　**schedule** 일정[시간 계획]을 잡다, 예정에 넣다　**reflection** 반사; *심사숙고, 성찰　**self-evaluation** 자기 평가

6

다음 글의 밑줄 친 부분 중, 문맥상 낱말의 쓰임이 적절하지 않은 것은?

Learning a second language is ① easiest during early childhood. When children are exposed to two different languages from birth, they generally become native speakers of both. Adults, on the other hand, ② rarely attain the fluency of a native speaker in a second language. There is, however, some concern that bilingualism can cause problems for children. This is partly due to something called "code-switching," which occurs when bilingual people mix two languages together. But code-switching can also be viewed as an extra ability that gives bilingual children cognitive ③ advantages over their peers. Ⓐ Unlike other children, bilingual kids have another language from which they can retrieve a word if they can't remember it in the first. Furthermore, shifting back and forth between languages can make it easier for them to switch between tasks, leading to ④ superior problem-solving skills. So, although it may lead to moments of confusion, bilingualism could ultimately give children a ⑤ burden in terms of overall cognitive abilities.

필수구문

Ⓐ 밑줄 친 another language를 수식하는 관계사절을 찾아 [ ]로 묶은 후, 문장을 해석하시오.

Unlike other children, bilingual kids have another language from which they can retrieve a word if they can't remember it in the first.

____

6 **expose** 드러내다; *접하게[경험하게] 하다 **native speaker** 모국어로 말하는 사람, 원어민 **attain** 이루다, 획득하다 **fluency** 유창성 **bilingualism** 이중 언어 사용 (*a.* **bilingual** 이중 언어를 쓰는) **cognitive** 인식의, 인지의 **peer** 또래 **retrieve** 되찾다; *생각해 내다 **confusion** 혼란, 혼동 **ultimately** 궁극적으로, 결국 **burden** 부담

· MINI TEST 4회 ·

정답 및 해설 p. 58

1

다음 글에서 필자가 주장하는 바로 가장 적절한 것은?

The bicycle has become a popular alternative means of transportation over the years due to its personal health benefits and low environmental impact. Communities with college campuses usually have the best options for cyclists, but other places are also taking steps to promote cycling. Surprisingly, studies show that an increase in bicycle usage actually decreases the number of collisions between cyclists and walkers. Unfortunately, though, increasing the number of cyclists in an area also increases the risk of bicycle theft. What makes the problem worse is that many of those (a bicycle / who / stolen / have had) never buy a replacement. Therefore, any program that seeks to increase bicycle usage cannot be successful unless it also involves plans to prevent bicycle theft. Given the numerous benefits of having more cyclists and the effect that bicycle theft has on usage, these thefts deserve more attention.

① 자전거 이용 문화를 확산시켜야 한다.
② 자전거 도난 문제의 대책을 마련해야 한다.
③ 환경 보호를 위해 자전거 타기를 생활화해야 한다.
④ 자전거 도난 즉시 신고하여 피해 보상을 받아야 한다.
⑤ 자전거 사고를 줄이기 위해 관련 시설을 개선해야 한다.

서술형

윗글의 괄호 안의 단어들을 바르게 배열하여 문장을 완성하시오.

a bicycle / who / stolen / have had

What makes the problem worse is that many of those ____________________ never buy a replacement.

1 **alternative** 대체 가능한, 대안이 되는 **means** 수단, 방법 **environmental** (자연)환경의 **cyclist** 자전거 타는 사람 **promote** 촉진하다, 활성화시키다 **usage** 용법; *사용(량) **collision** 충돌 (사고), 부딪침 **theft** 절도 **replacement** 교체, 대체; *교체[대체]물 **deserve** …을 받을 만하다, …할 가치가 있다

2

다음 빈칸에 들어갈 말로 가장 적절한 것은?

An advertisement can positively affect potential customers' attitudes if it includes music that fits their perception of the product. This is why you might hear classical music in a commercial for an expensive sports car. Food advertisements, on the other hand, are more likely to (A) accompany by upbeat songs that include the product's name in their lyrics. In an experiment, researchers created radio advertisements for online banking, a minivan, a cleaning product, a chocolate bar, and a sugary drink. Each advertisement contained music that either did or did not match (B) that was being advertised. Participants found it easier to recall characteristics of the product when the advertisement included suitable music. This suggests that music is effective in ______________________.

① stimulating the senses of customers
② creating an innovative brand image
③ matching advertisements to current trends
④ promoting standardized practices for marketing
⑤ enhancing the appeal and memorability of products

서술형 윗글의 밑줄 친 (A)와 (B)를 어법에 알맞게 각각 고쳐 쓰시오.

(A) ______________________ (B) ______________________

2 **advertisement** 광고 **potential** 가능성이 있는, 잠재적인 **fit** …에 맞다 **perception** 지각, 인식 **commercial** 상업의; *광고 **accompany** 동반하다 **recall** 기억해 내다 [문제] **stimulate** 자극하다 **current** 현재의 **standardized** 표준화한 **appeal** 애원; *매력

3

밑줄 친 right the ship이 다음 글에서 의미하는 바로 가장 적절한 것은?

The field of psychology is facing concerns about the reliability of its findings due to something called the "replication crisis." Ⓐ This term refers to the fact that researchers who repeat published studies often fail to produce similar results. This is likely due to several factors, including the desire of scientific journals to publish studies with interesting and surprising findings. A 2015 paper revealed that 97 attempts were made to recreate previous research findings, but fewer than 40% of them were successful. A similar project in 2018 tested older studies and found evidence supporting the results of about half. Psychologists have been working on ways to right the ship. Ⓑ These include performing re-creations of recent studies and using larger groups of participants in their research.

*replication: 복제

① make scientific findings more reliable
② avoid studies that produce similar results
③ publish their studies in journals more often
④ apologize for past mistakes that they have made
⑤ focus on studies that are interesting and surprising

필수구문

Ⓐ 밑줄 친 the fact를 부가 설명하는 동격절은 [ ]로, researchers를 수식하는 관계사절은 { }로 묶은 후, 문장을 해석하시오.

This term refers to the fact that researchers who repeat published studies often fail to produce similar results.

Ⓑ 등위접속사로 병렬 연결되는 어구를 찾아 각각 [ ]로 묶은 후, 문장을 해석하시오.

These include performing re-creations of recent studies and using larger groups of participants in their research.

3 **field** 들판; *분야 **reliability** 신뢰도 (*a.* **reliable** 믿을[신뢰할] 수 있는) **finding** (조사·연구 등의) 결과[결론] **replication** 응답; *복제 **crisis** 위기 **reveal** 드러내다[밝히다] **recreate** 되살리다[재현하다] **previous** 이전의 **evidence** 증거, 근거 **right** 올바른; *바로잡다 **re-creation** 개조, 재현

4

주어진 글 다음에 이어질 글의 순서로 가장 적절한 것은?

> Because whales are mammals, they have many of the same traits as those that live on land. Ⓐ These include giving birth to live offspring and producing milk to feed them.

(A) If the milk does begin to break down, the baby whale might not be able to consume enough nutrients. In such a situation, in order to maximize the amount of milk it receives, the baby may use its tongue to create a tight seal around its mother's nipple.

(B) Whale milk can vary greatly in terms of thickness. The fat concentration of most whale milk is between 35 and 50%. A high level of fat is important because it ensures that babies will be able to develop a thick layer of fat to insulate their bodies.

(C) This is necessary due to the fact that whales are warm-blooded. They need a layer of fat to keep their bodies warm in the cold water. Also, a high percentage of fat is required to prevent the milk from dissolving in the water before the baby can drink it.

*insulate: 단열하다

① (A) — (C) — (B)　② (B) — (A) — (C)　③ (B) — (C) — (A)
④ (C) — (A) — (B)　⑤ (C) — (B) — (A)

Ⓐ 문장의 주어, 동사, 목적어에 각각 밑줄을 긋고 S, V, O로 표시한 후, 문장을 해석하시오.

These include giving birth to live offspring and producing milk to feed them.

____

4 **mammal** 포유동물, 포유류 **trait** 특성, 특징 **offspring** 자식, 새끼 **break down** 고장 나다; *분해되다 **consume** 소모하다; *먹다, 마시다 **nutrient** 영양소, 영양분 **maximize** 극대화하다, 최대한 활용하다 **seal** 봉인하다; *밀봉 **vary** 서로 다르다 **concentration** 집중; *농도 **ensure** 반드시 …하게 하다, 보장하다 **warm-blooded** 온혈의 **dissolve** 녹다, 용해되다

5-6 다음 글을 읽고, 물음에 답하시오.

When our skin is broken by a sharp object, our nerve fibers are damaged, which causes us to experience feelings of pain. It seems logical to expect that a large cut would hurt (a) more than a small one. However, most people agree that tiny paper cuts are significantly more painful than "normal" cuts of a larger size. One reason for this is location. Paper cuts usually occur on the palms of our hands or on the fingertips, two parts of the body with a (b) large number of nerve fibers.

A paper cut on the hand, however, will generally hurt more than a normal cut in the same spot. Ⓐ This is because, compared to most sharp objects, paper has edges that are dull and flexible. For this reason, it causes more (c) damage to the skin than something like a razor, which tends to cut through material smoothly and quickly. It's like cutting steak with a knife that isn't (d) sharp. Ⓑ You have to saw at it more times than you do with a sharp one, so the steak gets torn up. Another reason is that paper cuts are not deep, so they don't bleed very much. As a result, the nerve fibers are exposed to the air for a (e) shorter period of time, during which they continue to send pain messages to the brain.

*nerve fiber: 신경 섬유

5 윗글의 제목으로 가장 적절한 것은?

① The Most Common Types of Cuts
② The Role of Nerve Fibers in Our Skin
③ Different Ways the Brain Reacts to Pain
④ Papercuts: Why Do They Hurt So Much?
⑤ How to Prevent Accidents with Sharp Objects

6 밑줄 친 (a)~(e) 중에서 문맥상 낱말의 쓰임이 적절하지 않은 것은?

① (a) ② (b) ③ (c) ④ (d) ⑤ (e)

필수구문

Ⓐ 밑줄 친 edges를 수식하는 부분을 찾아 [ ]로 묶은 후, 문장을 해석하시오.

This is because, compared to most sharp objects, paper has edges that are dull and flexible.

____

Ⓑ 문장에서 밑줄 친 do가 가리키는 말을 찾아 [ ]로 묶은 후, 문장을 해석하시오.

You have to saw at it more times than you do with a sharp one, so the steak gets torn up.

____

5-6 **logical** 논리적인; *타당한 **significantly** 상당히, 크게 **location** 장소, 위치 **palm** 손바닥 **edge** 가장자리 **dull** 따분한; *무딘 **razor** 면도기, 면도칼 **smoothly** 부드럽게 **saw** 톱질하다; *(톱질하듯이) 자르다[움직이다] **expose** 드러내다

· MINI TEST 5회 ·

정답 및 해설 p. 59

1

다음 글의 요지로 가장 적절한 것은?

Unexpectedly ⓐ breaking up with a boyfriend or girlfriend is a difficult experience for most people. However, a study now suggests ⓑ that changes in language can be a sign that a breakup is coming. Researchers analyzed more than one million social media posts. They found that a shift in the frequency of certain words ⓒ occur about three months before a breakup. Specifically, people switch to words that are less formal and more personal. This is a sign that their thoughts are becoming more emotional and less ⓓ analytical. Another change is that they begin to use the pronouns "me" and "I" more often, which shows a growing focus on ⓔ themselves. Interestingly, the researchers found that an increase in the pronoun "I" can also be a sign of depression, because it signals that a person can no longer relate to others.

① 이별을 앞둔 사람들은 이전과는 다른 언어를 사용한다.
② 소셜 매체 사용 빈도와 이별은 서로 밀접한 관련이 있다.
③ 대인 관계에서 오는 스트레스는 우울증 발생 위험을 높인다.
④ 언어 사용에서 비롯된 오해는 어떻게 해소하는지가 중요하다.
⑤ 건강한 연애를 위해 상대의 행동을 너무 깊이 분석하지 않는 것이 좋다.

서술형

윗글의 밑줄 친 ⓐ~ⓔ 중, 어법상 틀린 것을 찾아 바르게 고쳐 쓰시오.

____

1 **analyze** 분석하다 (*a.* **analytical** 분석적인) **shift** 변화 **frequency** 빈도 **specifically** 분명히, 명확하게; *구체적으로 말하면 **switch** 전환하다, 바꾸다 **personal** 개인의; *인신공격적인 **pronoun** 대명사 **depression** 우울증 **signal** 신호를 보내다; *시사[암시]하다 **no longer** 더 이상 … 아닌[하지 않는] **relate to** …와 관련되다; *…을 이해하다[…에 공감하다]

2

다음 글에 드러난 Jason의 심경 변화로 가장 적절한 것은?

ⒶOpening the door to his son's bedroom, Jason was shocked by the mess he saw. There were comic books everywhere and dirty clothes on the bed and floor. He clenched his fists and felt heat rising up within him. No matter how many times he told his son to clean his room, he never did. Just then, he noticed a piece of paper on the boy's desk. It appeared to be an essay for school. "I wish I were a TV," it read. "If I were a TV, my dad would spend time with me every evening. And he wouldn't yell at me for not cleaning my room." Tears formed in Jason's eyes, and he dropped the essay back onto the desk. He realized he needed to change the way he treated his son.

① irritated → regretful
② depressed → upset
③ annoyed → relieved
④ confused → embarrassed
⑤ angry → indifferent

서술형

윗글에 제시된 문장 Ⓐ와 같은 의미가 되도록 빈칸을 채우시오 .

__________ __________ __________ the door to his son's bedroom, Jason was shocked by the mess he saw.

2 **mess** (지저분하고) 엉망(진창)인 상태 **clench** (주먹을) 꽉 쥐다 **fist** 주먹 [문제] **irritated** 짜증[화] 난 **regretful** 유감스러워[애석해]하는, 후회하는

3 다음 글의 내용을 한 문장으로 요약하고자 한다. 빈칸 (A), (B)에 들어갈 말로 가장 적절한 것은?

The amount of resources used by traditional agriculture no longer seems to be acceptable. This is why some farmers are turning to hydroponic farming. It involves growing plants indoors, where they receive their energy from special LED lights rather than from the sun. Hydroponic farming is also soil-free. The plants are grown in other materials, such as coconut husks or water. This greatly reduces the risk of harmful bugs or weeds in the hydroponic system. Another distinctive feature is the use of stacking. The seedlings are kept on trays, but the trays are not placed side by side. Instead, they are stacked one above the other in vertical towers. This is important because it allows the farmers to reduce the amount of space they require by up to 99%. And because they are grown indoors, hydroponic crops can be grown anywhere and during any season. Ⓐ This makes them a potential source of fresh food for people in places suffering from droughts.

*hydroponic: 수경 재배의 **stacking: 쌓임, 적층

⬇

Hydroponic farming is a(n) ___(A)___ alternative to traditional agricultural techniques by using soil-free materials and vertical stacking to grow crops indoors, which ___(B)___ space and resources for year-round cultivation.

	(A)		(B)
①	similar	……	saves
②	effective	……	eliminates
③	sustainable	……	maximizes
④	momentary	……	produces
⑤	limited	……	stabilizes

필수구문

Ⓐ 문장의 동사, 목적어, 목적격보어에 각각 밑줄을 긋고 V, O, OC로 표시한 후, 현재분사구를 찾아 [ ]로 묶고, 문장을 해석하시오.

This makes them a potential source of fresh food for people in places suffering from droughts.

___

3 **agriculture** 농업 (*a.* **agricultural** 농업의) **acceptable** 허용할 수 있는 **husk** 겉껍질 **distinctive** 독특한 **seedling** 묘목 **vertical** 수직의 **drought** 가뭄 **alternative** 대안 **[문제] sustainable** 지속 가능한 **momentary** 순간적인 **stabilize** 안정되다, 안정시키다

4-6 다음 글을 읽고, 물음에 답하시오.

(A)

In December 1938, a British stockbroker named Nicholas Winton got a call from a friend who was working with refugees in Czechoslovakia. (a) He invited Winton to visit the refugee camps, and Winton accepted. Ⓐ Arriving in Czechoslovakia, (b) he was stunned by the poor living conditions of the refugees, most of whom were Jewish families fleeing from the Nazis. Realizing that war could break out at any moment, Winton knew something had to be done.

(B)

Surprisingly, few people knew of (c) his amazing efforts for many years after the war had ended. In fact, the general public didn't find out until Winton's wife discovered a scrapbook about the project nearly 50 years after the first transport. After this, Winton finally received recognition for his brave work and was even made a knight by Queen Elizabeth II.

(C)

Ⓑ He had heard of rescue efforts to bring Jewish children to Britain and find homes for them, so (d) he decided to do the same. Winton began taking applications from refugee parents, and the project quickly expanded, with thousands of parents lining up outside the office he established in Prague. Next, Winton returned to London to raise money and find British families who would take care of the children. He continued to work as a stockbroker by day and devoted his evenings to the project.

(D)

The first group of children was finally transported to London by plane just one day before the Nazis invaded Czechoslovakia. Winton went on to organize the departure of seven more groups of children, who were brought to the coast by train and then to Britain by ship. However, when the Nazis' invasion of Poland began World War II, Europe's borders were closed, and (e) his rescue project was forced to come to an end.

4

주어진 글 (A)에 이어질 내용을 순서에 맞게 배열한 것으로 가장 적절한 것은?

① (B) – (D) – (C) ② (C) – (B) – (D) ③ (C) – (D) – (B)
④ (D) – (B) – (C) ⑤ (D) – (C) – (B)

5

밑줄 친 (a)~(e) 중에서 가리키는 대상이 나머지 넷과 다른 것은?

① (a) ② (b) ③ (c) ④ (d) ⑤ (e)

6

윗글의 Nicholas Winton에 관한 내용으로 적절하지 않은 것은?

① 체코슬로바키아에 있는 난민 수용소를 방문했다.
② 그의 업적은 50년 가까이 세상에 알려지지 않았다.
③ 프라하에 설립한 사무소에서 난민 부모들을 응대했다.
④ 런던에서 증권 중개와 난민 아동 구조 관련 업무를 병행했다.
⑤ 첫 번째 무리의 난민 아동 수송에는 기차를 이용했다.

필수구문

Ⓐ 분사구문을 찾아 [ ]로 묶고 밑줄 친 whom의 선행사를 찾아 { }로 묶은 후, 문장을 해석하시오.

Arriving in Czechoslovakia, he was stunned by the poor living conditions of the refugees, most of whom were Jewish families fleeing from the Nazis.

____

Ⓑ 밑줄 친 rescue efforts를 수식하는 부분을 [ ]로 묶은 후, 문장을 해석하시오.

He had heard of rescue efforts to bring Jewish children to Britain and find homes for them, so he decided to do the same.

____

4-6 **stockbroker** 증권 중개인 **refugee** 난민, 망명자 **stun** 기절시키다; *망연자실하게 하다 **flee** 달아나다, 도망하다 **transport** 수송; 수송하다 **recognition** 알아봄, 인식; *(공로 등에 대한) 인정, 표창 **rescue** 구출, 구조 **application** 지원[신청] **expand** 확대[확장/팽창]되다 **devote** 바치다, 쏟다 **invade** 침입[침략]하다 (*n.* **invasion** 침략, 침입) **departure** 출발, 떠남 **border** 국경[경계] **come to an end** 끝나다

· MEMO ·

· MEMO ·

지은이

이상엽
서울대 영어영문과 졸업
前 NE능률 연구개발부

박세광
서울대 독어독문과 졸업
前 영어신문 Teenstreet 편집장

권은숙
경북대 영어영문과 졸업
前 NE능률 연구개발부

류혜원
서울대 영어영문과 졸업
前 NE능률 연구개발부

NE능률 영어교육연구소
NE능률 영어교육연구소는 혁신적이며 효율적인 영어 교재를 개발하고 영어 학습의 질을 한 단계 높이고자 노력하는 NE능률의 연구 조직입니다.

빠른독해 바른독해 〈구문독해〉

펴 낸 이 주민홍
펴 낸 곳 서울특별시 마포구 월드컵북로 396(상암동) 누리꿈스퀘어 비즈니스타워 10층
㈜ NE능률 (우편번호 03925)
펴 낸 날 2024년 10월 5일 개정판 제1쇄 발행
전 화 02 2014 7114
팩 스 02 3142 0356
홈페이지 www.neungyule.com
등록번호 제1-68호
I S B N 979-11-253-4764-4 53740
정 가 17,000원

NE 능률

고객센터

교재 내용 문의 : contact.nebooks.co.kr (별도의 가입 절차 없이 작성 가능)
제품 구매, 교환, 불량, 반품 문의 : 02-2014-7114
☎ 전화문의는 본사 업무시간 중에만 가능합니다.

BOOK
LIST

도/서/목/록

어휘 · 문법 · 구문

능률VOCA

대한민국 어휘서의 표준

어원편 Lite | 어원편 | 고교기본 | 고교필수 2000 | 수능완성 2200 | 숙어 | 고난도

GRAMMAR ZONE

대한민국 영문법 교재의 표준

입문 | 기초 | 기본 1 | 기본 2 | 종합 (각 Workbook 별매)

필히 통하는

시험에 필히 통하는 고등 영문법과 서술형

필히 통하는 고등 영문법 기본편 | 실력편

필히 통하는 고등 서술형 기본편 | 실전편

문제로 미스터하는 고등영문법

고등학생을 위한 문법 연습의 길잡이

천문장

구문이 독해로 연결되는 해석 공식

입문 | 기본 | 완성

능률 기본 영어

최신 수능과 내신을 위한 고등 영어 입문서

정답 및 해설

빠른독해 바른독해

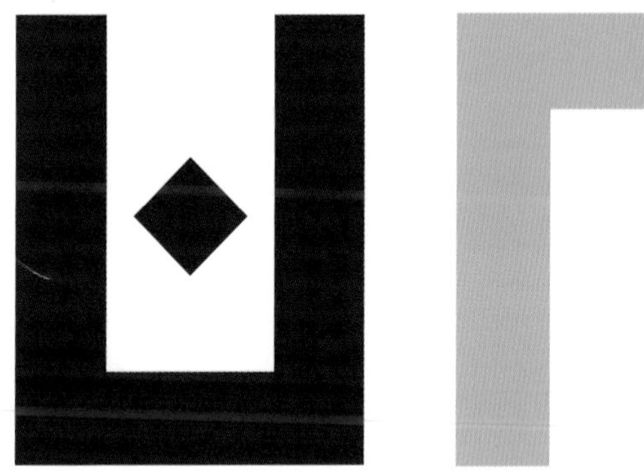

구문독해

빠른독해 바른독해

구문 독해

정답 및 해설

01 문장의 머리를 찾아라

01 해석 기법 pp. 8~9

A 초콜릿 케이크를 굽는 것은 그녀의 생일 파티를 위한 나의 계획이었다.

B 그 문제에 대한 네 어머니의 충고를 무시하는 것은 엄청난 실수일 것이다.

C 온라인으로 불법 영화 파일을 내려받는 것은 영화 시장에 부정적인 영향을 미친다.

빠바 PLUS

1 좋은 관계를 맺기 위해서, 너는 열린 마음을 지녀야 한다.

2 산 정상에 섰을 때, 그들은 바다를 볼 수 있었다.

구문 훈련

1 To be a good friend / 좋은 친구가 되는 것은 항상 진정한 이해를 해 주는 것이다.

2 Being assertive / 단호하다는 것이 무례한 것을 의미해야 하는 것은 아니다.

3 To treat ... them / 네가 사람들이 마음에 들지 않는다고 해서 그들을 부당하게 대하는 것은 옳지 않다.

4 Making a good first impression / 좋은 첫인상을 남기는 것은 사업에 있어서 매우 중요하다.

5 Building ... relationship / 의미 있고 성공적인 동서양 관계를 구축하는 것은 양측이 서로를 분명히 이해해야만 가능할 것이다.

1 ④

Z세대는 1997년에서 2012년 사이에 태어난 사람들로 구성되어 있다. 그들은 인터넷을 사용하며 자랐기 때문에 종종 '디지털 원주민'이라고 불린다. 그들이 이제 노동 인구에 진입하기 시작하고 있으므로, 그들 특유의 기대를 이해하는 것이 고용주에게 중요하다. Z세대는 급여보다 업무 유연성을 우선시하므로, 그들은 자신의 업무 일정에 대한 통제권을 요구한다. 자신의 업무와 개인 생활 사이의 균형을 찾는 것도 그들에게 중요하므로, 그들은 개인적인 그리고 직업적인 목표를 모두 달성할 수 있게 하는 일자리를 찾는다. 이러한 선호를 무시하는 기업은 Z세대 근로자를 뽑는 것이 어렵다는 것을 알게 될 것이다. 그들의 가치에 맞는 업무 환경을 그들에게 제공하는 것이 필요하다.

구문해설

5행 [To find a balance between their work and personal lives] is also important to them, so they seek jobs [that **enable** them **to fulfill** *both* their personal *and* professional goals]. ▸ 첫 번째 [ ]는 주어로 쓰인 명사적 용법의 to부정사구로 단수 취급하므로, 단수동사 is가 쓰였다. 두 번째 [ ]는 선행사인 jobs를 수식하는 주격 관계대명사절이다. 「enable A to-v」는 'A가 …을 할 수 있게 하다'의 의미이다. 「both A and B」는 'A와 B 둘 다[모두]'의 의미이다.

8행 Companies [turning a blind eye to these preferences] will **find** *it* **challenging** [to recruit Gen Z workers]. ▸ 첫 번째 [ ]는 Companies를 수식하는 현재분사구이다. 「find+목적어+v-ing」는 '…가 ~하다는 것을 발견하다[알다]'의 의미로, find의 목적격보어로 형용사 challenging이 쓰였다. it은 가목적어이고 두 번째 [ ]가 진목적어이다.

9행 **It** is necessary [to *offer*$_{V}$ them$_{O_1}$ work environments$_{O_2}$ {that match their values}]. ▸ It은 가주어이고 [ ]가 진주어이다. 「offer A B」는 'A에게 B를 제공하다'의 의미이다. { }는 선행사인 work environments를 수식하는 주격 관계대명사절이다.

문제해설

Z세대는 업무와 개인 생활 사이의 균형을 중시하며 개인적인 그리고 직업적인 목표를 모두 달성하기를 원한다고 했다. 이러한 세대의 특징을 알지 못하면 이 세대를 직원으로 고용하기 힘들 것이라는 내용이다. 따라서, 밑줄 친 부분이 의미하는 바로 가장 적절한 것은 ④ '경력 측면에서 Z세대 개인이 원하는 것을 무시하는'이다.

① 직원들에게 적절한 급여와 혜택을 제공하는
② 노동 인구의 변화를 촉진하기 위해 노력하는
③ 불쾌한 근무 환경을 제공하는
⑤ Z세대와 소통할 기회를 포기하는

2 ④

시차증은 당신의 체내 시계가 현재 있는 시간대에 맞춰 움직이지 않을 때 발생하는 일시적인 수면 문제이다. 몸의 생체 리듬이라고도 불리는 이 내부 시계는 당신의 몸에게 언제 잠들고 일어날지를 알려준다. 새로운 위치에 적응하는 데는 각기 다른 양의 시간이 걸릴 수 있다. 흥미롭게도, 동쪽으로 여행하는 것과 서쪽으로 여행하는 것은 몸에 동일한 효과를 주는 것은 아니다. 서쪽으로 여행하는 것은 체내 시계가 정상적인 낮밤 주기를 더 길게 경험하게 한다. 그러나, 동쪽으로 여행하는 것은 이 주기의 경험을 단축시킨다. 이는 생체 리듬이 조절하는 것을 더 어렵게 만드는 경향이 있어, 더 심각한 시차증의 사례로 이어진다.

구문해설

2행 This internal clock, [which is also referred to as the body's circadian rhythm], **tells**$_{V}$ your body$_{O_1}$ [when it's time to sleep and wake up]$_{O_2}$. ▸ 첫 번째 [ ]는 선행사 This internal clock을 부연 설명하는 계속적 용법의 주격 관계대명사절이며, 주어와 동사 사이에 삽입되었다. 「tell A B」는 'A에게 B를 말하다'의 의미이다. 두 번째 [ ]는 tells의 직접목적어로 쓰인 의문사절로, 「의문사+주어+동사」의 어순을 따른다.

4행 [Catching up with your new location] can take varying amounts of time. ▸ [ ]는 주어로 쓰인 동명사구이다.

8행 This tends to make **it** more difficult *for one's circadian rhythm* **to adjust**, [resulting in more serious cases of jet lag]. ▸ it은 가목적어이고 to adjust가 진목적어이며,

for one's circadian rhythm은 to adjust의 의미상 주어이다. [ ]는 결과를 나타내는 분사구문이다.

문제해설

이 글은 시차증이 무엇이고 왜 발생하며, 어떻게 우리 몸의 생체 리듬에 영향을 미치는지 설명하고 있으므로, 제목으로는 ④ '시간대 변화가 우리의 생체 리듬에 어떻게 영향을 미치는가'가 가장 적절하다.

① 새로운 시간대에 빠르게 적응하는 법
② 비행기를 자주 이용하는 사람들을 위한 최고의 수면 팁
③ 시차증 없이 시간대를 통과하여 여행하기
⑤ 생체 리듬을 맞춤으로써 생산성 증진하기

02 해석 기법 pp. 10~11

A 그가 대학 입학 시험에 합격하기 위해 최선을 다했다는 것은 의심할 여지가 없다.
B 탈옥한 그 범죄자가 또 다른 범죄를 저질렀는지는 알려지지 않았다.
C 모금 운동에서 얼마나 많은 돈이 모였는지가 곧 발표될 것이다.
D 내가 인생에서 정말로 하고 싶은 것은 세계 일주를 하는 것이다.

구문 훈련

1 That the earth must be flat / 지구가 평평한 게 틀림없다는 것이 15세기까지는 명백한 것처럼 보였다.
2 Whether the fire was an accident or intentional / 그 화재가 사고였는지 의도적인 방화였는지는 조사 중이다.
3 What goals people have / 사람들이 무슨 목표를 갖는지는 그들이 누구이며 그들이 몇 살인지에 따라 좌우된다.
4 What's dangerous about the internet / 인터넷이 위험한 것은 자격이 없는 즉각적인 신뢰성을 지닌다는 점이다.
5 All I ask in return / 내가 보답으로 요청하는 것은 언젠가 네가 다른 사람에게 같은 일을 해줄 수 있도록 네 자신을 잘 돌보는 것뿐이다.

3 ④

'합법적'과 '윤리적'은 같은 것이 아니다. 비슷해 보이지만, '합법적'인 것이 항상 '윤리적'이지는 않고, '윤리적'인 것이 항상 '합법적'이지는 않다. 법이 정부에 의해 만들어지는 반면, 한 사회의 윤리는 한 세대에서 다른 세대로 전해진다. 법은 사회 전체의 믿음에 의해서라기보다는 권력이 있는 사람들의 결정에 근거하여 바뀔 수 있다. 윤리와 법 사이의 또 다른 중요한 차이는 그것들이 시행되는 방식이다. 우리가 윤리를 따르도록 하는 특별한 권력은 없다. 윤리는 그저 우리가 주변 사람들에게서 배우는 것이다. 반면에, 법은 정부에 의해 집행되므로, 사람들은 법을 지켜야 한다는 것을 안다. 물건 가격을 너무 높게 책정하거나 허위 소문을 퍼뜨리는 것과 같이, 불법적이진 않아도 많은 비윤리적인 행동들이 있다. 하지만 당신이 법을 어긴다면, 당신은 정부로부터 직접적인 결과를 마주하게 될 것이다.

구문해설

8행 Another important difference between ethics and laws is [how they are enforced]. ▸ [ ]는 주격보어로 쓰인 관계부사절이다. 관계부사 how는 선행사 the way와 함께 쓰일 수 없다.

9행 There are no special authorities [who **make** us **follow** ethics]—they are simply something [(that) we learn from the people around us]. ▸ 첫 번째 [ ]는 선행사인 special authorities를 수식하는 주격 관계대명사절이다. 사역동사 make의 목적격보어로 동사원형이 쓰였다. 두 번째 [ ]는 선행사인 something을 수식하는 목적격 관계대명사절로, 목적격 관계대명사가 생략되었다.

10행 There are many unethical actions, [like charging too much for products or spreading false rumors], [that are not illegal]. ▸ 첫 번째 [ ]는 many unethical actions를 부연 설명하는 삽입구이다. 두 번째 [ ]는 선행사인 many unethical actions를 수식하는 주격 관계대명사절이다.

문제해설

on the other hand가 포함된 주어진 문장은 법이 정부에 의해 집행되어 강제성이 있다는 내용이므로, 윤리에는 강제성이 없으며 단지 주변인들에게서 배우는 것이라고 서술한 내용 다음인 ④에 들어가는 것이 가장 적절하다.

4 ②

어떤 사람들은 가렵고, 화끈거리고, 아픈 느낌과 함께, 자신의 다리를 움직이고자 하는 강한 충동을 자주 경험한다. 이것은 하지불안증후군(RLS)으로 알려진 신경 장애이다. 그것은 사람들이 장시간 앉거나 누워 있었을 때 가장 흔히 일어난다. 그것은 수면 문제를 일으켜 낮 동안의 피로로 이어질 수 있다. 가벼운 하지불안증후군 사례를 보이는 사람들은 걷거나 다리를 떨어서 증상을 악화시킬(→ 완화할) 수 있다. 그러나 심각한 하지불안증후군에 대처하는 것은 더 힘들다. 그것은 영화나 장거리 비행 내내 앉아 있는 것을 거의 불가능하게 만들 수 있다. 하지불안증후군이 왜 발생하는지는 여전히 수수께끼이다. 그것은 유전 질환일 수도 있고, 다른 원인이 있을 수도 있다. 치유법이 없으며, 그것은 평생의 질환으로 여겨진다. 그러나 하지불안증후군이 치유될 수 없다는 사실이 아무것도 할 수 없다는 것을 의미하지는 않는다. 사람들이 자신의 증상을 관리하는 데 도움이 되는 약들이 있다.

구문해설

2행 This is a neurological disorder [known as restless leg syndrome (RLS)]. ▸ [ ]는 a neurological disorder를 수식하는 과거분사구이다.

4행 It can cause sleep problems, [leading to daytime tiredness]. ▸ [ ]는 결과를 나타내는 분사구문이다.

7행 It can **make** sitting through a movie or a long flight nearly **impossible**. ▸ make의 목적격보어로 형용사 impossible이 쓰였다.

10행 However, the fact [that RLS cannot be cured] doesn't mean [(that) nothing can be done]. ▸ 첫 번째 [ ]는 문장의 주어로 쓰인 명사절로 the fact와 동격이고, 두 번째 [ ]는 doesn't mean의 목적어로 쓰인 명사절이다.

문제해설

② 심각한 하지불안증후군은 가벼운 하지불안증후군보다 증세를 가라앉히기 어렵다고 했으므로, 걷거나 다리를 떠는 것은 가벼운 하지불안증후군 증상을 완화시키는 방법임을 추론할 수 있다. 따라서, worsen을 relieve 등으로 고쳐야 한다.

03 해석 기법 pp. 12~13

A 과거 경험에 근거하여, Joe는 자신의 상사와 언쟁을 벌이는 것이 현명하지 못할 거라고 판단했다.

B 진짜 같아 보이지만, 이 다이아몬드 목걸이는 겨우 50달러짜리 모조품이다.

C 우리는 디지털 시대에 살고 있기 때문에, 모바일 기기를 통한 스마트 러닝이 더욱 보편화되고 있다.

구문 훈련

1 S: a large spider, V: was / 놀랍게도, 싱크대에 커다란 거미 한 마리가 있었다.

2 S: no seats, V: are / 말씀드리기 죄송하지만, 야구 경기장에 이용 가능한 자리가 없습니다.

3 S: his mother's fear for his life, V: kept / 그 아이의 실종 이후, 아이의 생존에 대한 그의 어머니의 걱정이 그녀를 밤새도록 깨어 있게 했다.

4 S: Forman, V: acted / 1950년대 후반과 1960년대 초반에 걸쳐, Forman은 몇 편의 영화에서 작가나 조감독의 역할을 했다.

5 S: the role ... performing arts, V: has been / Smith 씨가 생각하는 것과는 달리, 음악과 공연 예술에서의 컴퓨터의 역할은 상당하다.

6 S: the sign system of honeybees, V: would win / 특정한 사실 기반의 정보를 어떠한 왜곡이나 모호함 없이 전달하는 체계로서, 꿀벌의 신호 체계는 언제나 인간의 언어를 쉽게 이길 것이다.

5 ⑤

매년 10월의 두 번째 월요일, 미국은 Columbus Day를 기념한다. 이 공휴일은 1492년 10월 12일에 아메리카 대륙을 발견한 공을 인정받는 이탈리아인 탐험가 크리스토퍼 콜럼버스에게 경의를 표한다. 하지만, 아메리카 원주민들에 대한 그의 학대와, 그의 (미 대륙) 도착의 파괴적인 영향을 고려하면, 그 탐험가에게 경의를 표하는 것은 전혀 타당하지 않다. 그 대륙에 도착한 후, 콜럼버스는 수천 명의 아메리카 원주민을 죽이고 노예로 만들었다. 게다가, 콜럼버스와 다른 유럽인들이 가져온 질병들은 아메리카 원주민의 인구를 심하게 감소시켰다. 그러므로, 온 나라는 아메리카 원주민들에게 경의를 표하고 그들의 고통을 기억하는 새 공휴일을 만드는 것을 지지해야 한다. Columbus Day의 대안으로, 미국인들은 Native American Day 또는 Indigenous Peoples' Day를 기념해야 한다.

구문해설

2행 This holiday honors **Christopher Columbus**, [the Italian explorer {who is ..., 1492}]. ▸ Christopher Columbus와 [ ]는 동격이다. { }는 선행사인 the Italian explorer를 수식하는 주격 관계대명사절이다.

3행 However, [considering his mistreatment of Native Americans and the devastating effect of his arrival], [honoring the explorer] does not make any sense at all. ▸ 첫 번째 [ ]는 의미상 일반인 주어가 생략된 관용적인 분사구문이다. 두 번째 [ ]는 주어로 쓰인 동명사구이다.

문제해설

크리스토퍼 콜럼버스의 아메리카 원주민 학대와 그의 미 대륙 도착이 가져온 파괴적인 영향을 감안하여 미국은 Columbus Day 대신에 아메리카 원주민들을 기억하는 날을 만들어야 한다고 했으므로, 필자의 주장으로 가장 적절한 것은 ⑤이다.

6 ③

산호초는 때때로 바다의 우림이라고 불리는데, 그것이 아주 많은 (생물) 종의 서식지이기 때문이다. 하지만, 산호초가 없는 곳들도 있다. 많은 해양 생물들을 위한 해양 환경을 개선하기 위해 때때로 이런 지역들에 인공 암초가 만들어진다. 이것은 기본적으로 통학 버스나 배와 같이 크고 낡은 물체들을 해저에 놓아두는 것을 수반한다. 그것들이 무엇으로 만들어졌는지에 상관없이, 인공 암초는 조개류와 산호들에게 자신들의 몸체를 붙일 수 있는 단단한 표면을 제공함으로써 기능한다. 그리고 나서 이러한 생물들의 제거(→ 누적)는 물고기들을 암초로 유인하고 그들에게 먹이와 보금자리를 제공한다. 해양 생물에 도움이 되는 것 외에도, 인공 암초는 어부를 포함하여 해안 주민들에게도 가치를 인정받는다. 또한, 환경 보호 활동가들은 그것들을 서식지 복구에 이용하며, 스쿠버 다이버들은 이 다양한 생태계를 탐험하는 것을 즐긴다.

구문해설

2행 However, there are places [where no coral reefs exist]. ▸ [ ]는 선행사인 places를 수식하는 관계부사절이다.

5행 Regardless of [what they are made from], artificial reefs work **by giving** shellfish and corals hard surfaces *to attach* themselves to. ▸ [ ]는 전치사 Regardless of의 목적어로 쓰인 의문사절로, 「의문사+주어+동사」의 어순을 따른다. 「by v-ing」는 '…함으로써'의 의미이다. to attach는 a hard surface를 수식하는 형용사적 용법의 to부정사이다.

(giving: V, shellfish and corals: O_1, hard surfaces: O_2)

문제해설

③ 문맥상 조개류나 산호와 같은 생물들이 많아지면 물고기들을 유인해 그들에게 먹이와 보금자리를 제공한다고 추론할 수 있으므로, elimination을 accumulation 등으로 고쳐야 한다.

04 해석 기법 pp. 14~15

A 친구들이 어려운 시기에 서로 돕는 것이 필요하다.

B 그 감독의 새 영화가 올해 개봉될지는 불확실하다.

C 고양이는 쥐나 벌레를 죽여 그것을 주인에게 선물로 가져온다고 여겨진다.

빠바 PLUS

1 Andrew의 항공편이 폭설로 인해 지연된 것 같다.
2 나는 밤에 집으로 걸어가다가 길을 잃어버리는 일이 자주 있었다.
3 네가 말한 것으로 보아 너는 결백하다는 결론이 나온다.

구문 훈련

1 [that humans use ... food quality] / 인간이 음식의 질을 분석하기 위해 자신의 모든 감각을 사용하는 것은 놀랍지 않다.
2 [to change your password] / 만약 네 이메일 계정이 해킹당했다고 생각한다면 너의 비밀번호를 바꾸는 것은 필수이다.
3 [to have ... they need] / 당신의 고객들에게 그들이 필요로 하는 정보를 제공해 주는 웹사이트를 가지고 있는 것이 중요하다.
4 [how many times ... over problems] / 우리가 문제에 대해 생각만 하는 대신 행동을 취한다면, 우리의 절망과 분노의 감정이 누그러질 수 있는 때가 많다는 것은 놀라운 일이다.

7 ④

종종 AI 블랙박스라고 불리는 일부 AI 시스템은 내부 작동이 비밀스럽다. 사용자는 정보를 입력하고 결과값을 받을 수 있지만, 시스템의 알고리즘에 접근할 수는 없다. 따라서 그들은 그 결과값이 어떻게 생성되었는지 정확히 알아낼 수 없으며, 동시에 AI가 저작권이 있는 정보를 사용하고 있을 수도 있다. AI의 알고리즘에 접근 가능할 때, 적절한 허가를 얻고 저작권에 대한 우려를 다루는 것이 더 쉬워진다. 이는 콘텐츠의 원작자와 AI 사용자 모두를 보호한다. 원래, AI의 내부 작동 원리는 해커로부터 그들을 보호하기 위해 숨겨졌다. 하지만 이 전략은 잘 통하지 않았다. 해킹을 방지하기 위해, 전문가들이 AI 시스템을 쉽게 점검하고 잠재적인 약점을 찾아낼 수 있도록 AI 시스템의 더 큰 투명성을 갖추는 것이 더 효과적일 것이다.

구문해설

5행 ..., **it** becomes easier [to obtain the proper permissions and address concerns about copyrights]. ▸ it은 가주어이고 [ ]가 진주어이다.

6행 This protects **both** the original creators of the content **and** the AI users. ▸ 「both A and B」는 'A와 B 둘 다[모두]'의 의미이다.

9행 ..., it would be more effective to have greater transparency in AI systems **so that** experts ***could*** easily *examine* them and *identify* potential weaknesses. ▸ 「so that ... can ~」은 '…가 ~하기 위해[~하도록]'의 의미이다. could examine과 (could) identify가 접속사 and로 병렬 연결되어 있다.

문제해설

이 글은 비공개된 AI 시스템의 작동 방식에 문제가 있음을 지적하고, 이것이 공개된다면 전문가들이 약점을 찾아 추후 해킹을 방지할 수 있다고 주장하고 있으므로, 빈칸에는 ④ '투명성'이 들어가는 것이 가장 적절하다.
① 보안 ② 복잡성 ③ 효율 ⑤ 자동화

8 ③

의사소통에서 가장 큰 문제가 모호함이라고들 한다. 하지만, 한 연구팀은 의견이 다르다. 그들은 모호함이 우리로 하여금 맥락 속에서 뜻이 이해될 수 있는 짧고 간단한 단어들을 사용하게 해 줌으로써 사실상 우리가 의사소통하는 데 도움을 준다고 주장한다. 이 모호한 단어들은 의사소통의 본질 때문에 도움이 된다. 청자의 목적은 화자의 메시지를 정확히 이해하는 것인 반면, 화자의 목적은 가능한 한 적은 단어를 사용해서 가능한 한 많은 정보를 전달하려고 노력하는 것이다. 어떤 화자가 길고 복잡한 방식으로 무언가를 설명해야 하면, 이 두 목적 모두 달성되지 않는다. 따라서, 화자가 '쉬운' 다의어를 사용하고 청자는 대화의 주제에 근거하여 뜻하는 의미를 이해하는 것이 타당하다.

구문해설

2행 ... ambiguity actually **helps** us **communicate** by *allowing* us *to use* short, simple words [whose meanings can be understood in context]. ▸ help는 목적격보어로 동사원형이나 to부정사를 쓴다. 「allow A to-v」는 'A가 …하게 해 주다'의 의미이다. [ ]는 선행사인 short, simple words를 수식하는 소유격 관계대명사절이다.

5행 The goal of a speaker is [to try to deliver as much information as possible using as few words as possible], while the goal of a listener is [to accurately understand the speaker's message]. ▸ 두 개의 [ ]는 주격보어로 쓰인 명사적 용법의 to부정사구이다.

문제해설

효율적으로 메시지를 전달하기 위해 화자는 모호하지만 짧고 단순한 다의어를 사용하고, 청자는 맥락과 대화 주제를 바탕으로 화자의 말을 이해하려고 애쓰는 것이 되려 의사소통에 도움을 준다는 내용이므로, 글의 요지로는 ③이 가장 적절하다.

REVIEW TEST p. 16

A 1 helps 2 is 3 depends 4 is 5 was

B 1 X (→ is) 2 X (→ was) 3 X (→ is) 4 O 5 O

C 1 It is required by law to wear a seat belt.
2 It is considered impolite to yawn without covering one's mouth.
3 It will soon be known whether there are Korean victims of this typhoon.
4 It is shocking that a number of students said they had experienced bullying.

A

1 단어의 어원을 아는 것은 네가 단어의 뜻을 기억하는 데 도움이 된다.

2 누가 차기 국회의원이 될 것인지가 큰 화제가 되고 있다.
3 당신이 성공하는지는 당신이 세우는 목표에 달려 있다.
4 그렇게 오래전에 사람들이 이렇게 큰 다리를 건설했다는 것이 믿기지 않는다.
5 환자들이 얼마나 자주 이런 증상들을 겪었는지를 알아내는 것이 그 연구의 목적이었다.

B

1 세금을 납부하는 것은 모든 시민의 의무이다.
2 주말 동안 내가 한 것이라고는 종일 잠을 자는 것뿐이었다.
3 그녀가 여우주연상을 받게 될 것인지는 알려지지 않았다.
4 북한에 의해 실시된 핵폭탄 실험이 여러 차례 있어 왔다.
5 주택 가격이 계속해서 하락하는 것이 경제 전반에 영향을 미치고 있는 것으로 보인다.

C

1 안전띠를 착용하는 것은 법으로 요구된다.
2 입을 가리지 않고 하품하는 것은 무례하다고 여겨진다.
3 이번 태풍의 한국인 희생자들이 있는지가 곧 알려질 것이다.
4 많은 학생들이 괴롭힘을 겪은 적이 있다고 말한 것은 충격적이다.

02 동사는 문장의 틀을 결정한다

05 해석 기법 pp. 18~19

A 그 기부자는 익명으로 남아 있다.
B 우리는 그 문제가 얼마나 심각한지 알고 있어야 한다.
C 그 강좌는 나에게 국제 무역의 기초를 가르쳐 주었다.
D 그는 나에게 도쿄행 494 항공편이 지연되었다고 말해 주었다.
E 마을 사람 몇 명이 한 낯선 남자가 해변에 누워 있는 것을 발견했다.
F 내가 취업 면접에 가면 내게 행운을 빌어 줘.

구문 훈련

1 became(V) a famous human rights lawyer(SC) / 내 옆집에 살았던 그 소녀는 유명한 인권 변호사가 되었다.
2 must have(V) their parking tickets(O) stamped(OC) / 할인을 받기 위해서, 방문객들은 방문객 안내소에서 그들의 주차권에 도장을 받아야 한다.
3 helped(V) more than 3,000 students(O) achieve their dream of receiving higher education(OC) / 작년에, 여러분의 기부금은 3,000명이 넘는 학생들이 고등 교육을 받는 꿈을 이루는 것을 도왔습니다.
4 have given(V) us(O_1) our sense of right and wrong, … and our knowledge of who we are(O_2) / 우리에게 옳고 그름에 대한 지각, 사랑에 대한 이해, 그리고 우리가 누구인지에 대한 인식을 준 사람은 바로 우리의 부모님이다.

1 ②

지난달에 우리 가족은 새집에 도착했다. 우리는 드디어 더 넓은 살 곳을 갖게 되어 감격스러웠고, 열심히 짐을 풀기 시작했다. 그런데 머지않아, 우리는 어떤 소리를 들었다. 그것은 새끼 쥐였다. 우리는 놀랐지만, 그냥 쥐를 집어 들고 조심스럽게 밖에 내놓았다. 불행히도, 곧 우리는 그것이 혼자만의 방문객이 아닐 수도 있다는 것을 깨달았다. 곳곳에 쥐들의 흔적이 있었다. 그래서 우리는 그날 밤 모든 방에 쥐덫을 놓았다. 다음 날 아침, 우리는 여러 개의 덫에서 쥐들을 발견했다. 우리는 며칠간 쥐들을 보았고, 이는 우리에게 두려움을 주었다. 그 주에 우리는 쥐가 자주 바닥을 뛰어다니는 것을 보기도 했다. 우리는 음식에서 쥐가 나타날까 봐 걱정했다. 우리의 새집은 더 이상 안전하게 느껴지지 않았다. 대신에, 우리가 쥐들과 전쟁 중인 것처럼 느껴졌다.

구문해설

4행 Unfortunately, we soon realized [that it might not be a solitary visitor]. ▸ [ ]는 realized의 목적어로 쓰인 명사절이다.

8행 That week, we **saw** mice **running** along the floor. ▸ 지각동사 saw의 목적격보어로 현재분사가 쓰였다.

문제해설

필자는 새집으로 이사하면서 신이 났다가, 이제는 새집에서 쥐가 계속 발견되어 매우 속상할 것이다.

2 ④

Kalpana Chawla는 우주로 간 인도 태생의 최초 여성이었다. 그녀는 1982년 인도에서 첫 번째 대학 학위를 받았다. 그 후 미국으로 이사했고, 그곳에서 1988년에 Colorado 대학교는 그녀에게 박사 학위를 수여했다. 그해 말, Chawla는 NASA에서의 일을 수락했다. 그곳에서 일하는 동안, 그녀는 우주 비행사가 되는 것에 지원했다. 힘든 훈련 끝에 그녀는 우주 임무에 배정되었다. 2003년, Chawla와 다른 여섯 명의 우주 비행사들은 16일간의 임무를 위해 지구를 떠났다. 착륙 중에 우주 왕복선 날개에 문제가 생겼고 그로 인해 그것이 분해되었다. 안타깝게도, 아무도 살아남지 못했다. 미국, 인도, NASA는 그녀의 사망 후에 (그녀에게) 상을 주었다. 또한 그녀에게 경의를 표하며 소행성과 화성의 언덕을 포함하여 여러 곳에 그녀의 이름을 붙였다.

구문해설

1행 Kalpana Chawla was the first woman [born in India] [to go into space]. ▸ 첫 번째 [ ]는 the first woman을 수식하는 과거분사구이다. 두 번째 [ ]는 the first woman을 수식하는 형용사적 용법의 to부정사구이다.

2행 She then moved to the USA, [where the University of Colorado granted her a doctorate in 1988]. ▸ [ ]는 선행사 the USA를 부연 설명하는 계속적 용법의 관계부사절이다.

8행 The USA, India, and NASA **have *given*** *Chawla awards* since her death. ▸ have given은 계속을 나타내는 현재완료시제이다. 「give A B」는 'A에게 B를 주다'의 의미이다.

문제해설

④ 그녀와 6명의 다른 우주 비행사들 모두 살아남지 못했다고 했다.

06 해석 기법 pp. 20~21

A 한 노인이 자신의 차가 도난당했다고 경찰에 신고했다.

B 대체 의학은 수 세기 동안 동아시아 국가들에서 사용되어 왔다.

C 그 책은 전 세계의 사람들에 의해 읽히고 있다.

D 외국 관광객을 유치하기 위해 그 드라마 장면의 대부분이 서울에서 촬영되고 있다.

구문 훈련

1 내 어린 사촌은 태어난 날부터 그의 부모에 의해 버릇없게 길러져 왔다.

2 애석하게도, 요즘 우리 동네의 많은 전통 가옥들이 철거되고 있다.

3 사람들은 수천 년 동안 밤하늘의 신비에 매료되어 왔다.

4 성적과 같은 외적인 동기 요인의 부정적인 영향은 다양한 문화권 출신의 학생들에게서 보여져 왔다.

5 인간의 경우, 체내의 세포들은 끊임없이 교체되고 있는 반면에, 신체의 전반적인 형태와 크기는 비교적 일정하게 유지된다.

3 ④

비현실적인 사고는 사람들을 부정적인 방식으로 행동하게 한다. 이제, 인지행동치료(CBT)가 이 순환을 끝내는 데 사용되고 있다. 그것은 사람들이 생각하는 방식을 바꾸도록 돕는데, 이는 긍정적인 행동으로 이어진다. 예를 들어, 어떤 사람들은 집을 나서는 것을 두려워한다. 그들은 그것이 치명적인 공황 발작을 일으킬 것이라고 생각한다. 인지행동치료는 그들이 공황 발작을 더 긍정적으로 바라볼 수 있게 돕는데, 그것이 불쾌하지만 치명적이지는 않다는 것이다. 이러한 종류의 정신적 변화는 사람들이 더 기꺼이 그들에게 두려움을 유발하는 상황에 맞선다는 면에서 행동을 개선할 수 있다. 어떤 환자들은 이것을 노출 치료라고 불리는 인지행동치료법을 통해 한다. 그들은 그들의 두려움과 똑바로 직면하는 법을 배우고 있다. 밖에 나가는 것을 두려워하는 사람은 가까운 가게로 가게 될 수도 있다. 그다음 단계는 붐비는 슈퍼마켓을 방문하는 것이 될 수 있다. 서서히, 이러한 경험들은 그 사람의 두려움의 강도를 낮춰 줄 것이다.

구문해설

2행 It **helps** people **change** the way [they think], [which leads to positive behavior]. ▸ help는 목적격보어로 동사원형이나 to부정사를 쓴다. 첫 번째 [ ]는 선행사인 the way를 수식하는 관계부사절이다. 두 번째 [ ]는 앞 절 전체를 선행사로 하는 계속적 용법의 주격 관계대명사절이다.

6행 This kind of mental shift can improve behavior in terms of **people** [being more willing to confront situations {that cause them fear}]. ▸ [ ]는 전치사 in terms of의 목적어로 쓰인 동명사구로, people은 동명사의 의미상 주어이다. { }는 선행사인 situations를 수식하는 주격 관계대명사절이다.

9행 A person [afraid to go outside] might be taken to a nearby shop. ▸ [ ]는 A person을 수식하는 형용사구이다.

문제해설

비현실적인 사고로 인한 부정적인 행동을 개선하기 위해 사용되는 인지행동치료를 소개하는 글로, 환자들에게 두려움을 정면으로 마주하는 법을 가르침으로써 그 강도를 낮춘다는 내용이다. 따라서 빈칸에는 ④ '그들에게 두려움을 유발하는 상황에 맞선다'가 들어가는 것이 가장 적절하다.

① 그들을 겁주는 것에 대해 터놓고 논의한다

② 불안한 생각을 완전히 차단한다

③ 그들의 두려움의 근원을 제거한다

⑤ 그들이 두려워하는 것이 있음을 인정한다

4 ③

요르단의 사막 깊숙이 위치한 고대 도시 페트라는 기원전 300년경 나바테아인이라고 불리는 유목 부족에 의해 세워졌다. 나바테아인들은 그들의 우수한 건축 기술을 이용하여 직접 사암 절벽을 깎아 도시의 궁전, 사원, 집을 만들었다. 그들은 또한 도시에 물을 공급하기 위해 수로 체계를 만들었다. 페트라는 고대 교역로의 중심지에 위치해 있었기 때문에, 그곳은 무역의 요충지가 되었다. 무역이 가져다준 거대한 부는 그 도시를 번영하게 해 주었다. 하지만 수년 후, 변화하는 교역로와 대지진이 주민들로 하여금 이 놀라운 도시를 떠나게 했다. 페트라는 1812년에 한 스위스인 탐험가에 의해 재발견되었을 때 수 세기 동안 잊혀져 있던 상태였다. 그때 이후로 그 도시의 고고학적 유적지가 광범위하게 발굴되어 왔으며, 그곳은 이제 인기 있는 관광 명소가 되었다.

구문해설

2행 The ancient city of Petra, [located deep in the desert of Jordan], was established ... by a nomadic tribe [called the Nabataeans]. ▸ 첫 번째 [ ]는 Petra를 부연 설명하는 과거분사구로, 문장의 주어와 동사 사이에 삽입되었다. 두 번째 [ ]는 a nomadic tribe를 수식하는 과거분사구이다.

9행 Petra **had been forgotten** for centuries when it was rediscovered by a Swiss explorer in 1812. ▸ had been forgotten은 계속을 나타내는 과거완료형 수동태이다.

11행 Since then, the archaeological site of the city **has been** extensively **excavated**, ... ▸ has been excavated는 계속을 나타내는 현재완료형 수동태이다.

문제해설

주어진 문장은 무역이 가져온 부 덕분에 도시가 번영했다는 내용이므로, 페트라가 고대 교역로의 중심지에 위치해서 무역의 요충지가 되었다는 내용 다음인 ③에 들어가는 것이 가장 적절하다.

07 해석 기법 pp. 22~23

A 우리는 지난 금요일에 이 프로젝트를 끝냈어야 했다.
B 나는 낮잠을 잘 수도 있었지만, 시험공부를 했다.
C Claire는 그녀가 프레젠테이션에서 실수했을지도 모른다고 걱정하고 있다.
D 무력을 사용하는 것은 파업 참가자들과 그 회사 간의 엄청난 충돌을 촉발했을 것이다.

빠바PLUS

1 우리나라에는 아마 네가 생각하기에 이상할 관습이 많다.
2 만약 네가 머무를 만한 타당한 이유가 없다면, 너는 집으로 돌아가는 편이 낫겠다.

구문 훈련

1 나는 비행기 표를 사기 전에 환불 정책을 확인했어야 했다.
2 네 방을 청소하는 것은 네게 큰 일거리였음이 틀림없다.
3 최초의 콘택트렌즈는 상당히 불편했음이 틀림없는데, 그것들은 유리로 만들어졌고, 눈의 앞면 전체를 덮었기 때문이다.

5 ④

역사상 가장 놀라운 거래 중 하나는 1626년에 일어났을지도 모른다. 네덜란드 이주자들이 지금의 미국 북동부에 막 도착했다. 하지만 그 땅에는 이미 여러 토착 부족이 거주하고 있었다. 전설에 따르면, 네덜란드인들은 Lenape라고 불리는 토착 부족과 놀라운 거래를 했다. 그들은 고작 24달러어치의 구슬과 작은 물건들로 맨해튼섬 전체를 구매했다. 만약 이 전설이 사실이라면, 토지권의 개념과 관련된 문화적 차이가 큰 오해를 낳았을 것이다. 야생 동물들과 천연자원으로 가득한 섬이 Lenape 부족의 소유였고, 그들의 땅을 '판다'는 생각은 이상했을 것이다. 그들의 눈에 땅은 공유될 수는 있지만, 팔릴 수는 없다. 그들은 네덜란드인들이 동물을 기르거나 농작물을 재배하는 것 같이 특정한 목적으로만 그 땅을 사용하도록 하는 데 동의한 것이라고 생각했을 가능성이 크다.

구문해설

7행 The island [full of wild animals and natural resources] belonged to the Lenape, ... ▸ [ ]는 The island를 수식하는 형용사구이다.

10행 They most likely thought [(that) they were agreeing to **let** the Dutch **use** the land only for certain purposes, such as keeping animals or growing crops]. ▸ [ ]는 thought의 목적어로 쓰인 명사절이다. 사역동사 let의 목적격보어로 동사원형이 쓰였다.

문제해설

고작 24달러어치의 물건으로 맨해튼 섬의 거래가 가능했던 것은 토지 매매와 양도에 관해 네덜란드인과 Lenape 부족 간에 문화적 이해의 차이가 있었기 때문이었을 것이라는 내용이므로, 빈칸에는 ④ '토지권 개념과 관련된 문화적 차이'가 들어가는 것이 가장 적절하다.
① 구슬의 가치에 대한 네덜란드인의 오해
② 종교적 믿음과 관습의 심오한 차이
③ 나눔의 중요성에 대한 다양한 인식
⑤ 섬의 타당한 가격에 대해 합의하는 것의 어려움

6 ⑤

샌프란시스코의 유명한 금문교가 1930년대 중반에 설계되고 있을 때, 미 해군은 이 역사적 건축물에 크게 다른 느낌을 주었을 (법한) 색을 제안했다. (C) 해군은 선박 사고를 기피하려면 그것(금문교)이 검은 줄무늬가 들어간 노란색으로 칠해져야 한다고 제안했다. 그러나 이 색들이 사람들에게 산업용 경고 테이프를 떠올리게 하는 것은 당연했다. (B) 물론, 해군을 제외하고 아무도 그 다리를 그런 색으로 칠하고 싶어 하지 않았다. 결국, 건축가 Irving Morrow는 '국제 오렌지색'을 사용하기로 결정했는데, 그것이 눈에 잘 띄고 보기에도 만족스러웠기 때문이었다. (A) 이 색은 해운업에서 수년간 사물이 눈에 잘 띄도록 돕는 데 사용되었다. Morrow는 또한 이 색의 명도가 만안 지역의 아름다운 풍경을 더 완벽하게 할 것이라고 생각했다.

구문해설

2행 ..., the United States Navy proposed colors [that **would have given** the landmark a much different feel]. ▸ [ ]는 선행사인 colors를 수식하는 주격 관계대명사절이다. 「would have p.p.」는 '…했을 것이다'의 의미이다.

10행 The Navy **suggested** that it **(should) be painted** yellow with black stripes *to avoid* any accidents with ships. ▸ 동사 suggest의 목적어절 내용이 당위성을 나타내면 「(should+)동사원형」의 형태로 쓴다. to avoid는 목적을 나타내는 부사적 용법의 to부정사이다.

문제해설

금문교 설계 당시 미 해군이 특정 색상을 제안했다는 주어진 글에 뒤이어, 제안한 색이 무엇이었고 어떤 것을 연상시키는지를 언급한 (C)가 가장 먼저 나오고, 그 색에 대한 선호도와 한 건축가가 제시한 대안을 다룬 (B)가 이어진 후, 대안으로 제시된 '국제 오렌지색'을 부연 설명하는 (A)의 순서로 이어지는 것이 가장 자연스럽다.

08 해석 기법 pp. 24~25

A 사람들은 흔히 초록색을 봄과 관련지어 생각한다.
B 태양 전지판은 빛을 재생 가능한 에너지로 전환한다.
C 그 회사는 그를 백만 달러의 공금을 횡령한 혐의로 고소했다.

구문 훈련

1 나는 때때로 그녀를 그녀의 쌍둥이 언니로 오인한다.
2 모든 주민이 환경 훼손을 관광업의 탓으로 돌리지는 않는다.
3 일반 감기를 독감과 구별하는 법을 배우는 것은 중요하다.

4 시(詩)는 우리의 삶에서 사라진 것, 즉 상상의 즐거움에 대한 경험을 우리에게 제공한다.

7 ④

약 25~30퍼센트의 사람들이 차멀미를 겪는다. 그들의 증상은 울렁거림, 발한, 두통, 구토를 포함한다. 불행하게도, 일부 기술 발전은 차멀미를 훨씬 더 심하게 만든다. 예를 들어, 전기차는 전통적인 자동차보다 더 부드럽고 조용하다. 이것은 승객들이 차량의 움직임에 익숙해지지 못하도록 한다는 단점이 있다. 전통적인 자동차에서, 우리는 가속을 점점 커지는 엔진 소리와 연관시킨다. 그러나 전기차는 우리에게 이 기준을 허용하지 않는다. 또 다른 문제는 전기차 내부의 화면의 수이다. 그것들은 승객들이 밖을 바라보는 것을 방해한다. 이것은 그들이 공간에서 자신들의 위치를 정확하게 인식하기 더 어렵게 만들고, 이는 차멀미 증상을 악화시킨다. 미래에 완전히 자동화된 자동차는 아마 상황을 훨씬 더 나쁘게 할 것이다. 이것은 운전하는 행위가 차멀미를 예방하는 최고의 방법 중 하나이기 때문이다.

구문해설

2행 Unfortunately, some technological advances **make** car sickness *even* **worse**. ▸ make의 목적격보어로 형용사 worse가 쓰였다. even은 비교급을 강조하는 부사이다.

9행 This makes **it** harder *for them* [to correctly perceive their position in space], [which worsens the symptoms of car sickness]. ▸ it은 가목적어이고 첫 번째 [ ]가 진목적어이며, for them은 to perceive의 의미상 주어이다. 두 번째 [ ]는 앞 절 전체를 선행사로 하는 계속적 용법의 주격 관계대명사절이다.

11행 This is because the act of driving is one of the best ways [to prevent car sickness]. ▸ [ ]는 the best ways를 수식하는 형용사적 용법의 to부정사구이다.

문제해설

④ 문맥상 앞 문장의 복수명사 passengers를 가리키므로 대명사 them이 되어야 한다.

8 ⑤

1970년대 중반에, Patricia Moore라는 26세의 산업 디자이너는 80세 여성에게 삶이 어떤지 알고 싶었다. 그녀는 그녀의 시야를 흐릿하게 만드는 안경을 쓰고, 걷는 데 지팡이가 필요하도록 평평하지 않은 신발을 신었으며, 늙고 주름져 보이도록 분장까지 했다. 그녀는 계단 오르내리기, 버스 타기, 냉장고 문 열기와 같이 노인들이 직면하는 일상의 어려움을 경험하는 데 몇 년을 보냈다. 이러한 경험들은 그녀가 모든 사람이 더 쉽게 사용할 수 있는 제품들을 디자인하는 데 도움이 되었다. 오늘날 사람들은 그녀의 획기적인 제품들을 모든 연령과 능력의 사람들을 포함하는 것을 추구하는 접근법인 '유니버설 디자인'의 탄생과 관련지어 생각한다.

구문해설

2행 She **put on** glasses [that *made* her eyesight *blurry*], **wore** uneven shoes so that she needed a stick to walk, and even **put on** makeup .... ▸ 세 개의 동사 put on, wore, put on이 접속사 and로 병렬 연결되어 있다. [ ]는 선행사인 glasses를 수식하는 주격 관계대명사절이다. made의 목적격보어로 형용사인 blurry가 쓰였다.

8행 People now associate her innovations with the birth of **Universal Design**, [an approach {that seeks to include people of all ages and abilities}]. ▸ Universal Design과 [ ]는 동격이다. { }는 선행사인 an approach를 수식하는 주격 관계대명사절이다.

문제해설

Patricia Moore라는 20대 디자이너가 80대 노인의 삶을 경험해 봄으로써 모든 사람이 더 쉽게 사용할 수 있는 제품을 디자인할 수 있었다는 내용이므로, 제목으로는 ⑤ '더 나은 제품을 디자인하기 위해 노인들을 이해하는 것'이 가장 적절하다.

① 노인들을 돕는 것이 왜 중요한가
② 유니버설 디자인: 노인들만을 위한 것이 아니다
③ 노인들이 매일 직면하는 어려움
④ 80세 디자이너의 놀라운 성공

REVIEW TEST

p. 26

A 1 should 2 closing 3 have been used 4 brilliant 5 must

B 1 being 2 been 3 decorated 4 expressed

C 1 of 2 for 3 with 4 to 5 from

A

1 늦었구나! 너는 더 일찍 일어났어야 했어.
2 그 회사는 수익성이 낮은 점포들을 닫지 않을 수가 없다.
3 송로버섯은 수 세기 동안 고급 요리를 만드는 데 사용되어 왔다.
4 그 부부는 그들의 아들이 세계 모든 국가의 이름을 열거한 후에 그를 명석하다고 생각했다.
5 경찰은 어떠한 단서도 찾지 못했다. 그 도둑은 어떤 지문도 남기지 않기 위해 장갑을 착용했음이 틀림없다.

B

1 도움을 요청했던 그 아이들이 지역 수빈들에 의해 구조되고 있다.
2 믿기 힘든 양의 농작물이 메뚜기 떼에 의해 파괴되었다.
3 우리 동네에 있는 거리들이 크리스마스트리로 장식되었다.
4 일본과의 영토 분쟁에 대한 강한 불만이 중국에 의해 표출되고 있다.

03 형태와 위치가 다양한 목적어를 정복하라

09 해석 기법 pp. 28~29

A 그 자동차 회사의 회장은 올해 회사가 성장할 것이며 자사 자동차의 품질이 향상되고 있다고 생각한다.
B 연구는 버스 정류장 근처에 사는 사람들이 호흡기 질환을 앓을 위험이 더 높다는 것을 알아냈다.
C 그는 아들에게 이틀에 한 번씩 선물을 주겠다고 말했다. 그는 이것이 그 아이를 응석받이로 만들 것임을 전혀 깨닫지 못했다.
D 혹시 이 근처에 현금 자동 입출금기가 있는지 아세요?
E 나는 박사 학위를 따러 외국에 가야 할지 결정하지 못했다.

구문 훈련

1 [if there might be life forms inhabiting other galaxies] / 많은 사람들은 다른 은하계에 살고 있는 생물 형태가 있을지 궁금해한다.
2 [that friends who offer ... really rare] / 어떤 사람들은 유익한 조언과 지지를 해 주는 친구들이 정말 드물다고 말한다.
3 [the whole house was shining with light] / 가로수가 늘어선 거리에서 모퉁이를 돌았을 때, 나는 집 전체가 불빛으로 빛나고 있는 것을 알아차렸다.
4 [whether they will appear ... in a comedy] / 배우들은 비극에 출연할지 혹은 희극에 출연할지 선택할 수 있기 때문에 운이 좋다.

1 ④

페로 제도는 북대서양에 있는 여러 섬이다. 비록 그곳은 덴마크의 지배를 받지만, 자치 정부를 가지고 있다. 그 제도의 사람들은 전통적으로 둥근머리돌고래를 사냥한다. 그들은 수 세기 동안 이것을 해와서, 고래 고기와 지방은 그 지역 식단의 중요한 부분이다. 정부는 고래를 죽이는 것이 이윤을 위해 행해지는 것이 아니라고 주장한다. 비록 일부는 슈퍼마켓에서 판매되지만, 대부분의 고래 고기와 지방은 지역 사회에 무료로 분배된다. 지방 정부의 엄격한 감독하에 매년 많은 사냥이 시행된다. 각 사냥은 가능한 한 빠르고 효율적으로 이루어져야 한다는 법이 있다. 정부는 연간 평균 어획량이 약 800마리에 불과하고, 이것은 전체 둥근머리돌고래 개체 수의 적은 비율이라고 주장한다. 하지만, 환경 단체들은 이러한 관행이 계속되도록 허용되어야 하는지 여전히 의문을 제기한다.

구문해설

4행 The government insists [(that) the killing of whales is not done for profit]. ▸ [ ]는 insists의 목적어로 쓰인 명사절이다.

8행 There is a law [that says {(that) each killing must take place **as** quickly and efficiently **as possible**}]. ▸ [ ]는 선행사 a law를 수식하는 주격 관계대명사절이다. { }는 says의 목적어로 쓰인 명사절이다. 「as+부사의 원급+as possible」은 '가능한 한 …하게'의 의미이다.

9행 The government claims [that the average annual catch is only about 800 whales] and [that **this** is a small percentage of the overall pilot whale population]. ▸ [ ]는 둘 다 claims의 목적어로 쓰인 명사절이며, 접속사 and로 병렬 연결되어 있다. this는 앞에 언급된 about 800 whales를 가리킨다.

11행 However, environmental groups still question [**whether** this practice should *be allowed to continue*]. ▸ [ ]는 question의 목적어로 쓰인 명사절이다. 「whether (or not)」는 '…인지 (아닌지)'의 의미인 접속사이다. 「be allowed to-v」는 '…하도록 허용되다'의 의미이다.

문제해설

페로 제도의 전통적인 고래 사냥 문화에 대해 환경 단체가 우려를 표한다는 내용이므로, 제목으로는 ④ '페로 제도에서의 고래 사냥: 문화적 관행인가 아니면 환경 보호 문제인가?'가 가장 적절하다.
① 슈퍼마켓에서의 고래 고기 판매의 세계적인 증가
② 페로 제도 정부가 영리 목적의 현지 고래 사냥을 금지했다
③ 페로 제도의 고래 사냥에 반대하는 법의 효력
⑤ 환경론자들과 페로 제도 정부 간의 갈등의 역사

2 ②

takotsubo syndrome (TTS)으로도 알려져 있는 상심 증후군은 스트레스가 피를 내보내는 심장의 능력을 약화시킬 때 발생하는 질환이다. TTS는 가족 구성원의 죽음이나 자연재해와 같이 스트레스가 많은 사건 후에 발생할 수 있다. 놀랍게도, 연구원들은 기분 좋은 일이 일어날 때에도 사람들이 TTS에 걸릴 수 있다고 말하고, 때로는 이것을 '행복 심장 증후군'이라고 부른다. (사람들은 그들이 심장 마비를 겪을 때, 현기증과 호흡곤란 같은, TTS와 비슷한 증상을 경험한다.) 한 연구원이 takotsubo syndrome을 겪는 환자 1,750명의 자료를 분석하다가 이것을 발견했다. 감정을 자극하는 일들을 겪은 후에 진단을 받은 485명의 환자들 중 20명은 기분 좋은 일을 경험했었다. 연구원은 뇌가 극도로 긍정적인 일과 부정적인 일에 유사하게 반응하므로, 두 경우 모두 takotsubo syndrome을 유발할 수 있다는 결론을 내렸다.

구문해설

1행 Broken heart syndrome, [also known as takotsubo syndrome (TTS)], is a condition [that occurs when stress weakens the heart's ability **to pump** blood]. ▸ 첫 번째 [ ]는 Broken heart syndrome을 부연 설명하는 과거분사구로, 문장의 주어와 동사 사이에 삽입되었다. 두 번째 [ ]는 선행사인 a condition을 수식하는 주격 관계대명사절이다. to pump는 the heart's ability를 수식하는 형용사적 용법의 to부정사이다.

4행 Surprisingly, researchers say [(that) people can also get TTS when happy things occur], [sometimes referring to this as "happy heart syndrome."] ▸ 첫 번째 [ ]는 say의 목적어로 쓰인 명사절이다. 두 번째 [ ]는 동시동작을 나타내는 분사구문이다.

문제해설

스트레스가 많은 부정적인 일뿐만 아니라 기분 좋은 일이 일어난 후에도 TTS가 생길 수 있다는 내용의 글이므로, TTS와 심장 마비 증상의 유사성에 대해 언급한 ②는 글의 흐름과 무관하다.

10 해석 기법 pp. 30~31

A 그 설명서는 이 장치가 어떻게 작동하는지를 설명한다.

B 너는 이러한 상황에서 실수하는 것이 얼마나 쉬운지를 볼 수 있다.

C 네가 사업에서 성공하고 싶다면 네가 즐기는 것을 기꺼이 포기해야 한다.

D 너는 작년에 대졸자 실업률이 얼마였는지 아니?

빠바 PLUS

1 버스에서 언제 내릴지 제게 말해 주세요.

2 우리 할머니는 60대에 영어 읽는 법을 배우기 시작하셨다.

구문 훈련

1 말을 잘하는 사람이 되고 싶다면 잘 듣는 법을 배워라.

2 새로운 회사에서 너의 직위가 무엇인지 나에게 말해 줄 수 있니?

3 모든 학생과 회사원은 데이터를 백업해 놓는 것이 얼마나 중요한지 안다.

4 우선, 네가 무엇이 되고 싶은지 상상해 보고, 그다음에 네 목표를 달성하기 위해 해야 할 일을 해라.

5 네가 어떤 일을 시도하다가 실패하면, 의도했던 것에 왜 실패했는지 자문해 보아야 한다.

3 ③

자전거를 수리점에 가져간다고 상상해 보라. 당신은 수리점의 직원들에게 돈을 주고 시킨 일, 즉 자전거를 고치는 일을 할 것을 기대한다. 그들이 일을 잘한다면, 당신은 다음에 자전거를 고치러 또 갈 것이다. 그러나 그들이 일을 잘하지 않으면, 당신은 새로운 수리점을 찾게 될 것이다. 정부에 있어서도 마찬가지이다. 정부가 기대되는 바를 반드시 하게 하는 것이 시민으로서의 역할이다. 그들이 일을 잘한다면 우리는 앞으로도 그들을 신뢰할 수 있다. 만약 그들이 그렇지 않다면 우리는 왜 우리가 그들에게 다시는 투표하지 않을 것인지를 설명할 수 있다. 이런 종류의 정부에의 참여는 중요하다. 우리가 참여에 얼마나 많은 노력을 기울이는지는 우리가 생각하기에 정부가 얼마나 잘하고 있느냐에 달려 있다. 우리가 만족한다면 투표 외에 할 일은 거의 없을 것이다. 하지만 불만족한다면 우리는 아마 다른 유형의 행동을 취할 것이다.

구문해설

1행 You **expect** the workers at the shop **to do** [what you paid them to do], [which is to fix your bicycle]. ▸ 「expect A to-v」는 'A가 …할 것을 기대하다'의 의미이다. 첫 번째 [ ]는 선행사를 포함하는 관계대명사 what이 이끄는 명사절로, do의 목적어로 쓰였다. 두 번째 [ ]는 앞의 명사절을 설명하는 계속적 용법의 관계대명사절이다.

5행 **It** is our job *as* citizens [to make sure that government does {what is expected}]. ▸ It은 가주어이고 [ ]가 진주어이다. { }는 선행사를 포함한 관계대명사 what이 이끄는 명사절로, 일반동사 does의 목적어로 쓰였다. as는 '…로서'의 의미인 전치사이다.

8행 [How much effort we put into participating] depends on [how well {we think} the government is doing]. ▸ 첫 번째 [ ]는 문장의 주어로 쓰인 의문사절이다. 두 번째 [ ]는 depends on의 목적어로 쓰인 의문사절이다. { }는 삽입절이다.

문제해설

정부가 기대하는 일을 제대로 하도록 하는 것이 우리의 역할이며, 정부가 일을 잘한다면 우리는 정부를 신뢰할 것이고, 잘하지 않는다면 그들에게 투표하지 않을 이유를 설명할 수 있다고 했으므로, 글의 요지로는 ③이 가장 적절하다.

4 ②

Viktor Emil Frankl 박사는 정서적인 고통을 느끼는 것은 삶의 자연스러운 부분이며, 인간에게는 상황에 어떻게 대응할지 선택할 수 있는 능력이 있다고 생각한 오스트리아의 정신과 의사였다. 하지만 가장 중요한 것은, 그가 삶에서의 주요한 동기 부여는 의미에 대한 탐색이라고 생각했다는 것이다. Frankl에 따르면, 인생에서 이 의미를 찾기 위해서 사람들은 불가피한 고통에 대한 자신의 사고방식을 바꿔야 한다. 예를 들어, Frankl은 아내의 죽음 후에 심하게 우울증을 앓고 있던 한 남자를 돕고 있었다. 그는 그 남자에게 만약 그가 먼저 죽고 아내가 그 없이 살아야 했다면 어떻게 되었을지 생각해 보라고 했다. 그 남자는 자신의 슬픔과 고통이 아내는 그가 겪고 있는 일을 경험하지 않아도 된다는 것을 의미한다는 것을 깨달았다. 이것은 그의 우울증을 끝내는 데 도움이 되었다.

구문해설

7행 He asked the man to think about [what **would have happened if** he **had died** first and his wife **had *been forced*** *to live* without him]. ▸ [ ]는 전치사 about의 목적어로 쓰인 의문사절이다. 「If+주어+had+p.p., 주어+조동사의 과거형+have+p.p.」는 가정법 과거완료로, 과거 사실과 반대되는 일을 가정하는데, 이 문장에서는 if가 이끄는 절이 주절의 뒤에 온 형태이다. 「be forced to-v」는 '(어쩔 수 없이) …하게 되다'의 의미이다.

9행 The man realized [(that) his own grief and pain meant {that his wife did not have to experience 〈what he was going through〉}]. ▸ [ ]는 realized의 목적어로 쓰인 명사절로, 앞에 접속사 that이 생략되었다. { }는 meant의 목적어로 쓰인 명사절이다. 〈 〉는 선행사를 포함하는 관계대명사 what이 이끄는 명사절이다.

문제해설

빈칸 뒤에 아내의 죽음 후 우울증을 앓던 한 남자가 자신이 먼저 죽었다면 아내가 겪었을 고통을 생각함으로써 현재 자신의 슬픔과 고통의 의미를 깨닫고 우울증을 극복했다는 내용의 예시가 나오므로, 빈칸에는 ② '불가피한 고통에 대한 자신의 사고방식을 바꾸다'가 들어가는 것이 가장 적절하다.

① 미래를 생각하고 과거를 잊다

③ 다른 사람에 대해 걱정하는 것을 멈추고 자기 자신에게 집중하다
④ 자신을 행복하게 만드는 것과 그렇지 않은 것을 알아내다
⑤ 더 많은 책임을 받아들임으로써 자신의 자유를 포기하다

11 해석 기법 pp. 32~33

A 많은 사람들이 손가락으로 다른 사람을 가리키는 것을 무례하다고 여긴다.
B 나는 외국에서 사는 것이 힘들다고 생각했다.
C 고객들은 그 온라인 쇼핑몰이 배송 서비스를 제공하는 것이 편리하다고 생각한다.

구문 훈련

1 [to relax on an airplane] / 비행 공포증이 있는 사람들은 비행기에서 긴장을 푸는 것이 불가능하다고 생각한다.
2 [to call people by their first name ... do so] / 미국인들은 그렇게 하도록 요청받지 않고 사람들을 그들의 이름으로 부르는 것을 무례하다고 여긴다.
3 [to learn some key phrases in the local language] / 해외여행을 하는 동안, 너는 현지 언어로 몇몇 주요 어구들을 배워 두는 것이 도움이 된다고 생각할지도 모른다.
4 [to imagine how someone could see ... it is] / 수 세기 전, 사람들은 어떤 물체가 무슨 색깔인지 보지 못하면서 누군가가 그것을 어떻게 볼 수 있을지 상상하기는 어렵다고 생각했다.
5 [to flow] / 사람이 잠이 들자마자, 신경계를 자극하는 호르몬 수치는 떨어지기 시작한다. 그 결과, 혈관이 이완되는데, 이것은 혈액이 흐르는 것을 더 용이하게 해 준다.

5 ③

지역 슈퍼마켓에서 판매 중인 많은 제품들에는 더 흔하게는 BPA로 알려진, 비스페놀 A라고 불리는 화학 물질이 들어 있다. BPA는 음식 용기와 젖병을 만드는 데 사용되는 플라스틱 안에서 발견될 수 있다. 그것은 또한 금속 통조림 내부를 보호하는 데 사용된다. 이런 제품들은 음식물을 통해 사람들이 BPA에 노출되게 할 수 있다. 이는 BPA가 이런 용기로부터 새어나와 음식물 안에 직접 들어갈 수도 있기 때문이다. BPA는 그것의 구조가 자연 호르몬의 구조와 비슷하기 때문에 몸에 해롭다. (호르몬은 분비선에 의해 생성되어 혈류로 방출된다.) 이 유사성은 필수적인 신체 기능이 부정적으로 영향받기 쉽게 만든다. BPA가 금지되어야 하는지 아닌지는 논란이 많지만, 많은 전문가들은 BPA가 들어 있는 제품을 사용하는 것이 현명하지 못하다고 여긴다.

구문해설

1행 Many products for sale at local supermarkets contain a chemical [called bisphenol A], [more commonly known as BPA]. ▸ 첫 번째 [ ]는 a chemical을 수식하는 과거분사구이고, 두 번째 [ ]는 bisphenol A를 부연 설명하는 과거분사구이다.

2행 BPA can be found in plastics [used {to make food containers and baby bottles}]. ▸ [ ]는 plastics를 수식하는 과거분사구이다. { }는 목적을 나타내는 부사적 용법의 to부정사구이다.

8행 This similarity makes **it** *easy for vital bodily functions* [to be negatively affected]. ▸ it은 가목적어이고 [ ]가 진목적어이며, for vital bodily functions는 to be의 의미상 주어이다.

9행 [**Whether or not** BPA should be banned] is controversial, but many experts consider *it* unwise [to use products that contain BPA]. ▸ 첫 번째 [ ]는 문장의 주어로 쓰인 명사절이고, 「whether (or not)」는 '…인지 (아닌지)'의 의미인 접속사이다. it은 가목적어이고 두 번째 [ ]가 진목적어이다.

문제해설

BPA가 함유된 제품들은 자연 호르몬과의 구조상의 유사성 때문에 인체에 해로운 영향을 미친다는 내용의 글이므로, 호르몬이 생성되고 분비되는 과정에 대해 언급한 ③은 글의 흐름과 무관하다.

 ④

우리가 피로감을 겪을 때, 그것은 신체적인 것처럼 보일 수 있다. 하지만, 연구는 이런 느낌이 실제로는 몸에서 비롯되지 않는다는 것을 보여 준다. 사람들이 운동으로 기진맥진하다고 할 때조차도, 그들의 근육 조직에는 몇 분 동안 더 계속할 수 있는 힘이 아직 충분히 있다. 이는 잠재적인 부상을 방지하기 위해서 우리가 신체적인 한계에 도달하기 전에 운동을 멈추도록 우리에게 메시지를 보내는 것이 사실상 바로 뇌이기 때문이다. 하지만, 과학자들은 뇌를 속이는 것이 가능하다는 것을 알아냈다. 예를 들어, 자전거를 타는 선수들의 뇌에 약한 전류를 흘려보내는 것은 그들의 기량을 10퍼센트 증가시켰다. 그리고 다른 선수들은 기온에 관한 잘못된 정보가 주어졌을 때, 더운 환경에서 성과의 향상을 보여 주었다.

구문해설

4행 Even when people **report being** exhausted from exercise, there is still enough energy in their muscle tissues [to continue on for several minutes more]. ▸ 동사 report는 동명사를 목적어로 쓴다. [ ]는 enough energy를 수식하는 형용사적 용법의 to부정사구이다.

6행 ... **it is** actually the brain **that** sends(V) us(O_1) the message(O_2) to stop exercising before we reach our physical limit *in order to prevent* potential injuries. ▸ 「it is ... that ~」 강조구문으로, '~하는 것은 바로 …이다'의 의미이다. 「in order to-v」는 '…하기 위해서'의 의미이다.

9행 And other athletes have shown improvements in their performance in hot conditions [when (they were) given incorrect information about the temperature]. ▸ [ ]는 접속사 when이 이끄는 부사절에서 「주절의 주어와 동일한 주어+be동사」가 생략된 형태이다.

문제해설

주어진 문장은 과학자들이 (운동을 더 오래 지속할 수 있게) 뇌를 속이는 것이 가능하다는 사실을 알아냈다는 내용이므로, 그 근거가 되는 구체적인 예시를 들고 있는 내용 앞인 ④에 들어가는 것이 가장 적절하다.

12 해석 기법 pp. 34~35

A 너는 이 3주간의 강좌를 통해 네 자신에 대해 얼마나 많이 알게 될지 상상도 못할 것이다.

B 이러한 추세가 그 종의 미래에 어떤 영향을 미칠지 과학자들은 아직 알아내지 못했다.

C 그 작가는 자신이 의도했든 아니든 간에, 그 연극의 구성을 망쳤다.

구문 훈련

1 what kind of career you're interested in / 너는 자기소개서에 네가 관심이 있는 직종이 무엇인지를 써야 한다.

2 The little money that he had / 그는 자신이 가진 얼마 안되는 돈을 쌀과 값싼 채소, 양념을 사는 데 썼다.

3 What the world of ... from now / 지금으로부터 50년 후에 우리 손주들의 세상이 어떠할지 우리는 모른다.

4 how the information explosions have affected businesses / 이제 Thomas Davenport가 정보 폭발이 사업체들에게 어떻게 영향을 미쳐 왔는지 우리에게 말해 줄 것이다.

5 how she intended to improve the school / 그 학생 회장은 자신의 동료 학생들에게 자신이 학교를 어떻게 개선하려고 하는지를 설명했다.

7 ②

오늘날의 상호 연결된 세상에서 사람들은 소수의 지배 언어에 크게 의존한다. 그것이 국제 협력을 개선할지라도, 이는 취약한 언어를 위협함으로써 심각한 문제를 일으킨다. 젊은 세대들이 먼저 이중 언어 사용자가 되고 난 다음 그들의 전통적인 언어를 서서히 쓰지 않으면서, 많은 언어들이 천천히 사라진다. 이런 일이 발생하지 않도록 노력하는 것이 중요하다. 언어는 문화와 함께 엮여 있으며, 그 언어로 말하는 사람들에게 중요한 것을 반영한다. 문화가 발달하면서, 그것의 언어는 문화와 함께 성장하며 변화한다. 하지만 언어가 없어지면 그 문화는 위험에 처한다. 과거의 이야기와 교훈을 전해주는 언어가 없다면, 문화는 그야말로 사라질 수 있을 것이다.

구문해설

2행 This causes a serious problem, even though it improves international cooperation, **by threatening** vulnerable languages. ▸ 「by v-ing」는 '…함으로써'의 의미이다.

5행 **It** is important [that efforts are made to *prevent* this *from happening*]. ▸ It은 가주어이고 [ ]가 진주어이다. 「prevent A from v-ing」는 'A가 …하는 것을 막다'의 의미이다.

9행 **Without** a language [to pass down stories and lessons from the past], the culture **could** simply **disappear**. ▸ 「Without ..., 주어+조동사의 과거형+동사원형」은 현재 사실과 반대되는 일 또는 현재나 미래에 실현 가능성이 거의 없는 일을 가정하는 가정법 구문이다. 이때 Without은 'But for'나 'If it were not for'로 바꿔 쓸 수 있다. [ ]는 a language를 수식하는 형용사적 용법의 to부정사구이다.

문제해설

문화와 언어는 엮여 있어 취약한 언어가 사라질 때 해당 문화도 같이 사라질 수 있다고 했으므로, 주제로는 ② '소멸 위기에 처한 언어들이 보호되어야 하는 이유'가 가장 적절하다.

① 고유한 문화를 유지하는 것의 어려움
③ 언어가 어떻게 역사적으로 사회에서 기능해 왔는가
④ 국가가 사라지게 할 수 있는 문제들
⑤ 국가들은 외국어를 어떻게 차용하는가

8 ②

업보의 개념은 모든 행동이 이번 생이든 다음 생이든 어떤 결과를 초래한다는 것을 시사한다. 본질적으로, 업보는 씨앗과 같아서 당신이 심은 대로 결국 거두게 될 것이다. 예를 들어, 한 남자가 온라인에서 익명성의 가림막 아래에서 다른 사람들을 계속 괴롭혀 왔다. 하지만 결국은 그의 신원이 노출되었고 그에 대한 법적 조치가 취해졌다. 또 다른 예로, 한 대규모 회사의 CEO는 공장에서 나오는 폐기물을 올바르게 처리하기 위해 필요한 값비싼 비용을 지불한 반면, 그녀의 경쟁 업체들은 자신들의 폐기물들을 그 지역 강에 그냥 방류하였다. 후에 정부 조사를 통해 경쟁 업체들의 행실이 밝혀졌다. 그들은 막대한 벌금을 내야 했고 결국 파산했다. 이러한 사례는 우리가 행동의 결과를 당장 보지 못하더라도 도덕적인 삶을 사는 것이 중요하다는 것을 일깨워 준다.

구문해설

1행 The concept of karma suggests [that every action has a consequence, **whether** in this life **or** the next]. ▸ [ ]는 suggests의 목적어로 쓰인 명사절이다. 「whether A or B」는 'A이든 B이든'의 의미이다.

6행 ..., expensive fees [to dispose of waste from its factory correctly], while her rivals simply dumped their waste from their factories into local rivers. ▸ [ ]는 목적을 나타내는 부사적 용법의 to부정사구이다.

10행 These examples remind us [that {living a moral life} matters, **even if** we don't immediately see the results of our actions]. ▸ [ ]는 remind의 직접목적어로 쓰인 명사절이다. { }는 주어로 쓰인 동명사구이다. even if는 '비록 …일지라도'의 의미인 접속사이다.

문제해설

모든 행동은 이번 생이든 다음 생이든 결과를 가져오게 되어 있다는 업보의 개념을 설명하며, 우리가 취하는 행동의 결과가 당장 눈에 보이지 않더라도 도덕적인 삶을 사는 것이 중요함을 보여 주는 두 가지 예시를 제시하고 있다. 따라서, 밑줄 친 부분이 의미하는 바로 가장 적절한 것은 ② '긍정적인 행동과 부정적인 행동 모두 그에 상응하는 결과를 가져올 것이다.'이다.

① 불확실성의 원리 때문에 모든 현상이 합리적인 것은 아니다.
③ 인간의 본성은 사람들이 추구하는 것과 그들이 찾는 것에서 비롯된다.
④ 작은 행동이 때때로 통제할 수 없는 결과를 초래할 수 있다.
⑤ 사람은 누구의 도움 없이 스스로 문제를 해결해야 한다.

REVIEW TEST

p. 36

A **1** whether **2** it **3** to live **4** what **5** that
6 that

B **1** where to put **2** how to use **3** how to eat
4 what to do **5** when to hand in

C **1** what the writer intended
2 when you would come home
3 what made the whole system stop
4 how much the novel influences society
5 if the price includes all meals and accommodation

A

1 그녀는 내게 커피에 설탕을 넣는 게 좋은지 물었다.
2 나는 밤에 수영장에서 수영하는 것이 매우 신난다는 것을 알게 되었다.
3 일 년 내내 따뜻한 기후는 이곳에서 사는 것을 즐겁게 만들어 준다.
4 나는 그 남자를 한 번도 만난 적이 없기 때문에, 너에게 그가 어떻게 생겼는지 말해 줄 수 없다.
5 그는 내게 자신이 택시 기사가 되기 전에 식당 종업원이었다고 말했다.
6 나는 Kay에게 전화해서 우리의 계획에 약간의 문제가 있다고 말했다.

C

1 평론가들은 그 작가가 무엇을 의도했는지 알아내려고 노력했다.
2 너희 아버지께서 나에게 네가 언제 집에 올 것인지 물어보셨다.
3 그 기술자는 무엇이 전체 시스템을 멈추게 했는지 알아내지 못했다.
4 이번 주의 특집 기사는 그 소설이 사회에 얼마나 많은 영향을 미치는지에 관한 것이다.
5 나는 그 가격이 모든 식사와 숙박을 포함하는지 궁금하다.

04 보어는 불완전함을 보충한다

13 해석 기법

pp. 38~39

A 나의 가장 소중한 어린 시절의 추억은 무수한 별들 아래에서 야영하던 것이다.
B 이 공연의 유일한 목적은 자선기금을 모으는 것이다.
C 내가 확신할 수 없는 것은 시즌이 시작되기 전에 그의 부상이 완전히 나을지 여부이다.

구문 훈련

1 going to the movies / 그가 가장 좋아했던 것은 영화를 보러 가는 것이었다.
2 selling cosmetics / 백화점에서 그 여자의 일은 화장품을 판매하는 것이다.
3 how they handle losing / 승자와 패자 사이의 한 가지 차이는 그들이 패배를 어떻게 다루느냐이다.
4 to turn off ... a room / 지구 온난화를 줄이는 한 가지 쉬운 방법은 방을 나갈 때 불을 끄는 것이다.
5 to bore them with unnecessary reminders / 그들에게 이전 작업의 연구 결과를 되풀이하는 것은 불필요한 상기로 그들을 지루하게 만드는 것이다.
6 why a person ... must be covered / 우리의 체온은 잠을 자는 동안 떨어지는데, 그것이 잠을 자고 있는 사람은 (뭔가로) 덮여 있어야 하는 이유이다.

1 ④

영리하고 귀여워서, 고양이는 전 세계 사람들에게 사랑을 받는다. 그것이 바로 1960년대에 CIA가 고양이가 완벽한 스파이가 될 것이라는 결정을 한 이유이다. 아무도 고양이가 정부를 위해 일한다는 의심을 하지 않을 거라고 여겨졌다. 암컷 고양이 한 마리를 고른 후에, 의사들은 수술로 그 고양이의 가슴에 아주 작은 발신기를 넣었고, 고양이의 귀에는 마이크를, 그리고 척추를 따라서는 안테나를 넣었다. 수술을 하는 것은 그리 힘들지 않았다. 하지만 고양이는 너무나 고집이 센 동물이기 때문에 고양이를 훈련시키는 일은 상당히 어려운 것으로 드러났다. 마침내, 5년의 훈련 뒤에, CIA는 그들의 동물 요원이 준비되었다는 결론을 내렸다. 그래서, 그들은 소비에트 연방 출신의 두 남자 사이의 대화를 녹음하기 위해 그 고양이를 보냈다. 유감스럽게도, 그 고양이는 불과 몇 발자국을 뗀 후에 지나가던 택시에 치였다. 이 성공하지 못한 실험의 결과로, 고양이를 이용한다는 발상은 단념되었다.

구문해설

3행 [(Being) Clever and cute], cats are beloved by people around the world. ▸ [ ]는 문두에 Being이 생략된 형태의 분사구문으로, 이유를 나타낸다.

12행 As a result of this unsuccessful experiment, the idea of [using cats] was abandoned. ▸ the idea와 [ ]는 동격이다.

문제해설

주어진 문장의 they는 ④ 앞 문장의 the CIA를, her는 their animal agent를 가리키고 있으므로, 주어진 문장은 ④에 들어가는 것이 가장 적절하다.

2 ③

많은 고대 문화에서 발견되는 한 가지 전통은 죽은 사람들을 음식, 무기, 의복과 같이 그들이 사후 세계에서 필요로 할지도 모르는 물건들과 함께 묻는 것이다. 하지만 서쪽 노르웨이의 고고학자들은 초기 철기 시대까지 거슬러 올라가는 한 무덤 속에서 뜻밖의 물품을 발견했는데, 바로 보드게임이었다. 게임판 자체는 빠져 있었지만, 고고학자들은 주사위와 게임용 말들을 발견했다. 그들은 보드게임이 고인이 부유했다는 표시라고 생각한다. 이는 보드게임이 고대 문명에서 사회적 지위와 권력의 상징이었기 때문이다. 교육은 받았지만 일할 필요가 없는 사람만이 게임을 하며 시간을 보낼 수 있었다. 보드게임을 매장한 그럴듯한 목적은 고인에게 내세에서의 오락거리를 제공하기 위함이었다.

구문해설

1행 One tradition [found in many ancient cultures] is [burying the dead with things {(that) they might need in the afterlife}, such as food, weapons, and clothing]. ▸ 첫 번째 [ ]는 One tradition을 수식하는 과거분사구이다. 두 번째 [ ]는 주격보어로 쓰인 동명사구이다. { }는 선행사인 things를 수식하는 목적격 관계대명사절로, 목적격 관계대명사가 생략되었다.

5행 They believe [that the board game was **an indication** {that the dead person was wealthy}]. ▸ [ ]는 believe의 목적어로 쓰인 명사절이다. an indication과 { }는 동격이다.

8행 Only someone [who was educated and didn't need to work] could **spend** time **playing** them. ▸ [ ]는 선행사인 someone을 수식하는 주격 관계대명사절이다. 「spend+시간+v-ing」는 '…하는 데 (시간)을 보내다'의 의미이다.

9행 The likely purpose of [burying the board game] was [to provide the dead person with entertainment in the next world]. ▸ 첫 번째 [ ]는 전치사 of의 목적어로 쓰인 동명사구이다. 두 번째 [ ]는 주격보어로 쓰인 명사적 용법의 to부정사구이다.

문제해설

초기 철기 시대 당시의 한 무덤 속에서 뜻밖의 물품인 보드게임 부속품이 발견되었으며, 고대 문명에서 보드게임은 고인의 사회적 지위와 권력의 상징이었다는 내용이므로, 제목으로는 ③ '보드게임이 있기에는 뜻밖의 장소'가 가장 적절하다.

① 부자들의 무덤 장식하기
② 서쪽 노르웨이의 매장 의식
④ 보드게임의 기원 발견하기
⑤ 게임을 함으로써 과거에 대해 배우기

14 해석 기법 pp. 40~41

A 그는 빨간 드레스를 입은 여자가 굉장히 아름답다고 생각했다.
B 개인 트레이너들은 저희 헬스장의 각 회원이 그들의 건강을 증진하도록 도울 것입니다.
C 엄청난 폭우는 매년 이 나라에 사는 수천 명의 사람들이 집을 잃게 한다.

빠바PLUS

1 그들은 나중에 자신들이 큰 어려움에 처해 있음을 알게 될 것이다.
2 그는 그 당시에 휴가를 가는 것이 불가능하다고 생각했다.

구문 훈련

1 [wondering what to do next] / 허리케인은 많은 사람들이 다음에 무엇을 해야 할지 모르게 했다.
2 [less difficult] / 대체로, 뱃노래를 부르는 것이 그들의 선상 체류를 덜 힘들게 해 주었다.
3 [dry and burnt], [greasy] / 너무 적은 식용유는 팝콘을 마르고 타게 하고, 너무 많은 식용유는 그것을 기름지게 한다.
4 [of no use] / 만약 네가 아는 것을 실천하지 않으면, 너는 곧 너의 지식이 아무 소용없음을 알게 될 것이다.
5 [such powerful carriers of ideology] / 이러한 외관상의 객관성이 고무하는 그 신뢰가 지도를 매우 강력한 이데올로기의 전달자로 만드는 것이다.

3 ③

쇼핑몰 안에 들어가 본 적이 있다면, 당신은 아마도 시계나 창문이 없다는 것을 눈치챘을 것이다. 그 이유는 '시간 왜곡'이라고도 알려진, 우리의 시간에 대한 인식에 변화를 만들기 위한 것이다. (B) 당신은 비디오 게임을 하면서 이 현상을 경험했을 것이다. 몇 분간 게임을 한 것 같았지만, 실제로는 몇 시간이었던 것이다. 이는 게임 환경이 시간이 얼마나 지났는지 알기 어렵게 만들기 때문이다. (C) 같은 일이 쇼핑몰 안에서도 발생한다. 우리는 결국 쇼핑하는 데 더 많은 시간을 보내게 되며, 이는 뇌가 너무 많은 결정을 내리느라 지치도록 이끈다. 이는 우리가 형편없는 의사결정을 내리기 더 쉽게 두어서 좋지 않은 구매를 하도록 만든다. (A) 예를 들어, 우리는 결국 실제로 원하거나 필요로 하지 않는 물건들을 구매하게 되고, 나중에는 그 구매를 후회할지도 모른다. 이는 쇼핑몰이 우리를 압도하도록 교묘하게 설계되어 우리가 충동 구매를 하도록 내몰리기 때문에 발생한다.

구문해설

2행 The reason for this is [to create a change in our perception of time, also known as a "temporal distortion."] ▸ [ ]는 주격보어로 쓰인 명사적 용법의 to부정사구이다.

8행 This is because the gaming environment makes **it** difficult [to tell how much time has passed]. ▸ it은 가목적어이고 [ ]가 진목적어이다.

13행 This leaves us more susceptible to poor decision-making, [causing us to make bad purchases]. ▸ [ ]는 결과를 나타내는 분사구문이다.

문제해설

쇼핑몰에 시계나 창문이 없는 이유가 우리의 시간에 대한 인식에 변화를 주기 위한 것이라는 주어진 글에 이어, 비디오 게임을 하면서 이와 같은 현상을 경험하게 된다는 내용의 (B)가 오고, 이와 마찬가지로 쇼핑몰에서도 시간을 많이 보내면 뇌가 지쳐 결국 잘못된 구매를 하게 된다는 내용의 (C)가 이어진 후, 마지막으로 이는 쇼핑몰이 충동 구매를 유도하도록 교묘하게 설계되어 있기 때문이라는 내용의 (A)의 순서로 이어지는 것이 가장 자연스럽다.

4 ⑤

Triboulet은 15세기 프랑스에서 태어났다. 그의 신체는 다른 사람들의 신체와 다르게 생겼다. 그는 짧고 구부러진 다리와 긴 팔을 가졌다. 사람들은 그의 생김새를 놀려 댔지만, Triboulet은 그것을 그저 그의 유머 감각의 일부로 만들었다. 그는 너무 웃겨서 왕을 웃게 하는 것이 그의 직업이었다. 하지만 Triboulet은 웃기기만 한 것이 아니었다. 그는 또한 매우 대담했다. 어느 날 Triboulet은 심각한 곤경에 처했다. 왕의 엉덩이를 때리기로 결심한 것이었다. 왕은 이를 재미있다고 여기지 않았으며 사과를 요구했다. Triboulet은 "죄송합니다. 전하를 알아보지 못했습니다! 왕비님인 줄 알았습니다!"라고 말하며 사죄했다. 왕은 이마저도 더 재미없다고 생각했다. 그는 그에게 사형을 내리기로 결심했다. 그리고 Triboulet에게 그가 어떻게 죽을지 선택하도록 했다. Triboulet은 "늙어서 죽는 것을 선택하겠습니다."라고 바로 대답했다. 왕은 이 영리한 대답이 마음에 들어서 형을 취소했다.

구문해설

1행 His body looked different from **those** of other people. ▸ those는 앞서 나온 bodies를 대신한다.

4행 He was **so** funny **that** it was his job to make the king laugh. ▸ 「so+형용사/부사+that ~」은 '너무 …해서 ~이다'의 의미이다.

9행 The king **found** this *even* less **amusing**. ▸ found의 목적격보어로 현재분사 amusing이 쓰였다. even은 비교급을 강조하는 부사이다.

10행 He **allowed** Triboulet **to choose** [how he would die]. ▸ 「allow A to-v」는 'A가 …하게 해주다'의 의미이다. [ ]는 choose의 목적어로 쓰인 의문사절로, 「의문사+주어+동사」의 어순을 따른다.

문제해설

⑤는 왕을 가리키고, 나머지는 모두 Triboulet을 가리킨다.

15 해석 기법

pp. 42~43

A 그는 이상하게 생긴 벌레가 그의 팔 위에서 기어다니는 것을 보고 그것이 창문을 통해 날아가게 했다.

B 빅토리아 여왕은 자국민들이 독서를 하도록 장려했다.

C 그 회사는 조기 퇴직을 원하는 사람들에게 구비 서류를 제출하라고 요청했다.

구문 훈련

1 [not to go backpacking alone] / 그의 부모님은 그가 혼자 배낭여행을 가지 않도록 설득했다.

2 [to fix my laptop] / 나는 그녀에게 주말 동안 시간이 있으면 내 노트북을 수리해 달라고 부탁했다.

3 [spend some time with the sick children] / 그 병원장은 학생 자원봉사자들이 아픈 아이들과 시간을 보내게 했다.

4 [pass under the street light and cross the street] / George는 창문을 통해 그들이 가로등 아래를 지나 길을 건너는 것을 지켜보았다.

5 [to follow reason] / 상업의 융성과 권위주의적인 종교의 쇠락이 17세기 유럽에서 과학이 이성을 따르게 해주었다.

5 ③

오늘날, 인터넷과 디지털 자료를 편집하기 위한 신기술의 도래와 함께, 이전의 여느 때보다도 더 많은 사람들이 예술적인 창작물을 창조하여 그것을 세상과 공유할 수 있다. 그렇지만, 많은 비평가들은 이것이 우리로 하여금 진정으로 위대한 예술품을 만드는 것에 대한 우리의 감각을 잃어버리게 하고 있다는 우려를 표해오고 있다. 위대한 예술품은 세상에 대한 우리의 인식에 도전하고, 우리의 생각과 감정을 영원히 바꾼다. 예술가들은 신기술이 창조적인 과정에 사용될 수 있는 도구에 불과하다는 것을 기억해야 한다. 다시 말해서, 현대 예술가의 목표는 기술 그 자체를 위해 단순히 그것을 활용하는 것이 되어서는 안된다. 오히려, 대중이 새롭고 놀랄 만한 경험을 갖게 해줄 독특한 창조물을 만들어 내는 것이 되어야 한다.

구문해설

3행 Many critics, though, have expressed **concern** [that this is *causing* us *to lose* our sense of {what makes truly great art}]. ▸ concern과 [ ]는 동격이다. 「cause A to-v」는 'A가 …하게 하다'의 의미이다. { }는 선행사를 포함하는 관계대명사 what이 이끄는 명사절로, 전치사 of의 목적어로 쓰였다.

8행 Rather, **it** should be [to produce unique creations {that will *allow* the public *to have* new, eye-opening experiences}]. ▸ it은 앞 문장의 the goal of the modern artist를 가리킨다. [ ]는 주격보어로 쓰인 명사적 용법의 to부정사구이다. { }는 선행사인 unique creations를 수식하는 주격 관계대명사절이다. 「allow A to-v」는 'A가 …하게 해주다'의 의미이다.

문제해설

예술가는 신기술을 창조적인 과정에 사용될 수 있는 도구로만 사용해야 하며, 현대 예술가의 목표는 대중들이 새로운 경험을 하게 해주는 독특한 창조물을 만들어 내는 것이 되어야 한다고 했으므로, 필자의 주장으로 가장 적절한 것은 ③이다.

6 ④

Harriet Beecher Stowe가 1852년에 소설 「톰 아저씨의 오두막」을 출간했을 때, 그것은 미국에 중대한 영향을 미쳤다. 그 당시, 그 국가의 남부 지역에서는 노예 제도가 여전히 합법이었다. 그 책의 반(反)노예제에 대한 메시지는 북부 지역 주(州)의 사람들로 하여금 노예 제도가 얼마나 나쁜지 깨닫기 시작하게 했다. 이는 부분적으로는 Stowe가 독자들이 그녀의 소설 속 노예들에 공감할 수 있게 한, 아주 개인적이고 허물없는 문체를 썼기 때문이었다. Stowe의 소설은 신문 기사나 정치적인 연설보다도 더 강한 영향을 미쳤다. 그것은 많은 평범한 미국인들로 하여금 자신이 세상을 더 나은 곳으로 만드는 것을 도울 수 있다고 믿도록 고무했다. 「톰 아저씨의 오두막」이 출간되고 9년 후에 남북 전쟁이 시작되었는데, 이는 결국 노예 제도의 종식으로 이어졌다.

구문해설

3행 The book's anti-slavery message **made** people in the Northern states **begin** to realize just [how bad slavery was]. ▸ 사역동사 made의 목적격보어로 동사원형이 쓰였다. [ ]는 realize의 목적어로 쓰인 의문사절로, 「의문사+주어+동사」의 어순을 따른다.

5행 ... Stowe wrote in a very personal, informal style

[that **enabled** readers **to empathize** with the slaves in her novel]. ▸ [ ]는 선행사인 a very personal, informal style을 수식하는 주격 관계대명사절이다. 「enable A to-v」는 'A가 …을 할 수 있게 하다'의 의미이다.

7행 It **inspired** many ordinary Americans **to believe** [that they could *help make* the world a better place]. ▸ inspire는 목적격보어로 to부정사를 쓰는 동사이다. [ ]는 believe의 목적어로 쓰인 명사절이다. help는 to부정사와 동사원형을 둘 다 목적어로 쓸 수 있다.

문제해설

소설 「톰 아저씨의 오두막」에 담긴 반(反)노예제에 대한 메시지가 당시 미국인들에게 큰 영향을 주어 결국 노예 제도의 종식으로 이어졌다고 설명하고 있으므로, 주제로는 ④ '미국인들이 노예 제도에 등을 돌리게 하는 데 도움을 준 소설'이 가장 적절하다.

① 남북 전쟁으로 이어진 문제들
② 베스트셀러 소설을 쓴, 과거에 노예였던 사람
③ 남북 전쟁에 관한 한 사실주의 소설
⑤ 미국에서 노예 제도가 합법이었던 이유들

16 해석 기법 pp. 44~45

A 나는 그가 질문에 답할 때 그의 목소리가 떨리는 것을 들었다.
B 그는 한 작은 아이가 수영장에 빠진 것을 보고 그를 구하려고 애썼다.
C 나는 방 전체에 유리 조각들이 흩어져 있는 것을 보았을 때 깜짝 놀랐다.
D 그들은 몇 주 전에 그들의 새 아파트로 그 가구들을 배송시켰다.

구문 훈련

1 called / 그는 자신의 이름이 불리는 것을 듣고 멈춰 섰지만, 아무도 보이지 않았다.
2 interested / Kate는 스페인인 친구가 생겨서, 스페인어를 배우는 것에 점점 흥미를 느끼고 있다.
3 frustrated / 컴퓨터에 대해 잘 모르시는 나의 할아버지는 그것을 사용하실 때 쉽게 좌절하신다.
4 coming / 그가 다시 고개를 들어 보았을 때, 그는 자신의 직장으로 바로 가는 다른 버스가 오고 있는 것을 보았다.
5 relaxed, heard, listened / 너와 소통하는 사람들은 자신들의 말이 경청된다고 느낄 때 네 곁에서 훨씬 더 편안할 것이다.

7 ⑤

뭔가를 말하고 싶었지만 자신이 정확한 단어를 기억해 내느라 애쓰고 있음을 알게 된 적이 있는가? 이것은 설단 현상이라고 불린다. 그것을 유발할 수 있는 다른 몇 가지 것들이 있다. 어떤 경우에, 그것은 당신이 지쳐 있기 때문에 발생한다. 다른 경우에는, 누락된 정보에 대한 불충분한 기억을 가지고 있어서 발생한다. 원인이 무엇이든 간에, 당신은 바라는 정보를 기억해 내려고 애쓰지 말아야 하는데, 이것이 나중에 기억해 내는 것을 더 어렵게 할 수 있기 때문이다. 이 상황을 해결하는 더 나은 방법은 그냥 온라인으로 검색해 보는 것이다. 당신이 일단 그 단어를 찾으면, 그 단어를 소리 내거나 조용히 계속 반복함으로써 그 고리를 끊을 수 있다. 이것은 절차 기억이라고 불리는 것을 만들어 내는데, 절차 기억은 그 단어가 다시 잊혀질 가능성을 높일(→ 낮출) 것이다.

구문해설

5행 **No matter what** the cause is, you shouldn't struggle to remember the desired information, as this can *make* it *more difficult* [to recall in the future]. ▸ 「no matter what ...」은 '무엇이 …이더라도'의 의미로, 복합관계대명사 whatever와 바꿔 쓸 수 있다. make의 목적격보어로 형용사의 비교급 more difficult가 쓰였다. it은 the desired information을 가리키는 대명사이다. [ ]는 형용사인 difficult를 수식하여 정도를 나타내는 부사적 용법의 to부정사구이다.

9행 This creates something [called a procedural memory], [which will lower the chances of **the word** {being forgotten again}]. ▸ 첫 번째 [ ]는 something을 수식하는 과거분사구이다. 두 번째 [ ]는 선행사인 a procedural memory를 부연 설명하는 계속적 용법의 주격 관계대명사절이다. { }는 전치사 of의 목적어로 쓰인 동명사구이며, the word는 동명사 being forgotten의 의미상 주어이다.

문제해설

⑤ 설단 현상을 해결하기 위한 한 가지 좋은 방법은 생각이 나지 않는 단어를 온라인으로 검색해서 여러 번 반복하는 것이고, 이것이 절차 기억을 만들어 낸다고 했으므로 절차 기억이 그 단어를 다시 잊어버릴 가능성을 낮춘다는 것을 추론할 수 있다. 따라서, raise를 lower 등으로 고쳐야 한다.

8 ②

간혹 VAA라고 불리는 투표자 조언 애플리케이션은 짧은 온라인 설문이다. VVA를 하는 유권자들은 사회 문제에 대한 자신의 의견을 정당의 정책과 연결시킨다. VAA는 사용자들로 하여금 이 정책들에 대해 더 조사하고 선거들에 더 많이 참여하도록 장려함으로써 그들을 정치 과정에 참여시킨다. 그것은 또한 사용자들이 누구에게 투표할지 결정하는 데 도움을 준다. 게다가, 대부분의 VAA는 익명으로 데이터를 수집하고 저장하여, 그것이 국가의 정치 상황에 대한 유용한 보고서를 만드는 데 사용되게 해준다. 현재 VAA는 네덜란드, 독일, 핀란드를 포함하여 많은 유럽 국가들에서 인기가 있다. 그것은 머지않아 전 세계에서 더 널리 이용될 것으로 예상된다.

구문해설

2행 Voters [who take them] **have** their opinions on social issues **matched** to the policies of political parties. ▸ [ ]는 선행사인 Voters를 수식하는 주격 관계대명사절이다. 사역동사 have의 목적어와 목적격보어가 수동 관계이므로, 목적격보어로 과거분사 matched가 쓰였다.

3행 VAAs **get** users **engaged** in the political process by *encouraging* them *to do* further research on these policies and (*to*) *participate* in .... ▸ get의 목적어와 목적격보어가 수동 관계이므로, 목적격보어로 과거분사 engaged가 쓰

였다. 「encourage A to-v」는 'A가 …하도록 장려하다'의 의미로, encouraging의 목적격보어인 to do와 (to) participate가 접속사 and로 병렬 연결되어 있다.

5행 They also **help** users **decide** on [who they should vote for]. ▸ help는 목적격보어로 동사원형이나 to부정사를 쓴다. [ ]는 전치사 on의 목적어로 쓰인 의문사절로, 「의문사+주어+동사」의 어순을 따른다.

문제해설

이 글은 짧은 온라인 설문을 통해 유권자들이 정당의 정책이나 후보자들에 대해 좀 더 알아보고 선거에 더 많이 참여할 수 있도록 지원하는 애플리케이션에 관한 내용이므로, 제목으로는 ② '관심이 있는 유권자들을 위한 온라인 길잡이'가 가장 적절하다.

① 미래의 정치인들을 위한 새로운 서비스
③ 변화를 가져오고 있는 한 유권자 집단
④ 기술: 선거에 도움이 되는가 아니면 선거를 방해하는가?
⑤ 세계의 다양한 투표 전통

REVIEW TEST

p. 46

A 1 beating 2 step 3 prepare 4 to spend 5 to enable 6 understandable 7 to finish

B 1 going[to go] 2 bad 3 to open 4 to argue 5 tremble[trembling] 6 that

C 1 to make the world a more peaceful place
2 to listen to other people's perspectives
3 that raising children costs a lot of money
4 whether the athlete took drugs before the competition
5 have special medication prescribed to them

A

1 우리가 들이마시고 내쉬는 공기가 우리의 심장을 계속 뛰게 해준다.
2 그는 키가 큰 한 남자가 거리로 나가 택시를 부르는 것을 보았다.
3 그 여자는 자신의 변호사가 소송에 필요한 모든 서류를 준비하게 했다.
4 그 사고는 내 친구가 그의 여생을 휠체어에 앉아서 보내게 했다.
5 사실상, 패러다임의 한 가지 역할은 과학자들이 그들이 무엇을 하고 무엇을 믿는지 자세히 설명을 제공할 필요 없이 성공적으로 일할 수 있게 하는 것이다.
6 그 큐레이터의 설명이 그 난해한 예술 작품들을 이해하기 쉽게 했다.
7 누군가와 이야기할 때는, 네 차례가 되기 전에 상대방이 말을 끝내게 해주어야 한다.

B

1 그가 매우 좋아하는 취미 중 하나는 암벽 등반을 하러 가는 것이다.
2 환율의 하락이 상황을 좋지 않게 만들었다.
3 그 승객은 버스 기사에게 뒷문을 열어 달라고 요청했다.
4 소음 문제는 이웃들이 서로 다투게 할 수 있다.
5 그는 유령의 집으로 걸어 들어갈 때 자신의 다리가 떨리는[떨리고 있는] 것을 느꼈다.
6 수면 장애에 관한 한 가지 사실은 그것이 당신의 집중력을 저하시킨다는 것이다.

C

1 내 인생에서의 꿈은 세상을 더 평화로운 곳으로 만드는 것이다.
2 언쟁을 피하는 가장 좋은 방법은 다른 사람들의 견해를 경청하는 것이다.
3 감소하는 출산율의 한 가지 이유는 자녀를 키우는 데에 많은 돈이 든다는 것이다.
4 문제는 그 선수가 대회 전에 약물을 복용했는지 여부이다.
5 페니실린 알레르기가 있는 사람들은 특별한 약을 처방받아야 한다.

05 수식어는 괄호로 묶어라

17 해석 기법

pp. 48~49

A 그는 이 책의 32쪽에 있는 그 답을 이해할 수 없었다.
B 나는 복사기 옆의 책상 위에 있는 그 서류가 필요하다.
C 지붕 위에 태양 전지가 있는 그 집은 그곳의 거주자들이 에너지를 절약할 수 있게 해 준다.

구문 훈련

1 [with shiny windows], [on the top floor] / 꼭대기 층에 반짝이는 유리창들이 있는 저 커다란 빌딩이 나의 예전 사무실이다.
2 [with an unknown driver], [at the wheel] / 신원 미상의 운전자가 운전하는 작은 파란색 자동차가 뒤에서 바짝 따라오고 있었다.
3 [to the park], [beside the lake], [around the gardens] / 우리 반은 호수 옆에 있는 공원에 가서 정원들을 견학했다.
4 [of the deadly effects], [of extreme altitude] / 극한의 고도로 인해 발생하는 치명적인 영향에 대한 그들의 지식은 편협했으며 그들의 장비는 보잘것없었다.
5 [in the number of frogs], [on an island], [off the coast of Brazil], [from December 2019 to November 2020] / 위 도표는 2019년 12월부터 2020년 11월까지 브라질의 해안에서 멀리 떨어진 한 섬에서의 개구리 수의 변화를 보여 준다.

1 ⑤

어느 날, 아버지는 나와 내 남동생을 캠핑 여행에 데리고 가셨다. 인근 숲으로 차를 운전하는 동안, 아버지는 텐트를 치는 방법을 설명하셨다. 하지만 우리가 도착한 거의 직후에 내 동생이 말벌에 쏘였는데, 그것은 그의 이마가 부어오르게 했다. 우리는 인근 호수에서 낚시를 해서 저녁거리를 잡으려고 했지만, 초라하게 실패했고 모기 여러 마리에 물리기만 하고 돌아왔다. 어떤 생선도 없이, 우리는 모닥불에 콩 통조림 하나를 조리했는데, 그건 위쪽의 콩들은 차가운 채로 두는 반면 아래쪽은 태워버린, 현명하지 못한 노력이었다. 잘 시간이 되었을 때, 우리는 아버지의 오래된 침낭을 펼쳤으나 그것이 눅눅한 곰팡이 냄새를 풍기고 있는 것을 발견하고 말았다. 그 악취는 너무 심해서 우리 아버지조차 포기하셨다. 우리는 텐트를 챙기고 차에 타 집으로 갔다.

구문해설

1행 [While driving to a nearby forest], he explained **how to set up** the tent. ▸ [ ]는 동시동작을 나타내는 분사구문으로, 의미를 명확히 하기 위해 접속사를 생략하지 않은 형태이다. 「how to-v」는 '…하는 방법'의 의미이다.

3행 ..., my brother was stung by a wasp, [which **caused** his forehead **to swell**]. ▸ [ ]는 앞 절의 내용을 선행사로 하는 계속적 용법의 주격 관계대명사절이다. 「cause A to-v」는 'A가 …하게 하다'의 의미이다.

6행 ..., we cooked a can of beans over a campfire, [which was an unwise endeavor {that burned the bottom layer of beans while **leaving** *those* on top **cold**}]. ▸ [ ]는 앞 절의 내용을 선행사로 하는 계속적 용법의 주격 관계대명사절이다. { }는 선행사인 an unwise endeavor를 수식하는 주격 관계대명사절이다. leaving의 목적격보어로 형용사 cold가 쓰였다. those는 앞서 나온 beans를 가리키는 대명사이다.

8행 ..., we unrolled my father's old sleeping bags **to *find*** them *stinking* of damp mold. ▸ to find는 결과를 나타내는 부사적 용법의 to부정사이다. find의 목적격보어로 현재분사 stinking이 쓰였다.

9행 The odor was **so** overpowering **that** even my father gave up. ▸ 「so+형용사/부사+that ~」은 '너무 …해서 ~하다'의 의미이다.

문제해설

캠핑 여행을 갔지만 하는 일마다 녹록지 않아서 결국 중도 포기하고 집으로 돌아갔다는 내용이므로, 글의 분위기로는 ⑤ '좌절감을 주고 맥빠지게 하는'이 가장 적절하다.

2 ⑤

육식 식물인 파리지옥풀은 턱과 위장으로서의 역할을 하는 한 쌍의 잎을 가지고 있다. 만약 곤충이 이 잎들의 표면에 있는 감각모를 건드리면, 잎이 닫히면서 곤충을 가둔다. 놀랍게도, 최근 한 실험은 파리지옥풀이 자신의 감각모가 몇 번 건드려졌는지 알고 있으며, 심지어는 이 자극들 사이의 시간을 계산할 수도 있다는 것을 보여주었다. 그 덫은 그 식물이 20초 이내의 시간에 두 번의 자극을 감지했을 경우에만 닫혔다. 일단 20초가 지나면, 그 과정은 다시 처음으로 돌아갔다. 게다가, 그 식물이 덫에 갇힌 곤충을 소화시키는 효소를 만들기 시작하려면 세 번이 넘는 자극이 필요했다. 이 과정 덕분에, 파리지옥풀은 빗방울이나 낙엽을 가두고 소화시키려는 의미 있는(→ 무의미한) 노력을 하지 않는다.

구문해설

2행 If an insect touches the trigger hairs on the surface of these leaves, the leaves close, [trapping the insect]. ▸ [ ]는 결과를 나타내는 분사구문이다.

7행 In addition, more than three stimuli were required *for the plant* **to begin** producing the enzymes [that digest the trapped insect]. ▸ to begin은 목적을 나타내는 부사적 용법의 to부정사이며, for the plant는 begin의 의미상 주어이다. [ ]는 선행사인 the enzymes를 수식하는 주격 관계대명사절이다.

문제해설

⑤ 파리지옥풀은 정해진 시간 안에 특정 횟수 이상의 접촉이 있어야만 먹이를 잡고 소화시키기 때문에 먹이가 아닌 빗방울이나 낙엽을 가두고 소화시키려는 '무의미한' 노력을 하지 않음을 추론할 수 있으므로, meaningful을 meaningless 등으로 고쳐야 한다.

18 해석 기법 pp. 50~51

A 1950년에, 그들은 길거리에서 노숙하는 사람들을 돕기 위해 한 자선 단체를 설립하기로 결심했다.
B 그 건설 현장에서 일하는 모든 근로자는 보호용 헬멧을 써야 한다.
C 위에서 언급된 환경 문제들은 다음번에 논의될 것이다.
D 그 도시의 시장으로 선출된 여자는 뇌물 수수 혐의로 조사받고 있다.

빠바PLUS

1 나는 초보자들에게 적합한 영어 학습 웹사이트를 찾고 있다.
2 육안으로 보이지 않는 많은 별들이 망원경으로 관측될 수 있다.

구문 훈련

1 [trying to train their dogs] / 나는 자신들의 개를 훈련시키려고 하는 반려동물 주인들을 위한 몇 개의 웹사이트를 찾았다.
2 [worn by knights] / 기사들에 의해 착용되는 갑옷은 전쟁 중에 그들을 보호하기 위해 고안되었다.
3 [led by guides with more than 10 years of experience] / 내가 일하는 회사는 10년 이상의 경력을 가진 가이드들이 인솔하는 여행을 제공한다.
4 [used for half-time breaks] / 중간 휴식 시간에 사용되는 탈의실들이 특정한 색조의 감정적 영향을 이용하기 위해서 칠해졌다.

3 ⑤

'Rat Park'는 1970년대 후반에 한 심리학자에 의해 진행된 실험이었다. 그것은 사회적 공동체가 약물보다 더 강력할 수 있다는 것을 보여 주기 위해 사용되었다. 이 실험에서 쥐들은 두 개의 병 중 하나를 선택해야 했는데, 하나는 평범한 물이 든 것이고 다른 하나는 모르핀이 첨가된 물이 든 것이었다. 심리학자는 함께 있던 쥐들이 혼자 있던 쥐들보다 모르핀 물을 훨씬 적게 마셨다는 것을 발견했다. 그는 중독성이 약물 사용을 촉진하는 유일한 것은 아니라고 결론지었다. 개인의 사회적 및 환경적 조건도 중요한 역할을 한다. 이는 쥐뿐만 아니라 인간에게도 적용되는 것으로 보인다. 외롭고 고립된 사람들이 약물에 중독될 가능성이 더 높다. 하지만 이러한 조건이 개선되면, 중독에서 벗어날 가능성이 높아진다. 이것은 사회적 회복이 언젠가 약물 중독을 위한 치료가 될 수 있다는 것을 의미한다.

구문해설

1행 The "Rat Park" was an experiment [conducted by a psychologist in the late 1970s]. ▸ [ ]는 an experiment를 수식하는 과거분사구이다.

3행 ..., rats were given a choice between two bottles, one [containing plain water] and the other [containing water with morphine {added to it}]. ▸ 첫 번째 [ ]와 두 번째 [ ]는 각각 one과 the other를 수식하는 현재분사구이다. { }는 morphine을 수식하는 과거분사구이다.

9행 People [who are lonely and isolated] are more likely to become addicted to drugs. ▸ [ ]는 선행사인 People을 수식하는 주격 관계대명사절이다.

문제해설

함께 있던 쥐들이 혼자 있던 쥐들보다 모르핀이 든 물을 훨씬 적게 마셨다는 실험 결과를 통해 약물 사용을 촉진하는 것은 중독성뿐만 아니라 개인의 사회적 및 환경적 조건도 중요하다고 했으므로, 빈칸에는 ⑤ '사회적 공동체가 약물보다 더 강력할 수 있다'가 들어가는 것이 가장 적절하다.

① 쥐들은 모르핀과 같은 약물에 중독되지 않는다
② 약물 중독이 외로움과 고립감을 유발한다
③ 사회적 기술이 약물의 중독성을 줄이는 데 사용될 수 있다
④ 개개인 모두가 중독성 있는 약물에 대해 같은 반응을 보인다

4 ④

'부압'은 밀폐된 구역의 압력이 그 주변 구역의 압력보다 더 낮은 상황을 가리킨다. 만약 이 두 구역 간의 장벽이 허물어진다면, 고압 구역의 어떤 물질이든지 즉시 저압 구역으로 흘러 들어갈 것이다. 예를 들어, 석유를 운송하기 위해 사용되는 해저 배관은 부압 상태에 있다. 그러므로, 이 관로에 생기는 어떤 파열이든 관로를 바닷물로 가득 차게 할 것이다. 이것은 석유가 바닷속으로 방출되게 되는 정반대의 시나리오보다 훨씬 더 낫다. 하지만, 식수를 도시로 운송하는 배관의 경우에서와 같이, 부압이 항상 유익한 것은 아니다. 이러한 시(市)의 송수관이 파손되면, 그것은 오염된 지하수를 빨아들일 가능성이 있는데, 이 오염된 지하수는 상수도로 유입될 것이다. 이러한 이유로, 계량기와 밸브 시스템이 송수관의 압력을 조정하고 제어하기 위해 사용된다.

구문해설

6행 For example, undersea pipes [used **to transport** oil] are in a state of negative pressure; therefore, any break in the pipeline will *cause* it *to fill* with ocean water. ▸ [ ]는 undersea pipes를 수식하는 과거분사구이다. to transport는 목적을 나타내는 부사적 용법의 to부정사이다. 「cause A to-v」는 'A가 …하게 하다'의 의미이다.

10행 ..., they can potentially suck in contaminated groundwater, [which would then enter the water supply]. ▸ [ ]는 선행사인 contaminated groundwater를 부연 설명하는 계속적 용법의 주격 관계대명사절이다.

문제해설

However로 시작하는 주어진 문장은 부압에 부정적인 면이 있음을 언급하는 내용이므로, 부압의 긍정적인 면을 서술한 내용 다음인 ④에 들어가는 것이 가장 적절하다.

19 해석 기법 pp. 52~53

A Julie는 그 학급에서 그 시험을 통과한 유일한 학생이었다.
B 그는 내년 여행을 위한 돈을 모으기 위해 패스트푸드점에서 시간제 일자리를 구했다.
C 수상 스키는 단시간에 배우기 쉽지 않은 운동이다.
D Alex의 부상은 너무 심각해서 집에서 치료할 수 없었다.
E 그 여자는 낯선 남자가 자신을 따라오고 있는 것을 알아차리고서 겁이 났다.
F 나는 공항으로 출발했으나 여권을 집에 두고 왔다는 것을 깨닫고 말았다.

구문 훈련

1 우리에게 진실을 말할 자유가 없다면, 민주주의가 우리에게 무슨 의미가 있는가?
2 사람들은 왕을 보기 위해 군중 앞쪽으로 밀치고 나아갔으나, 결국 그의 호위대에게 저지당하고 말았다.
3 문제를 해결하기 위해서, 너는 네가 느끼는 방식을 넘어서서 바라보고, 네가 이미 알고 있는 정보를 새로운 관측과 결합해야 한다.
4 단어에는 무게, 소리, 그리고 모습이 있다. 따라서 이것들을 고려해야만 너는 읽기 좋은 문장을 쓸 수 있다.

5 ④

우주 비행사들이 가까운 미래에 화성으로 이동한다면, 그 여정은 아마 수년이 걸릴 것이다. 따라서, 우주 비행사들에게 충분한 먹을거리를 제공하는 것이 주된 어려움이 될 것이다. 과학자들은 현재 우주 비행사들이 농작물을 재배함으로써 그들의 식량 공급을 확대할 수 있게 해줄 방법을 찾고 있다. 씨앗은 포장된 식사보다 보관 공간을 덜 차지하며, 우주 비행사들은 일단 화성에 도달하면 그것을 심을 수 있을 것이다. NASA는 이미 화성에서 어떤 것이 자랄 수 있을지 알아내기 위해 실험을 하고 있다. 화성의 토양은 대부분 부서진 암석으로 이루어져 있어서, 영양분이 거의 없거나 전혀 없다. 한 실험에서 NASA는 하와이에서 온 부서진 화산암에 양상추를 심었는데, 그 화산암 역시 영양분이 거의 들어 있지 않다. 양상추는 자라는 데 오랜 시간이 걸렸지만, 맛은 정상적이었다. 이 실험이 성공적이었기 때

문에 NASA는 이제 다른 채소들이 화성에서 자라는 데 얼마나 오래 걸릴지 알아낼 계획이다.

구문해설

2행 Therefore, [providing the astronauts with enough **to eat**] will be a major challenge. ▸ [ ]는 주어로 쓰인 동명사구이다. to eat은 대명사 enough를 수식하는 형용사적 용법의 to부정사이다.

3행 Scientists are now looking for ways [to **allow** astronauts **to extend** their food supply] *by growing* crops. ▸ [ ]는 ways를 수식하는 형용사적 용법의 to부정사구이다. 「allow A to-v」는 'A가 …하게 해주다'의 의미이다. 「by v-ing」는 '…함으로써'의 의미이다.

8행 In a test, NASA planted lettuce in crushed volcanic rock [from Hawaii], [which also contains few nutrients]. ▸ 첫 번째 [ ]는 crushed volcanic rock을 수식하는 전치사구이다. 두 번째 [ ]는 선행사인 crushed volcanic rock from Hawaii를 부연 설명하는 계속적 용법의 주격 관계대명사절이다.

10행 ..., NASA now plans to find out [how long other vegetables would take to grow on Mars]. ▸ [ ]는 find out의 목적어로 쓰인 의문사절로, 「의문사+주어+동사」의 어순을 따른다.

문제해설

빈칸 뒤에 화성에 가게 될 우주 비행사들에게 식량을 공급하기 위한 대책으로 화성과 유사한 환경에서 농작물을 재배하는 실험을 하고 있다는 내용이 이어지므로, 빈칸에는 ④ '우주 비행사들에게 충분한 먹을거리를 제공하는 것'이 들어가는 것이 가장 적절하다.

① 다음에 어느 행성으로 이동할지 결정하는 것
② 화성의 기후 변화에 대해 학습하는 것
③ 충분히 큰 우주선을 만드는 것
⑤ 참여할 과학자들을 선정하는 것

6 ⑤

4년에 한 번씩 2월에 29번째 날이 추가된다. 윤일이라고도 알려진 이 날은, 우리의 달력과 계절이 서로 일치하도록 하기 위해 만들어졌다. 우리가 평년은 365일로 구성되어 있다고 생각하지만, 실제로 지구가 태양을 한 바퀴 도는 데는 약 365.2421일이 걸린다. 4년마다 잃어버린 시간을 보충하기 위해 여분의 하루를 더하는 것이 필요하다. 윤일을 추가하지 않으면, 겨울이 달력 연도에서 더 일찍 발생하게 되어 농업 일정에 문제를 일으키고 잠재적으로 흉작으로 이어질 수 있다. 게다가, 많은 휴일과 문화 기념행사는 특정 계절이나 날짜에 연관되어 있다. 달력을 조절하는 윤년이 없다면 이러한 행사들은 점차 그들이 의도한 의식을 위한 시간에서 멀어질 것이다.

구문해설

2행 ..., was created [to ensure {that our calendar and our seasons stay in line with each other}]. ▸ [ ]는 목적을 나타내는 부사적 용법의 to부정사구이며, { }는 ensure의 목적어로 쓰인 명사절이다.

6행 **Without** the addition of a leap day, winter **would occur** earlier in the calendar year, [*causing* problems for agricultural schedules and potentially *leading* to crop failures]. ▸ 「Without ..., 주어+조동사의 과거형+동사원형」은 현재 사실과 반대되는 일 또는 현재나 미래에 실현 가능성이 거의 없는 일을 가정하는 가정법 과거 구문이다. 이때 Without은 'But for'나 'If it were not for'로 바꿔 쓸 수 있다. [ ]는 결과를 나타내는 분사구문으로 causing과 leading이 접속사 and로 병렬 연결되어 있다.

문제해설

이 글은 윤일이 우리의 달력과 계절을 서로 일치시키기 위해 만들어졌고, 만약 윤년을 추가하지 않을 경우 생기는 문제점을 언급하여 윤년이 갖는 사회·문화적 의의를 조명한다. 따라서 이 글의 요지로는 ⑤가 가장 적절하다.

20 해석 기법 pp. 54~55

A 아프리카의 아동 노동자들에 의해 수확되는 카카오 열매가 초콜릿을 만드는 데 사용된다.

B 책상 위에, 지원 절차에 관한 정보가 들어 있는 대학 안내 책자가 있다.

C 천식을 진단받은 6세 미만의 캐나다 아이들의 비율이 감소했다.

구문 훈련

1 S: All the items, V: are / 이 가게에서 빨간색 태그로 표시된 모든 물건이 할인 판매 중이다.
2 S: Fifteen minutes, V: helps / 잠자리에 들기 전 따뜻한 물속에서의 15분은 불면증을 겪는 사람들에게 도움이 된다.
3 S: Those, V: are / 사업이나 직업에서 성공하지 못하는 사람들은 집중력이 부족한 사람들이다.
4 S: the milk, V: is used / 오늘날 세계 전역에서, 젖소, 염소, 양, 물소, 심지어 말의 젖까지도 치즈를 만드는 데 사용된다.
5 S: friendship, V: is / 인생의 모든 단계에서, 모든 계층과 문화권의 사람들에게 우정은 가장 중요한 관계 중 하나이다.

7 ①

다급함 본능은 사람들이 위험에 직면했을 때 신속하게 행동할 수 있게 해주는 것이다. 특히 빠른 결정을 내리는 것이 필수적인 비상 상황에서 유용하다. 그러나 비상 상황이 아닌 경우에, 사람들이 당황하여 좋지 못한 결정을 내릴 수 있다. 대중 매체에서의 다급함 본능의 한 예는 테러에 대한 공포이다. 심장병이 훨씬 더 큰 위협에 해당함에도 불구하고 서구의 사람들은 심장병보다 테러를 더 두려워한다. 이에 대한 이유는 테러 공격에 대한 언론의 보도가 테러의 위협을 크게 과장하기 때문이다. 실제로 테러 공격으로 인한 사망 가능성은 극히 낮다. 반면에 심장병으로 사망할 확률은 훨씬 더 높다. 다급함 본능은 더 많은 심각한 위협이 있음에도 불구하고 테러에 맞서기 위해 즉각적인 조치가 필요하다고 느끼게 한다. 이것이 바로 이성적인 분석이 필요한 이유이다. 그것은 우리가 다급함 본능에 대응하고 그에 따라 위험에 대응할 수 있도록 해준다.

구문해설

1행 The urgency instinct is [what allows people to act quickly {**when** (people are) faced with danger}]. ▸ [ ]는 선행사를 포함하는 관계대명사 what이 이끄는 명사절로, 문장의 보어로 쓰였다. { }는 접속사 when이 이끄는 부사절에서 people are가 생략되었다.

2행 It is particularly useful in emergency situations, [where {making quick decisions} is essential]. ▸ [ ]는 선행사인 emergency situations를 부연 설명하는 계속적 용법의 관계부사절이다. { }는 주어로 쓰인 동명사구이다.

7행 The reason for this is the media's coverage of terrorist attacks, [which greatly exaggerates the threat of terrorism]. ▸ [ ]는 앞의 the media's coverage of terrorist attacks를 선행사로 하는 계속적 용법의 관계대명사절이다.

10행 The urgency instinct **causes** us **to feel** [that immediate action is required *to combat* terrorism, even though there are many more significant threats]. ▸ 「cause A to-v」는 'A가 …하게 하다'의 의미이다. [ ]는 feel의 목적어로 쓰인 명사절이다. to combat은 목적을 나타내는 부사적 용법의 to부정사이다.

문제해설

① 뒤에 이어지는 절에 주어가 없으므로, that은 주어를 포함한 관계대명사 what이 되어야 한다.

8 ④

2011년, 브라질 리우데자네이루 근처의 섬마을에 살고 있던 노인 Joao Pereira de Souza는 해변에서 허우적대고 있는 펭귄 한 마리를 발견했다. (C) 기름으로 뒤덮인 그 속수무책의 굶주린 생명체는 de Souza 씨에 의해 입양되어 Dindim이라고 이름 지어졌다. de Souza 씨는 그를 간호하여 건강을 되찾게 해서 놓아주며, 그들이 절대 다시 만나지 못할 것이라고 생각했다. (A) 하지만, 놀랍게도, Dindim은 돌아왔다! 그는 de Souza 씨의 집과 아르헨티나와 칠레의 해안 사이의 약 5,000마일을 이동한 것으로 여겨진다. (B) 게다가, 그는 매년 이 여행을 한다. de Souza 씨와 약 8개월을 함께 보낸 후에, 그는 번식 활동을 위한 연례 이동을 떠나지만, 결국 또다시 돌아오고 만다.

구문해설

1행 In 2011, **Joao Pereira de Souza**, [an old man {living in an island village near Rio de Janeiro, Brazil}], *found* a penguin *struggling* on the beach. ▸ Joao Pereira de Souza와 [ ]는 동격이다. { }는 an old man을 수식하는 현재분사구이다. found의 목적격보어로 현재분사가 쓰였다.

3행 **It** is believed [that he traveled around 5,000 miles ...]. ▸ It은 가주어이고 [ ]가 진주어이다.

6행 [After spending about eight months with Mr. de Souza], he goes on his annual migration for his breeding routine, **only to return** once again. ▸ [ ]는 시간을 나타내는 분사구문으로, 의미를 명확히 하기 위해 접속사를 생략하지 않은 형태이다. only to return은 결과를 나타내는 부사적 용법의 to부정사이다.

문제해설

Joao Pereira de Souza라는 노인이 해변에서 허우적대고 있는 펭귄 한 마리를 발견했다는 주어진 글에 뒤이어, de Souza 씨가 그 펭귄을 데려가서 돌보다가 건강해지자 놓아주었다는 내용의 (C)가 가장 먼저 나오고, 놀랍게도 그 펭귄이 약 5,000마일을 이동해서 de Souza 씨의 집으로 돌아왔다는 내용의 (A)가 이어진 후, 펭귄이 그 이동을 매년 반복한다는 내용인 (B)의 순서로 이어지는 것이 가장 자연스럽다.

REVIEW TEST

p. 56

A **1** are **2** is **3** living **4** are **5** was

B **1** offered **2** played **3** held **4** learning **5** added

C **1** The flowers on the table in the living room
2 the first woman to be named
3 airplanes approaching the airport
4 to stay in during my one-week vacation

A

1 파티에 오고 싶어 하는 사람들은 모두 환영한다.
2 친구를 사귀는 가장 좋은 방법 중 하나는 동아리에 가입하는 것이다.
3 대도시에 사는 사람들은 신선한 공기를 쉽게 마실 수 없다.
4 안내 데스크 뒤의 파란색 소파에 앉아 있는 커플들은 큰 소리로 말하고 있다.
5 Chicago Cubs와 Atlanta Braves 간의 야구 경기는 매우 흥미진진했다.

B

1 현금 할인은 현금으로 지불하는 사람들에게 주어지는 더 낮은 가격이다.
2 어떤 사람들은 골프가 빙상에서 하던 경기로 네덜란드에서 시작되었다고 생각한다.
3 월드컵은 4년마다 열리는 국제 축구 대회이다.
4 여러 개의 외국어를 배우는 사람의 수가 예전보다 더 많다.
5 지구 온난화의 영향 목록에 추가된 이상한 현상 하나는 양들이 더 작아지고 있다는 것이다.

06 접속사로 문장 간의 논리를 간파하라

21 해석 기법

pp. 58~59

A 그녀는 중국어 말하기와 쓰기를 둘 다 잘할 수 있기 때문에 통역사로

고용될 것이다.

B 그 프로그램의 목적은 당신에게 돈을 주는 것이 아니라 일자리를 제공하는 것이다.

C 교사들 또는 교장이 그 문제에 책임이 있다.

D 그도 나도 교육에 관한 이 새로운 이론들을 이해할 수 없다.

E 그 요리사는 음식을 준비했을 뿐만 아니라 그것을 각 테이블로 가져다주었다.

구문 훈련

1 내 컴퓨터도 네 컴퓨터도 그 프로그램을 실행하기에 충분한 메모리를 가지고 있지 않다.

2 우리의 피로는 흔히 업무가 아니라, 걱정, 좌절, 분노에 기인한다.

3 이 새로운 세계에서는, 문화상의 차이점과 유사점이 모두 아군과 적군을 결정한다.

4 지도는 정말로 지도 제작자, 혹은 어쩌면 제작자의 후원자의 세계관을 반영한다.

5 농경은 안정적인 식량 공급에 여유가 있게 했을 뿐만 아니라 정착 생활을 가능하게 하기도 한 혁명적인 발견이었다.

1 ⑤

한 과학적 연구에서 72명의 사람이 '아재 개그'를 들을 것을 요청받았다. 각 개그가 끝날 때마다 웃음이 나오지 않거나 가짜 웃음 또는 진짜 웃음이 나왔다. 그런 다음 참가자들은 그 개그들이 얼마나 웃겼는지 평가했다. 웃음이 나오지 않은 개그는 높은 평가를 받지 못했다. 가짜 웃음이 뒤따른 개그는 10퍼센트 더 웃긴 것으로 평가되었다. 그리고 진짜 웃음이 뒤따른 개그는 20퍼센트 더 웃긴 것으로 평가되었다. 이 연구는 진짜 웃음과 가짜 웃음 모두 우리가 개그를 얼마나 웃기게 느끼는지에 큰 차이를 만든다는 것을 보여 준다. 이것은 우리가 개그의 내용뿐만 아니라 개그가 얻는 반응에도 면밀한 주의를 기울인다는 것을 시사한다. 이것은 우리가 다른 누군가가 웃는 것을 들으면 미소를 짓거나 웃을 준비를 하기 때문이다. 본질적으로 웃음은 개그를 더 웃기게 만들 뿐만 아니라 사람들을 함께하게 한다. 이는 웃음의 사회적이고 전염성 있는 본질을 강조한다.

구문해설

2행 The participants then rated [how funny the jokes were]. ▸ [ ]는 rated의 목적어로 쓰인 의문사절로, 「의문사+주어+동사」의 어순을 따른다.

4행 Jokes [followed by fake laughter] were rated 10 percent funnier. ▸ [ ]는 Jokes를 수식하는 과거분사구이다.

6행 This study shows [that **both** real **and** fake laughter make a big difference in {how funny we find jokes}]. ▸ [ ]는 shows의 목적어로 쓰인 명사절이다. 「both A and B」는 'A와 B 둘 다[모두]'의 의미이다. { }는 전치사 in의 목적어로 쓰인 의문사절로, 「의문사+주어+동사」의 어순을 따른다.

7행 It suggests [that we pay close attention **not just** to a joke's content **but also** to the reaction {(which/that) it gets}]. ▸ [ ]는 suggests의 목적어로 쓰인 명사절이다. 「not just A but also B」는 'A뿐만 아니라 B도'의 의미이다. { }는 선행사인 the reaction을 수식하는 목적격 관계대명사절로, 목적격 관계대명사가 생략되었다.

문제해설

사람들은 개그의 내용 뿐만 아니라 개그에 대한 다른 사람의 반응에도 면밀한 주의를 기울이기 때문에 웃음 소리를 들으면 그 개그를 더 웃긴 것으로 느낀다고 했으므로, 빈칸에는 ⑤ '사회적이고 전염성 있는'이 들어가는 것이 가장 적절하다.

① 협력적이고 문화적인 ② 논리적이고 수학적인
③ 개인적이고 유머러스한 ④ 감정적이고 불합리한

2 ②

음악 샘플링은 기존 음원의 일부를 가져와 새 노래에 사용하는 것을 말한다. 음악인들은 오랫동안 샘플링을 해 왔지만, 최근 몇 년 동안 이러한 관행이 더욱 흔해졌다. 오래된 노래의 샘플은 종종 옛 추억을 되살리기 위해 사용된다. 나이 든 청취자에게 익숙한 샘플을 사용함으로써 음악인들은 모든 연령대의 사람들에게 인기 있는 음악을 만든다. (오늘날에는 적절한 허가 없이 음원을 샘플링하는 것은 윤리적이지도 합법적이지도 않고, 심각한 결과를 초래할 수 있다.) 음악인들은 세대 간 격차를 메우기 위해서 뿐만 아니라 곡 제작에 새로운 방식을 만들어 내기 위해 샘플을 사용한다. 그들은 독특한 소리를 만들고 곡을 쓰는 혁신적인 접근 방식을 제안하고 싶어 한다. 그러므로, 우리는 곡에 샘플을 포함하는 새롭고 실험적인 방법을 보게 되리라 기대할 수 있으며, 앞으로는 샘플링이 점점 대중적으로 될 것임을 예상할 수 있다.

구문해설

2행 Musicians **have been sampling** for a long time, but the practice *has become* more common in recent years. ▸ have been sampling은 과거에 시작되어 현재까지 진행 중인 일을 나타내는 현재완료진행형이다. has become은 완료를 나타내는 현재완료시제이다.

4행 By using samples [that are familiar to older listeners], musicians *create* music [that is popular with people of all ages]. ▸ 첫 번째 [ ]는 선행사인 samples를 수식하는 주격 관계대명사절이다. 두 번째 [ ]는 선행사인 music을 수식하는 주격 관계대명사절이다.

6행 Nowadays, [sampling a recording without proper permission] is **neither** ethical **nor** legal .... ▸ 첫 번째 [ ]는 문장의 주어로 쓰인 동명사구이다. 「neither A nor B」는 'A도 B도 아닌'의 의미이다.

7행 Musicians use samples **not only** *to bridge* generation gaps between listeners, **but also** *to create* new approaches to song production. ▸ 「not only A but also B」는 'A뿐만 아니라 B도'의 의미이며, to bridge와 to create는 목적을 나타내는 부사적 용법의 to부정사이다.

문제해설

음악에서 기존 음원의 일부를 가져다 사용하는 샘플링이 듣는 사람들의 세대 간극을 좁혀 주고 새로운 곡 제작 방식을 창조하게 하며 앞으로 더욱 대중적으로 될 것이라는 내용의 글이므로, 허가 없이 샘플링을 하는 경우의 문제점에 대해 언급한 ②는 글의 흐름과 무관하다.

22 해석 기법 pp. 60~61

A 그는 많은 경험을 가지고 있으며 성실성과 자신감으로 알려져 있다.
B 나는 뮤지컬을 관람하는 것, 고급 음식점에서 식사하는 것, 미술관에 가는 것, 그리고 친구들을 방문하는 것을 좋아한다.
C 네가 슬프다고 느낄 때, 눈물을 참기보다는 스스로를 울게 두는 게 최상의 해결책이 될 수 있다.
D 그 테니스 코치는 자신이 내년에 다른 학교로 떠날 것이라는 소문을 확인해 주지도 부인하지도 않았다.

구문 훈련

1 [by parking lots], [by trees and birds] / 엄청난 양의 공간이 나무와 새들에 의해보다는 주차장에 의해 차지된다.
2 [as individuals], [as a society] / 우리가 개인으로서, 그리고 사회 집단으로서 직면하는 주요 문제들 중 하나는 자기중심주의이다.
3 [plays her guitar], [takes singing lessons] / 그녀는 기타를 연주하고 노래 수업을 받을 때, 자신이 정말 좋아하는 것을 하고 있기 때문에 기분이 매우 좋다.
4 [banned hunting], [established rules ... that hunters could kill] / 북부 국가들은 사냥을 금지했거나, 사냥꾼들이 죽일 수 있는 북극곰의 수를 제한하는 규정을 제정했다.
5 [are usually painted ... the sunlight of spring], [are sometimes used in egg-rolling contests] / 부활절 달걀은 보통 봄의 햇살을 나타내기 위해 밝은 색깔로 칠해지고, 가끔은 달걀 굴리기 대회에 사용된다.

3 ③

머지않아 도로 위에 인터넷에 접속되는 자율주행차들이 많아질 것이다. 이 차들이 많은 이점을 가지고 있기는 하지만, 전문가들은 더 많은 자율주행차가 있는 것은 해커들에게 더 많은 잠재적 표적이 있는 것을 의미하기도 한다고 경고한다. 연구원들은 최근에 시연을 통해 오늘날의 '스마트' 자동차들조차도 (보안에) 취약하다는 것을 입증했다. 그들은 다른 누군가가 차를 운전하는 동안 컴퓨터를 이용해 차를 제어했다. 그들은 라디오 음량을 변경하고 에어컨을 조정하거나 와이퍼를 작동시킬 수 있었을 뿐만 아니라, 차가 고속도로를 달리고 있을 때 변속기를 제어해서 차를 멈출 수도 있었다. 다행히, 그것은 단지 시연이었지만 자동차 업계와 정부 모두에게 명확한 메시지를 보낸다. 바로 자동차의 사이버 보안이 심각하게 받아들여져야 하는 현실 문제라는 것이다.

구문해설

6행 They were **not only** able to *change* the radio's volume, *adjust* the air conditioner, and *switch* the windshield wipers on, **but** they were **also** able to take control of the transmission and stop the car .... ▸ 「not only A but also B」는 'A뿐만 아니라 B도'의 의미이다. not only 뒤 change, adjust, switch가 접속사 and로 병렬 연결되어 있고, but also 뒤 take와 stop이 접속사 and로 병렬 연결되어 있다.

문제해설

컴퓨터를 이용해서 '스마트' 자동차를 제어한 시연을 통해 사이버 보안 측면에서 자동차가 취약하다는 것을 입증했다는 내용이므로, 빈칸에는 ③ '해커들에게 더 많은 잠재적 표적'이 들어가는 것이 가장 적절하다.
① 고속도로 위의 더 많은 사고
② 더 많은 실직한 자동차 정비공들
④ 혼잡한 시간 동안의 더 심한 교통 체증
⑤ 더 많은 자동차 절도 사건

4 ③

'공유 경제'는 인터넷을 통해 개인들이 서로에게서 물건을 빌린다는 개념에 근거한 시스템이다. 현재 흔히 이러한 방식으로 대여되는 것들은 집, 자동차, 보트, 전동 공구를 포함한다. 이러한 품목들은 많은 사람에게 소유하기에 너무 비싸다고 여겨지지만, 비용을 받고 기꺼이 공유하려는 다른 사람들에 의해 소유된다. 자원의 이러한 공동 사용에는 여러 긍정적인 효과가 있다. 소유주들은 그들이 가진 것들로 돈을 벌고, 임차인들은 만약 자신들이 그것들을 직접 사거나 자동차 대여점과 같은 기업으로부터 빌린다면 지불할 것보다 돈을 더 적게 낸다. 어떤 상품을 직접 사는 것보다 다른 사람들과 공유하는 것은 상품을 제작하는 데 있어서 더 적은 자원이 소모된다는 것을 의미하므로, 환경에도 이롭다. 더 많은 사람이 공유 서비스를 이용할수록, 이러한 이득은 증가할 것이다.

구문해설

2행 The "sharing economy" is a system [based on **the idea** of *individuals* {renting things from each other through the internet}]. ▸ [ ]는 a system을 수식하는 과거분사구이다. the idea와 { }는 동격이다. individuals는 동명사 renting의 의미상 주어이다.

4행 These items **are considered** by many to be *too* expensive *to own* but **are owned** by others [who are willing ...]. ▸ 동사 are considered와 are owned는 접속사 but으로 병렬 연결되어 있다. 「too+형용사/부사+to-v」는 '~하기에 너무 …한/하게, 너무 …해서 ~할 수 없는'의 의미이다. [ ]는 선행사인 others를 수식하는 주격 관계대명사절이다.

7행 ..., and renters pay less than they **would** (**pay**) **if** they ***bought*** the things themselves or ***rented*** them from a company such as a car rental agency. ▸ 「If+주어+동사의 과거형, 주어+조동사의 과거형+동사원형」은 가정법 과거로, 현재 사실과 반대되는 일을 가정하는데, 이 문장에서는 if가 이끄는 절이 주절의 뒤에 온 형태이다. would 뒤에는 반복을 피하기 위해 중복되는 내용이 생략되어 있다. if가 이끄는 절의 동사 bought와 rented는 접속사 or로 병렬 연결되어 있다.

문제해설

주어진 문장은 자원을 공동 사용하는 것에 여러 가지 긍정적인 효과가 있다는 내용이므로, 공유 경제의 긍정적인 효과가 구체적으로 서술되기 전인 ③에 들어가는 것이 가장 적절하다.

23 해석 기법 pp. 62~63

A 연구원들은 그 거미들의 사냥철이 더 길어졌기 때문에 거미들이 더 커졌다고 생각한다.

B 나는 만약 사람들이 교사가 되고 싶다면, 그들은 책임감이 있어야 하고, 아이들과 시간 보내는 것을 좋아해야 한다고 생각한다.

C 만약 너의 반 친구들이 너에게 한 동아리에 가입하라고 요청했는데, 며칠 뒤에 그들이 마음을 바꾼다면 기분이 어떻겠니?

구문 훈련

1 it might be too late / 예를 들어, 만약 어떤 환경이 치명적인 것으로 판명되면, 당신이 (그 사실을) 알아낼 때쯤에는 너무 늦을 수도 있다.

2 my father could always make my mother laugh / 몇 년 동안 똑같은 고리타분한 농담을 하고 똑같은 우스꽝스러운 노래를 부른 뒤에도, 그들이 어떤 상황에 있더라도 나의 아버지는 항상 나의 어머니를 웃게 만들 수 있었다.

3 the farmer ... to talk and laugh / 매일 저녁, 대초원의 밀밭 너머로 해가 질 때, 그 농부와 그의 가족은 함께 식사를 하는 동안 수다를 떨고 웃기 위해 식탁에 둘러앉곤 했다.

4 we should pause to reflect / 더 일반적으로는, 우리에게 어떤 현상에 대한 일련의 대안적 설명이 제공되고, 그런 다음 (우리가) 그 설명들 중 하나를 제외하고는 모든 것이 마음에 차지 않는다는 것을 확신한다면, 우리는 멈춰서 곰곰이 생각해야 한다.

5 ③

우주비행사들은 지구의 대기권 밖으로 이동할 때 무중력 상태를 느끼는데, 궤도에 있는 우주선의 속도가 지구의 중력을 상쇄하기 때문이다. 실제로 당신도 롤러코스터를 탈 때 비슷한 느낌을 경험했을지도 모른다. 롤러코스터가 선로를 올라갈 때, 중력은 당신의 몸을 아래로 끌어당기고, 당신은 스스로가 좌석에 내리눌리는 것을 느낀다. 하지만 선체가 급하강할 때는 안전벨트에 의해 당겨 내려질 때까지 당신의 몸은 공중에 뜬다. 이 현상을 이용하여 NASA는 우주비행사들을 우주 여행에 대비시킨다. 우주비행사들은 24,000피트의 고도로 오르는 항공기를 타고 비행하는데, 항공기가 하강하게 되면 이 탑승객들은 약 20에서 25초 동안 무중력을 경험한다. 이 비행은 우주비행사들이 우주의 환경에 익숙해지도록 돕고, 또한 NASA가 유사한 환경에서 실험하고 장비를 시험할 수 있게 해준다.

구문해설

3행 In fact, you **may have experienced** a similar feeling [when (you were) riding a roller coaster]. ▸ 「may have+p.p.」는 '…했을지도 모른다'의 의미로, 과거 사실에 대한 불확실한 추측을 나타낸다. [ ]는 접속사 when이 이끄는 부사절에서 「주절의 주어와 동일한 주어+be동사」가 생략된 형태이다.

문제해설

③ 중력에 의해 스스로가 좌석에 내리눌리는 것처럼 느끼는 것이므로 현재분사 pushing은 수동의 의미를 나타내는 (being) pushed가 되어야 한다.

 ①

정보를 효율적으로 처리하기 위해, 우리의 뇌는 우리가 정보를 모으고 해석하는 방식에 영향을 주는 전략들을 사용한다. 이러한 전략 중 하나는 확증 편향이라고 불리며, 그것은 우리가 이미 믿고 있는 것을 뒷받침하는 방식으로 정보를 해석할 때 발생한다. 1979년 스탠퍼드 대학에서의 한 연구는 확증 편향이 얼마나 강력한지 밝혀냈다. 연구원들은 사형의 효과에 대해 상반된 주장을 하는 두 개의 가짜 연구 보고서를 만들었다. 보고서 중 하나는 사형이 범죄율 감소로 이어진다는 의견을 제시한 반면, 다른 하나는 그 둘은 관련이 없다고 주장했다. 참가자들이 이 조작된 보고서들을 받았을 때, 그들의 반응은 이 문제에 대한 자신들의 기존 의견에 크게 영향을 받는 것으로 나타났다. 심지어 그들의 믿음을 반박하는 증거를 접했을 때도, 확증 편향의 영향은 매우 중대한 것으로 증명되었다.

구문해설

3행 ..., and it occurs when we interpret information in a way [that supports {what we already believe}]. ▸ [ ]는 선행사인 a way를 수식하는 주격 관계대명사절이다. { }는 선행사를 포함하는 관계대명사 what이 이끄는 명사절로, supports의 목적어로 쓰였다.

4행 A study from Stanford University in 1979 revealed [how powerful confirmation bias is]. ▸ [ ]는 revealed의 목적어로 쓰인 의문사절로, 「의문사+주어+동사」의 어순을 따른다.

7행 One of the reports suggested [that capital punishment leads to reduced crime rates], **while** the other proposed [that the two were not related]. ▸ 첫 번째 [ ]와 두 번째 [ ]는 각각 suggested와 proposed의 목적어 역할을 하는 명사절이다. while은 '…인 반면'의 의미인 접속사이다.

문제해설

이 글은 확증 편향의 개념과 그것의 강력함을 설명하는 글로, 예시로 든 연구에서 참가자들이 사형 제도에 대한 상반된 두 주장이 담긴 보고서를 받았을 때, 자신의 믿음을 반박하는 증거를 접하더라도 그들의 반응은 기존에 가지고 있던 의견에 영향을 받았다고 했다. 따라서, 밑줄 친 부분이 의미하는 바로 가장 적절한 것은 ① '자신의 원래 입장을 계속 고수하는 경향'이다.

② 어떤 문제에 대해 자신의 의견에 대한 자신감의 상실
③ 자신의 입장을 중립의 절충안으로 변경하는 것
④ 반대되는 모든 관점을 고려해야 한다는 느낌
⑤ 새로운 증거에 기반하여 자신의 견해를 바꿀 의향

24 해석 기법 pp. 64~65

A 그는 내가 없는 동안 내 고양이들을 돌봐 주겠다고 약속했다.

B 나는 어젯밤에 숙제하느라 늦게까지 깨어 있었기 때문에 피곤하다.

C 좀 지나치게 자신만만하기는 하지만, 그가 매우 박식한 것은 사실이다.

D 그 영화는 너무 감동적이어서 나는 그것을 세 번 봤다.

E 그녀는 나중에 집에서 볼 수 있도록 아들의 연극을 녹화할 것이다.

구문 훈련

1 나는 하라고 들은 대로 지시를 따랐지만, 결과는 만족스럽지 않았다.
2 다른 정보가 없는 상태에서, 당신은 아마 키가 더 작은 사람이 여자인 반면에 키가 더 큰 사람이 남자라는 결론을 내릴 것이다.
3 그 집에 사는 여자는 내게 자신이 육아에 관한 안내서를 공부할 수 있도록 읽는 법을 배우고 싶다고 말한다.

7 ③

당신이 채소로부터 이메일을 받을 것 같지는 않지만, 그것이 불가능한 건 아니다. 한 팀의 공학자들이 토양 내 질화방향족 화합물을 감지할 때 신호를 내보내는 특별한 장치를 시금치 식물 안에 설치했다. 이 성분은 폭발물에서 흔히 발견된다. 그 신호는 작은 컴퓨터가 공학자들에게 이메일을 보내게 한다. 이 연구의 목표는 시금치가 폭발물을 숨길(→ 탐지할) 수 있는지 알아내는 것이었지만, 관련된 기술은 더 광범위한 잠재력을 가지고 있다. 그 기술은 과학자들이 환경 조건에 관한 필수적인 정보를 수집하는 것을 돕는 데 사용될 가능성이 있다. 공학자들은 식물이 자라면서 토양과 물 속의 더 미묘한 변화뿐만 아니라 다가오는 가뭄을 예측하는 능력도 지니고 있다고 생각한다. 그것은 또한 오염 물질을 감지하고 기후 변화를 방지하는 데 유용할 수도 있다.

구문해설

2행 A team of engineers placed special devices in spinach plants [that emit a signal {when they sense nitroaromatic compounds in the soil}]. ▸ [ ]는 선행사인 special devices를 수식하는 주격 관계대명사절이다. { }는 시간이나 때를 나타내는 부사절이다.

5행 The goal of this study was [to find out {if spinach could detect explosives}], but the technology **involved** has broader potential. ▸ [ ]는 주격보어로 쓰인 명사적 용법의 to부정사구이다. { }는 find out의 목적어로 쓰인 명사절이다. involved는 the technology를 수식하는 과거분사이다.

7행 **It** is possible [that *it* can be used to help scientists gather vital information about environmental conditions]. ▸ 첫 번째 It은 가주어이고 [ ]가 진주어이다. 두 번째 it은 앞 문장의 the technology involved를 가리킨다. help는 목적격보어로 동사원형이나 to부정사를 쓴다.

문제해설

③ 공학자들이 시금치 식물 안에 토양 속 질화방향족 화합물을 감지할 때 신호를 보내는 장치를 설치하여 자신들에게 이메일을 보내게 만들었는데, 질화방향족 화합물은 흔히 폭발물에서 발견된다고 한 것으로 보아, 이 연구의 목표는 시금치가 폭발물을 '탐지할' 수 있는지 알아내는 것이었다는 것을 추론할 수 있다. 따라서, hide를 detect 등으로 고쳐야 한다.

8 ③

누군가를 감질나게 하는(tantalize) 것은 그들이 무언가를, 흔히 그들이 절대 얻을 수 없는 무언가를 원하게 만드는 것이다. 그 단어는 Tantalus 왕에 관한 그리스 신화에서 유래한 것인데, 그는 너무 교만해서 신을 속이려고 했다. 신들과의 식사에 초대되었을 때, Tantalus는 그들의 특별한 음식을 자신의 친구들에게 가져다줄 수 있도록 훔쳤다. 그 벌로, 그는 지하 세계로 보내졌다. 그는 잘 익은 맛있는 과일이 그의 위의 나무에 매달려 있는 채로 물웅덩이 안에 서 있어야 했다. 그가 물을 마시려고 할 때마다 물이 빠져나가곤 했다. 만약 그가 과일을 따려고 하면, 나뭇가지가 손이 닿지 않는 곳으로 움직이곤 했다. Tantalus는 이미 지하 세계에 있었기 때문에, 아무리 배고프고 목마르게 되어도 절대 죽지 않을 것이었다.

구문해설

5행 He had to stand in a pool of water **with** delicious ripe fruit **hanging** from a tree above him. ▸ 「with+(대)명사+v-ing」는 '…가 ~한 채로'의 의미로, 명사와 동사가 능동 관계이므로 현재분사가 쓰였다.

6행 [Whenever he tried to drink the water], it **would** drain away. ▸ [ ]는 복합관계부사절로, whenever는 '…할 때마다'의 의미이다. would는 '…하곤 했다'의 의미로 과거의 습성·경향을 나타낸다.

8행 Tantalus was already in the underworld, so **no matter how** hungry or thirsty he got, he would never die. ▸ 「no matter how ...」는 '아무리 …하더라도'의 의미로, 복합관계부사 however와 바꿔 쓸 수 있다.

문제해설

③ When ... them은 접속사 When이 이끄는 부사절에서 「주절의 주어와 동일한 주어+be동사」인 he was가 생략된 형태로, Tantalus가 '초대된' 것이므로 현재분사 inviting은 수동의 의미를 나타내는 과거분사 invited가 되어야 한다.

REVIEW TEST

p. 66

A 1 accepted 2 taking 3 had to 4 had 5 take

B 1 in case 2 nor 3 but 4 so

C 1 so small that
2 Now that the weather is warmer
3 Not the camera but the models
4 to provide learning materials as well as to assign homework

A

1 나의 반 친구는 내 제안을 이해했고 받아들이기도 했다.
2 나는 책을 읽고, 정원을 가꾸고, 내 개를 돌보면서 주말을 보낸다.
3 내가 미국에 가서 영어를 해야 했을 때, 나는 겁이 났었다.
4 약 43,000년 전에 살았던 크로마뇽인은 약 2미터의 키에, 직립했으며, 큰 뇌를 가지고 있었다.
5 당신의 자세와 표정은 메시지의 효과적인 전달에 기여하거나, 그것을 반감시킬 수 있다.

B

1 젖을 경우에 대비해서 여분의 옷을 가져가라.
2 나는 그녀의 생일에 선물을 주지도, 꽃을 보내지도 않았다.

3 그 배우는 많은 영화뿐만 아니라 무수히 많은 TV 프로그램에도 출연한다.

4 네가 그 대회에 참가할 수 있도록 신청서를 제출해야 한다.

07 관계사절이 꾸며 주는 말을 찾아라

25 해석 기법 pp. 68~69

A 그는 자신이 어젯밤에 파티에서 만났던 그 여자를 기억하지 못한다.

B 내가 몇 달 전에 산 그 소설은 이해하기 너무 어려워서 나는 아직 그것을 다 읽지 못했다.

C 교환 학생으로 어느 나라에 갈지 선택할 때, 네가 고려해야 할 몇 가지가 있다.

구문 훈련

1 Every product ∧ we buy / 우리가 구입하는 모든 제품은 환경에 영향을 미친다.

2 some physical activities ∧ you can enjoy / 여가 시간에 당신이 즐길 수 있는 몇 가지 신체 활동을 찾으려고 노력하라.

3 the wonderful changes ∧ people have made / 우리는 사람들이 그들의 삶에서 이룬 멋진 변화들에 대해 듣고, 그런 결과들을 모방하고 싶어 한다.

4 all of the weight ∧ they've lost / 극단적인 수단으로 빠르게 체중을 줄이는 사람들은 보통 감량한 체중을 모두 다시 찌우게 된다.

5 things ∧ you enjoy, the stress ∧ you experience / 근무일 동안 겪는 스트레스를 줄이기 위해서 퇴근 후에는 당신이 즐기는 일을 할 시간을 가져라.

1 ⑤

사람들은 때때로 은행에 돈이 떨어질까 봐 걱정한다. 그래서 그들 모두는 당황하여 그들의 돈을 인출하려고 한다. 이것은 뱅크런이라고 불린다. 어떤 경우에 그것은 은행이 파산하게 할 수 있다. (C) 그 이유는 대부분의 은행이 금고에 한정된 금액의 돈을 보관하기 때문이다. 은행들은 보안상의 목적으로 이렇게 한다. 그 액수는 고객이 맡긴 총 예금의 극히 일부에 불과하다. (B) 따라서 뱅크런이 발생하면, 은행은 수중에 있는 현금량을 늘릴 방법을 찾아야 한다. 이렇게 할 수 있는 한 가지 방법은 자산을 매각하는 것이다. (A) 이러한 매각은 신속하게 이루어져야 하므로 자산의 가격은 평소보다 훨씬 낮을 가능성이 높다. 이는 고객의 불안을 더욱 가중시켜 인출 증가로 이어질 수 있다.

구문해설

3행 ..., it can **cause** a bank **to go** bankrupt. ▸ 「cause A to-v」는 'A가 …하게 하다'의 의미이다.

5행 This can cause even more customer anxiety, [leading to increased withdrawals]. ▸ [ ]는 결과를 나타내는 분사구문이다.

7행 ..., the bank must find a way [to increase the amount of cash {(which/that) they have on hand}]. ▸ [ ]는 a way를 수식하는 형용사적 용법의 to부정사구이다. { }는 선행사인 cash를 수식하는 목적격 관계대명사절로, 목적격 관계대명사가 생략되어 있다.

문제해설

은행에 돈이 떨어질까 불안을 느낀 사람들이 당황하여 돈을 인출해 가는 상황을 뜻하는 뱅크런을 설명하는 주어진 글에 뒤이어, 뱅크런이 은행을 파산하게 할 수도 있는 이유를 설명하는 (C)가 가장 먼저 나오고, 뱅크런 발생 시 은행이 현금 보유량을 늘릴 수 있는 한 방법으로 자산 매각을 언급하는 (B)가 이어진 후, 은행의 자산 매각이 초래하는 결과를 서술하는 (A)의 순서로 이어지는 것이 가장 자연스럽다.

2 ②

아프다는 것이 상당히 심각한 일이기는 하지만, 이제 어떤 병원 방문은 뜻밖의 웃음을 포함한다. 의료계 종사자들은 환자들이 긴장을 풀고 병원에 머무는 것이 야기할 수 있는 스트레스를 줄이도록 돕기 위해 광대로 변장해 오고 있다. 이런 의료계의 광대들이 만들어 내는 웃음이 일부 약만큼 효과적이라는 것을 증거가 말해 준다. 한 실험에서, 연구원들은 수술 준비 중인 아이들을 즐겁게 해 주기 위해 광대들을 보냈다. 한 그룹의 아이들은 광대와 함께 30분 정도의 시간을 보낸 반면에, 두 번째 그룹의 아이들은 대신 진정제를 받았다. 광대와 만난 아이들은 진정제를 받은 아이들과 동일한 불안감의 감소를 보였다. 의료계의 광대들은 또한 자폐증이 있는 아이들과, 고통스러운 붕대 교체가 필요한 어린 화상 피해자들을 돕는 데에도 쓰일 수 있다고 여겨진다.

구문해설

2행 Healthcare workers have been dressing up like clowns [to **help** patients **relax** and **reduce** the stress {(which/that) *staying in the hospital* can cause}]. ▸ [ ]는 목적을 나타내는 부사적 용법의 to부정사구이다. help는 목적격보어로 동사원형이나 to부정사를 쓰며, 목적격보어인 relax와 reduce가 접속사 and로 병렬 연결되어 있다. { }는 선행사인 the stress를 수식하는 목적격 관계대명사절로, 목적격 관계대명사가 생략되어 있다. staying in the hospital은 주어로 쓰인 동명사구이다.

4행 Evidence suggests [(that) the laughter {(which/that) these medical clowns create} is **as** effective **as** some medication]. ▸ [ ]는 suggests의 목적어로 쓰인 명사절이다. { }는 선행사인 the laughter를 수식하는 목적격 관계대명사절로, 목적격 관계대명사가 생략되어 있다. 「as+형용사의 원급+as」는 '…만큼 ~한'의 의미이다.

7행 The kids [who met with clowns] showed **the same** reduction in anxiety **as** *those* [who were given the sedative]. ▸ 첫 번째 [ ]는 선행사인 The kids를, 두 번째 [ ]

는 선행사인 those를 수식하는 주격 관계대명사절이다. 「the same ... as ~」는 '~와 같은 …'의 의미이다. those는 the kids를 가리키는 대명사이다.

9행 **It** is believed [that medical clowns could also be used *to help* kids {with autism} and young burn victims {in need of painful bandage-changing}]. ▸ It은 가주어이고 [ ]가 진주어이다. to help는 목적을 나타내는 부사적 용법의 to부정사이다. 첫 번째 { }는 kids를, 두 번째 { }는 young burn victims를 수식하는 전치사구이다.

문제해설

의료계 종사자들이 광대로 변장하고 소아 환자들에게 웃음을 선사함으로써 진정제 못지않게 그들의 불안감을 감소시켰다는 내용이므로, 제목으로는 ② '웃음은 정말로 최고의 약이 될 수 있다'가 가장 적절하다.

① 아이들을 돕기 위해 자신의 직장을 그만둔 한 광대
③ 의사들이 긴장을 풀기 위해 광대처럼 옷을 입고 있다
④ 사람들은 스트레스를 받을 때 더 많이 웃는다
⑤ 약은 긴장이 완화된 환자들에게 더 효과적이다

26 해석 기법 pp. 70~71

A 나는 머리카락이 허리까지 내려오는, 파란 눈을 가진 소녀를 보았다.
B 내가 찾고 있던 28 사이즈의 녹색 치마는 품절되었다.
C 우리의 계획을 바꾼 상황이 발생했다.
D 네가 네 결정을 후회할 날이 올 것이다.

구문 훈련

1 a cloud / 하늘에 물고기처럼 생긴 구름이 있다.
2 A man / 우리의 인생을 바꾼 한 남자가 우리 마을에 왔다.
3 a certain panic / 그의 목소리에는 주의를 요하는 어떤 공포가 배어 있었다.
4 a solution / 결국, 두 집단 모두를 만족시키는 해결책이 발견되었다.
5 the respondents / 위 그래프는 2017, 2019, 2022년에 때로 혹은 종종 뉴스를 적극적으로 피했던 다섯 나라의 응답자 백분율을 나타낸다.

3 ②

1950년대에 생물학자들은 생물학적으로 혈연 관계가 아닌 침팬지들이 고기를 나눠 먹는 모습을 관찰했다. 그들은 같은 가족이 아닌 동물들이 왜 서로를 돕는지 이해하기 위해 애썼다. 오늘날 그 답은 게임 이론과 관련이 있다고 여겨진다. 이 개념을 더 잘 이해하려면 다음 상황을 생각해 보라. 한때 한 정치학자에 의해 컴퓨터 프로그램들이 서로 경쟁하는 토너먼트가 개최되었다. 각 프로그램은 게임 상대와 마주쳤을 때 그에게 협력하기, 그로부터 물러서기 등의 구체적인 전략을 가지고 있었다. 시간이 지남에 따라 다른 전략들보다 더 성공적인 한 전략이 등장했는데, 협력하는 것부터 시작한 다음 상대의 행동을 모방하는 것이다. 즉, 상대방이 협조하면 나도 협조한다. 상대가 나와 공유하기를 중단하면 나도 그들과 공유하기를 멈춘다. 동물 왕국에서 목격하는 이와 유사한 행동은 상호성이라고 불린다. 침팬지는 상대방이 보답할 것이라고 믿기 때문에 다른 침팬지와 음식을 공유한다.

구문해설

1행 In the 1950s, biologists **observed** chimpanzees [that weren't biologically related] **sharing** meat. ▸ [ ]는 선행사인 chimpanzees를 수식하는 주격 관계대명사절이다. 동사 observed의 목적격보어로 현재분사 sharing이 쓰였다.

2행 They struggled to understand [why animals {that aren't part of the same family} help one another]. ▸ [ ]는 understand의 목적어로 쓰인 의문사절이다. { }는 선행사인 animals를 수식하는 주격 관계대명사절이다.

5행 Tournaments were once held by a political scientist [in which computer programs competed against each other]. ▸ [ ]는 선행사인 Tournaments를 수식하는 관계사절이다.

6행 Each program had a specific strategy [that it followed {when encountering an opponent}] .... ▸ [ ]는 선행사인 a specific strategy를 수식하는 목적격 관계대명사절이다. { }는 시간을 나타내는 분사구문으로, 의미를 명확히 하기 위해 접속사를 생략하지 않은 형태이다.

문제해설

상호성이란 협력하는 것에서 시작하되 이후에는 상대방의 반응을 모방하여 행동하는 것이라고 했으므로, 침팬지가 음식을 나눠 주는 것은 상대방이 (음식을 나누는) 자신의 행동을 따라할 것을 기대하기 때문이라고 추론할 수 있다. 따라서 빈칸에는 ② '보답할 것이다'가 들어가는 것이 가장 적절하다.

① 감사함을 표현할 것이다 ③ 그들을 비판할 것이다
④ 몸짓을 무시할 것이다 ⑤ 결과를 감수할 것이다

 ③

Baarle는 인근의 네덜란드 영토 안에 벨기에 영토의 지역들이 산재해 있는 작은 국경 마을이다. 상황을 더 혼란스럽게 하는 것은, 그 네덜란드 영토 안에 더 작은 네덜란드 소유지를 포함하는 몇몇 벨기에 지역들이 있다는 것이다. 그곳은 매우 복잡한 국경을 가진 세계의 몇 안 되는 지역들 중 하나이다. 1995년에, 벨기에와 네덜란드 정부는 땅 위에 선으로 그 특이한 국경을 명확히 표시하기로 결정했다. 만약 그 국경선이 주택과 카페 같은 건물들의 중앙을 지나면, 그것은 그 건물들을 절반으로 나누고 각 부분은 서로 다른 국가에 속하게 된다. 만약 이 선에 의해 당신의 집이 나뉜다면 당신은 어느 나라에 사는 것일까? 이것은 당신의 현관이 어디에 있는지에 따라 결정된다! 그래서 만약 지난주에 네덜란드 사람들이 당신을 짜증 나게 했다면, 당신은 벨기에로 이주하기 위해 현관을 옮기기만 하면 된다.

구문해설

4행 [To make(V) things(O) more confusing(OC)], there are some Belgian areas within the Dutch territory [that contain smaller Dutch properties]. ▸ 첫 번째 [ ]는 뒤 절 전체를 수식

하는 부사적 용법의 독립부정사이다. 두 번째 [ ]는 선행사인 some Belgian areas를 수식하는 주격 관계대명사절이다.

9행 This is determined by [where your front door is]! ▸ [ ]는 전치사 by의 목적어로 쓰인 의문사절로, 「의문사+주어+동사」의 어순을 따른다.

11행 ..., all [(that) you have to **do**] is **move** your front door *to relocate* to Belgium. ▸ [ ]는 선행사인 all을 수식하는 목적격 관계대명사절로, 목적격 관계대명사가 생략되었다. do동사를 포함한 절이 주어로 쓰였을 때, be동사의 보어로는 흔히 to가 생략된 원형부정사가 온다. to relocate는 목적을 나타내는 부사적 용법의 to부정사이다.

문제해설

주어진 문장의 the border line이 ③ 앞의 문장에 나온 a line을 가리키고, ③ 다음 문장의 this line이 주어진 문장의 border line을 가리키므로, 주어진 문장은 ③에 들어가는 것이 가장 적절하다.

27 해석 기법 pp. 72~73

A 나는 나비 축제가 우리 마을에서 처음 열린 날을 기억한다.
B 나는 최근에 내가 태어나서 어린 시절을 보낸 마을을 방문했다.
C 그는 자신이 회의에서 화를 낸 이유를 내게 말해 주지 않았다.
D 이 영상은 곰들이 여러 환경 조건에 반응하는 방식을 네게 보여 준다.

구문 훈련

1 [where you can watch rare films] / 이곳은 당신이 희귀한 영화들을 볼 수 있는 곳이다.
2 [why people resist change in their lives] / 사람들이 인생의 변화에 저항하는 많은 이유들이 있다.
3 [how people present themselves to the world] / 옷은 사람들이 세상에 자신을 나타내는 방법의 일부이다.
4 [your life is going at the moment] / 네 꿈의 배경은 바로 지금 네 삶이 진행되는 방식에 대해 네가 갖는 감정을 나타낸다.
5 [when the aquaculture industry was rapidly expanding] / 수산 양식 산업이 급속하게 팽창하고 있던 초기 단계 동안, 직접적인 손실 면에서 그리고 그 산업의 이미지 측면에서 모두 큰 대가를 치른다.

 ②

미국에서 일어난 연좌시위(운동)는 인종 평등을 위한 투쟁의 일환이었다. 그것의 목표는 공공장소에서 강제된 인종 분리를 끝내는 것이었다. (B) 이 운동의 가장 중요한 사건 중 하나는 노스캐롤라이나의 한 식당에서 일부 흑인 대학생들이 분리된 구역에 앉았던 때였다. 그들은 나가라는 말을 들었지만, 자리를 지킴으로써 항의했다. (A) 이것이 시민권 운동의 첫 연좌시위는 아니었지만 일련의 비슷한 시위들로 이어졌다. 시위하는 동안, 시위자들은 식당과 도서관을 포함하여 인종이 분리되었던 장소의 좌석을 점거했다. (C) 그들은 서빙을 받거나 체포되지 않는 한 움직이는 것을 거부했다. 많은 시설들이 더 이상의 시위에 대응하기보다는 인종 분리의 관행을 끝내기로 결정했다. 이러한 연좌시위는 1964년 민권법이 통과되는 것을 도왔고, 이는 공공장소에서의 분리를 공식적으로 종식시켰다.

구문해설

4행 During them, protesters occupied seats in places [where races were segregated, including restaurants and libraries]. ▸ [ ]는 선행사인 places를 수식하는 관계부사절이다.

10행 They refused **to move** unless they were *either* served *or* arrested. ▸ to move는 동사 refused의 목적어 역할을 하는 to부정사이다. 「either A or B」는 'A 또는 B'의 의미이다.

12행 These sit-ins helped pass the Civil Rights Act of 1964, [which officially ended segregation in public places]. ▸ [ ]는 앞 절을 선행사로 하는 계속적 용법의 주격 관계대명사절이다.

문제해설

공공장소에서의 인종 분리를 종식시키기 위해 일어났던 미국의 연좌시위(운동)를 소개하는 주어진 글에 뒤이어, 그 운동과 관련된 하나의 중요한 사건을 예로 드는 (B)가 가장 먼저 나오고, 그 사건이 비슷한 다른 시위들로 이어져 시위자들이 인종 분리가 적용되었던 장소에서 좌석을 차지했다는 (A)에 이어, 이러한 시위 결과로 민권법의 통과와 (인종) 분리가 종식되었다는 (C)의 순서로 이어지는 것이 가장 자연스럽다.

6 ③

불면증에 시달리는 사람들은 악순환에 직면한다. 먼저, 그들은 며칠 밤 동안 연이어 잠을 잘 자지 못하고, 그런 뒤 자신들의 수면 부족에 대한 스트레스를 겪기 시작한다. 이 스트레스는 결국 자는 데에 있어 더 심한 문제로 이어진다. 많은 환자들이 약물 치료가 자신들의 문제에 대한 유일한 치료법이라고 생각하지만, 의사들은 동의하지 않는다. 그들은 신체(→ 심리) 질환이 흔히 불면증을 초래한다고 생각한다. 이 질환은 인지행동치료로 고칠 수 있는데, 그것은 이 사람들이 불면증에 대해 생각하는 방식을 바꾸는 데 집중하며, 그렇게 함으로써 행동의 변화를 가능하게 한다. 그 치료는 환자들이 가끔 숙면을 취하지 못하더라도 여전히 건강할 수 있음을 그들에게 보여 주는 것을 포함한다.

구문해설

6행 This condition can be treated with cognitive behavioral therapy, [which focuses on changing the way {these people think about insomnia}, {thereby enabling a change in behavior}]. ▸ [ ]는 선행사인 cognitive behavioral therapy를 부연 설명하는 계속적 용법의 주격 관계대명사절이다. 첫 번째 { }는 선행사인 the way를 수식하는 관계부사절이고, 두 번째 { }는 결과를 나타내는 분사구문이다.

문제해설

③ 불면증에 대해 생각하는 방식을 바꿈으로써 행동상의 변화를 가능하게 하는 인지행동치료가 불면증의 치료 방법으로 언급된 것으로 보아, 의사들은 '심리' 질환이 흔히 불면증을 초래한다고 생각한다는 내용이 타당하므로, physical을 psychological 등으로 고쳐야 한다.

28 해석 기법 pp. 74~75

A 그 회사는 새로 고용된 직원을 해고할 것인데, 그는 게으르고 정직하지 않다.

B 나는 그 프로젝트의 최종 기한을 잊어버렸는데, 나는 그것을 달력에 적어 놓았었다.

C 그 과학자들이 열 벌이 넘는 우비를 검사했는데, 그것들 중 아무것도 완전히 방수되지 않았다.

구문 훈련

1 그는 Tony를 통해 새로운 일자리를 얻었는데, 그는 Tony를 초등학교 때부터 알았다.

2 그가 그 소설을 다 읽는 데 겨우 하룻밤이 걸렸는데, 그것은 500쪽이 넘는 분량으로 구성되어 있었다.

3 이번에는 그 장난기 많고 호기심 많은 소년이 형 Felix에게 관심을 보였는데, 그는 어디에 있더라도 공부에 전념했다.

4 세계에서 가장 유명한 테마파크 중 한 곳은 유니버설 스튜디오 할리우드인데, 그곳은 처음에 실제 영화 촬영 세트의 관광을 제공하기 위해 만들어졌다.

5 숲속에 있는 생물들의 사체는 분해되어 토양이 되고, 그 토양은 결국 다른 생물들에게 영양분을 공급해 준다.

7 ③

Grace Hopper는 1906년 뉴욕에서 태어났다. 그녀는 어릴 때 기계학에 관심을 보여, 종종 가전제품을 분해했다가 다시 조립했다. 그녀는 바사르 대학에서 수학과 물리학 학위를 취득했고, 후에 예일 대학에서 수학 박사 학위를 받았다. 졸업하자마자, 그녀는 교수로 바사르 (대학)에 돌아왔다. 1941년 진주만 공격으로 미국이 제2차 세계대전에 참전하게 된 뒤, Hopper는 군대에 들어갔다. 1944년, 그녀는 하버드 대학의 컴퓨터 프로젝트에 배치되었다. 그녀의 팀은 초기 버전의 전자 컴퓨터를 만드는 것을 도왔다. 전쟁이 끝난 후에, 그녀는 최초의 완전 전자식 디지털 컴퓨터인 유니박(UNIVAC) 제작에 참여했다. 마침내 그녀는 사령관의 지위에 올랐고 컴퓨터와 관련된 그녀의 일로 국제적으로 인정받았다. 1973년에, 그녀는 영국 컴퓨터 학회의 명예 위원으로 임명된 최초의 여성이 되었다.

구문해설

1행 She showed an interest in mechanics at an early age, [often **taking apart** appliances and **putting** them back together]. ▸ [ ]는 동시동작을 나타내는 분사구문이다. taking apart와 putting이 접속사 and로 병렬 연결되어 있다.

5행 Following the attack on Pearl Harbor in 1941, [which **caused** the US **to enter** World War II], Hopper joined the military. ▸ [ ]는 the attack on Pearl Harbor in 1941을 선행사로 하는 계속적 용법의 주격 관계대명사절이다. 「cause A to-v」는 'A가 …하게 하다'의 의미이다.

8행 After the war, she took part in the creation of **UNIVAC**, [the first all-electronic digital computer]. ▸ UNIVAC과 [ ]는 동격이다.

11행 In 1973, she became the first woman [to be named a distinguished fellow of the British Computer Society]. ▸ [ ]는 the first woman을 수식하는 형용사적 용법의 to부정사구이다.

문제해설

③ Grace Hopper는 미국이 제2차 세계대전에 참전한 뒤에 입대했다.

8 ③

베수비오산은 서기 79년 8월 24일까지 수백 년 동안 활동하지 않았던 이탈리아에 있는 화산인데, 그날 그 화산이 갑자기 분출했다. 분화는 아침에 시작되었는데, 초당 150만 톤의 놀라운 속도로 암석과 용암이 분출되기 시작했다. 하늘은 어두워졌고 시간당 약 6인치의 재가 땅으로 떨어졌다. 자정 무렵 용암이 흘러넘치기 시작했고, 다음 날 아침에는 유독가스 구름이 폼페이에 도달했는데, 그곳에는 약 2만 명의 사람들이 살고 있었다. 당시에 그 지역은 관광객이 많은, 인기 있는 휴양지였다. 분화 초기에 떠나지 못한 대부분의 사람들은 암석과 화산재 속에 산 채로 매몰되었다. 결국, 거의 1만 6천여 명의 사람들이 사망했다고 여겨진다.

구문해설

1행 Mount Vesuvius is a volcano in Italy [that **had been** inactive for hundreds of years until August 24, 79 A.D., {when it suddenly erupted}]. ▸ [ ]는 선행사인 a volcano를 수식하는 주격 관계대명사절이다. had been은 계속을 나타내는 과거완료시제이다. { }는 선행사인 August 24, 79 A.D.를 부연 설명하는 계속적 용법의 관계부사절이다.

3행 ..., as rock and lava **began to be expelled** at an amazing rate of 1.5 million tons per second. ▸ begin은 to부정사와 동명사 모두 목적어로 쓸 수 있다.

9행 In the end, **it** is believed [that approximately 16,000 people died]. ▸ it은 가주어이고 [ ]가 진주어이다.

문제해설

③ 주어(a cloud of toxic gas) 뒤에 동사가 필요하므로 reaching은 과거시제인 reached가 되어야 한다.

29 해석 기법 pp. 76~77

A 컴퓨터를 구입하시는 분은 누구든지 저희의 경품 행사에 응모할 기회를 얻게 될 것입니다.

B 나는 그가 그의 마음속에 있는 것은 무엇이든지 자유롭게 말하기를 바란다.

C 우리의 새 프로젝트를 논의하기 위해 너는 네가 가능할 때는 언제든지 나에게 전화해도 된다.

D 너희들이 원하는 어떤 방법으로든지 교실을 꾸며도 된다.

E 누가 의장으로 선출되더라도 속상해하는 몇몇 사람들이 있을 것이다.

F 무슨 일이 일어나더라도, 너는 너의 부모님이 네 편이라는 것을 알아야 한다.

G 네가 어디에 가더라도 나는 우리가 함께한 시간을 기억할 것이다.

H 그녀가 아무리 열심히 노력해도, 그녀는 자신의 경쟁자를 이길 수 없었다.

구문 훈련

1 Jonathan은 그의 형이 하는 것은 무엇이든지 늘 하려고 한다.
2 그 셔츠들을 모두 입어 보아라, 그러면 네가 가장 좋아하는 어느 것이든지 네게 사 주겠다.
3 누가 경기에서 이기더라도, 우리가 경기를 얼마나 잘하는지가 가장 중요한 것이다.
4 네가 아무리 많은 돈을 벌더라도, 네 건강은 네가 살 수 있는 것이 아니다.
5 우리 대부분은 사람들이 우리가 하기를 바라는 것이 무엇이든지 동조함으로써 그들을 기쁘게 하려고 애쓰는 함정에 빠진다.

9 ②

선박에 있는 사람들은 무전기를 사용하여 도움을 요청할 때마다 '메이데이(mayday)'라는 말을 사용한다. 그런데 이것은 무엇을 의미할까? 이말은 사실 1920년대에 Frederick Mockford라는 이름의 한 영국인에 의해 선정되었다. 그는 "도와주세요"를 뜻하는 프랑스어 *m'adier*처럼 들린다고 해서 그것을 선택했다. 표준 절차에 따르면 이 단어는 비슷한 단어로 오인되지 않도록 세 번 연속으로 말해져야 한다. 그 다음에는 배의 이름과 위치 등 중요한 정보가 주어져야 한다. 그러나 때때로 한 선박이 조난당한 다른 선박을 위해 메이데이 호출을 하는 경우가 있다. 이를 '메이데이 릴레이'라고 한다. 그것은 위험에 처한 선박이 구조대에 연락할 수 없을 때 이루어진다. 최초 호출을 들은 선박은 구조가 올 때까지 메이데이 릴레이를 반복적으로 수행할 수 있다. 이것은 메이데이 호출이 전송되면 이를 수신한 누구든지 그들이 할 수 있는 어떠한 방법으로든 도와주도록 기대되기 때문이다.

구문해설

1행 [Whenever people on ships use a radio to call for help], they use the word "mayday." ▸ [ ]는 복합관계부사절로, whenever는 '…할 때마다'의 의미이다.

3행 He chose it because it sounds like the French term *m'adier*, [which means "help me."] ▸ [ ]는 선행사인 *m'adier*를 부연 설명하는 계속적 용법의 주격 관계대명사절이다.

11행 This is because when a mayday call is sent, [whoever receives it] is expected to help out [however they can]. ▸ 첫 번째 [ ]는 복합관계대명사절로, whoever는 '…하는 사람은 누구든지'의 의미이다. 두 번째 [ ]는 복합관계부사절로 however는 '…하는 어떤 방법으로든지'의 의미이다.

문제해설

② '…해야 한다'라는 의무를 나타내는 be to 용법이 쓰였는데 여기서 the word는 (사람에 의해) 말해지는 것이므로 주어와 동사가 수동의 관계가 되어야 한다. 따라서 to say는 to be said가 되어야 한다.

10 ⑤

새로운 기술들이 보통 우리에게 시간과 비용을 아끼게 해 주는 것처럼 보이지만, 철저한 비용 분석을 해 보면 이러한 절감 효과는 허공으로 사라진다. 예를 들어 이메일이 처음 도입되었을 때 그것은 우리가 소통하는 방식을 바꿔 놓았다. 메시지가 무엇이고, 그 메시지가 얼마나 길든, 당신은 그것을 빠르게 입력하고 어디든 무료로 보낼 수 있다. 하지만 고려해야 할 다른 요소들도 있다. 스팸 이메일은 걸러질 필요가 있고, 우리 모두는 중요하지 않아도 꼭 읽어야 하는 메시지를 많이 받는다. 이는 시간 소모가 큰 과정일 수 있다. 그리고 이메일이 가져온 비용 절감액을 계산할 때, 컴퓨터와 스마트폰의 비용뿐만 아니라 소프트웨어 업데이트에 소요되는 시간도 고려해야 한다. 대략적으로 당신이 보내는 각 한 통의 이메일은 1달러의 비용이 든다고 추정할 수 있으며, 이는 옛날 편지 한 통에 해당하는 비용과 같다.

구문해설

2행 For example, when email was first introduced, it changed the way [we communicate]. ▸ [ ]는 선행사인 the way를 수식하는 관계부사절이다.

4행 [Whatever the message is] and [however long it may be], you can quickly type it out and send it anywhere for free. ▸ 두 개의 [ ]는 복합관계부사절로, whatever는 '…가 무엇이든지', however는 '아무리 …하더라도'의 의미이다.

10행 Roughly, **it** can be estimated [that each email {(that) you send} costs(V) you(O1) one dollar(O2), {which is as much as an old-fashioned letter}]. ▸ it은 가주어이고 [ ]가 진주어이다. 첫 번째 { }는 선행사인 each email을 수식하는 목적격 관계대명사절로, 목적격 관계대명사가 생략되었다. 두 번째 { }는 선행사인 one dollar를 부연 설명하는 계속적 용법의 주격 관계대명사절이다.

문제해설

새로운 기술을 사용하는 것이 시간과 비용을 절약하는 것처럼 보이지만 다양한 요소를 고려하여 비용 분석을 했더니, 기대했던 것보다 효율적이지 않다는 내용이다. 따라서, 문맥상 밑줄 친 부분이 의미하는 바로 가장 적절한 것은 ⑤ '기술의 발전이 항상 우리가 생각하는 이득을 만드는 것은 아닐 수도 있다'이다.

① 새로운 기술은 사용자가 그것에 적응하도록 강제할 수도 있다
② 일부 기존의 기술은 신기술보다 우월할지도 모른다
③ 신기술은 유지 보수를 위해 지속적인 업데이트가 필요하다
④ 발전된 기술이 오래된 기술의 문제를 해결하지 못할 수도 있다

REVIEW TEST

p. 78

A 1 who 2 were 3 reminds 4 where 5 which
B 1 which 2 Whoever 3 the way[how] 4 were 5 who[that]
C 1 anything that 2 No matter who 3 No matter how

A

1 Sue는 이 사무실에서 내 감정을 이해할 수 있는 유일한 사람이다.

2 형과 함께 봤던 영화들 중 다수는 내가 이해하기에 너무 난해했다.
3 그 소년이 부모님께 사 드린 꽃바구니는 그들로 하여금 그 멋진 날을 생각나게 한다.
4 이것은 아이들이 자연을 경험할 더 많은 기회를 가지는 분위기를 만들 수 있다.
5 이집트 문명은 나일강을 따라 세워졌는데, 이 강은 매년 범람해서 그 기슭에 흙을 침전시켰다.

B

1 나는 사과를 많이 받았는데, 그것들은 나의 아버지에 의해 재배된 것이다.
2 위대해지고 싶은 사람은 누구든지 다른 사람들을 섬겨야 한다.
3 나는 이 수학 문제를 풀 수 있는 방법을 알고 싶다.
4 네가 지난 주말에 나에게 빌려 준 역사책들은 매우 흥미로웠다.
5 숙제를 제출하지 않은 세 명의 소년들이 교실에 있다.

C

1 그는 학교를 빠지고 자신을 즐겁게 해 주는 것은 무엇이든지 했다.
2 누가 책임이 있든, 모든 사람은 관리자가 그 상황을 처리하기를 원한다.
3 아무리 열심히 노력하더라도, 너는 네 바지에서 그 얼룩을 제거할 수 없을 것이다.

08 문맥을 통해 분사구문의 의미를 파악하라

30 해석 기법 pp. 80~81

A 그 실험의 결과에 만족해서, 나는 다음 단계로 넘어갔다.
B 함께 저녁을 먹으면서, 그들은 자신들의 휴가 계획에 관해 이야기했다.
C 수업에서 적절히 사용된다면 이 교수법은 모든 수준의 학생들을 도울 것이다.

구문 훈련

1 나는 그 문제를 빈칸으로 남겨 둔 채 시험지를 제출했다.
2 그녀는 공을 왼쪽으로 너무 멀리 던져서 창문을 깨뜨렸다.
3 운전하는 대신 기차를 타면, 너는 시간뿐만 아니라 돈도 절약할 수 있다.
4 축제에 갈 충분한 돈이 없어서, 우리는 대신 집에서 파티를 했다.
5 죄책감으로 인해 자극을 받을 때, 그들은 자신의 행동에 대해 사과하는 경향이 있다.

1 ①

그녀의 중요한 오디션 날, Fiona는 극장 밖에서 닫힌 문을 바라보며 기다렸다. 끔찍한 생각들이 그녀의 머릿속에 번졌다. '내가 충분히 잘할 수 있을까? 대사를 잊어버리면 어떡하지?' 그녀의 배 속에서 수많은 나비가 날개를 파닥이는 것 같았다. 갑자기 문이 휙 열리고 누군가 그녀의 이름을 불렀다. 안으로 걸어 들어가면서 Fiona는 조금 편안해졌다. "지금이 아니면 절대 못 해." 그녀는 용기를 내려고 애쓰며 속삭였다. 무대 위에 서서 대사를 말하면서, 그녀는 다시 자신감을 느끼기 시작했다. 그녀는 모든 대사를 완벽하게 암송했을 뿐만 아니라 엄청난 열정을 담아 전달했다. 무대에서 내려온 후, 그녀는 미소를 짓지 않을 수 없었다. '내가 해냈어. 정말로 해냈어.' 그녀는 오디션이 어떻게 지나갔는지에 놀라며 생각했다.

구문해설

1행 ..., Fiona waited outside the theater, [looking at the closed doors]. ▸ [ ]는 동시동작을 나타내는 분사구문이다.

7행 **Not only** *did she* recite every line perfectly, **but** she **also** delivered them with immense passion. ▸ 「not only A but also B」는 'A뿐만 아니라 B도'의 의미로, 부정어구인 not only가 문두에 와서 조동사와 주어가 도치되었다.

문제해설

Fiona는 무대에 오르기 전에는 스스로 오디션을 잘 볼 수 있을지 걱정하며 긴장했다가 용기를 내어 무대에 오르고 나서는 열정적으로 대사를 완벽하게 전달했으므로 자신감을 느꼈을 것이다.

2 ④

전자책의 인기에도 불구하고, 대부분의 아이들은 여전히 인쇄된 책을 선호한다. 유감스럽게도, 인쇄된 책을 만든다는 것은 나무를 베는 것을 의미한다. 하지만 *My Father Was in the Jungle*이라고 불리는 아르헨티나의 한 아동용 도서는 실제로 나무로 돌아갈 수 있다. 중성지와 무독성 잉크로 만들어져서, 그 책 전체가 환경친화적이다. 씨앗들도 그 책의 종이에 꿰매져 있어서, 그것은 나무로 탈바꿈될 수 있다. 일단 아이들이 책을 다 읽고 나면, 그들은 표지에 물을 주어서 그것을 양지에 두도록 권장된다. 씨앗에 싹이 나기 시작할 때 책을 흙에 심으면, 아이들은 그것을 다른 식물들처럼 버릴(→ 기를) 수 있다. 이것은 비록 일회성 프로젝트이긴 하지만, 그 출판사는 이것이 사람들로 하여금 책과 같은 일상용품들을 생산하는 데 필요한 자원을 의식하게 하기를 바란다.

구문해설

4행 [Made from acid-free paper and with non-toxic ink], the entire book is environment-friendly. ▸ [ ]는 이유를 나타내는 분사구문이다.

8행 [Placing the book in the dirt when the seeds begin to sprout], children can .... ▸ [ ]는 시간을 나타내는 분사구문이다.

문제해설

④ 종이에 씨앗들이 꿰매져 있어서 책이 나무로 변할 수 있다고 한 것으로 보아, 책 표지에 물을 주어 싹이 나기 시작할 때 그것을 흙에 심으면 다른 식물들처럼 '기를' 수 있음을 추론할 수 있으므로, abandon을 grow, nurture 등으로 고쳐야 한다.

31 해석 기법 pp. 82~83

A 어두운 방에 혼자 남겨져서, 그 소년은 울기 시작했다.
B 그 소식을 듣고 놀라서, 그는 말을 할 수 없었다.
C 그 폭발로 심하게 다쳐서, 그녀는 가장 가까운 병원으로 이송되었다.

구문 훈련

1 여행으로 지쳐서, 그녀는 빠르게 잠자리에 들었다.
2 우주에서 바라보면, 지구는 완전히 매끈한 것처럼 보인다.
3 놀란 나머지, Anna와 Jane은 눈을 크게 뜬 채 그저 그녀를 쳐다보았다.
4 건강이 염려되어, 그는 정밀 건강 검진을 받기로 결심했다.
5 전자레인지에서 너무 빠르게 조리되면, 종종 음식의 가장자리 부분이 탈 수 있다.

3 ②

수목 이식 쇼크는 나무가 새로운 장소로 옮겨진 뒤 스트레스나 트라우마를 겪을 때 일어나는 상태이다. 수목 이식 쇼크의 증상은 느린 생장을 포함하는데, 이는 어쩌면 죽음에 이르게 할 수 있다. 원래의 장소에서 옮겨지면, 어린 나무는 뿌리 조직의 약 15퍼센트 정도만 유지할 것으로 예상된다. 이는 토양에서 물과 영양분을 흡수하는 능력을 약화시킨다. 하지만 그 지역의 토종 나무만 옮겨 심는 것 같이 이를 해결할 방법들이 있다. 현지 기후와 토양에 적응하기 더 적합해서, 이 나무들은 새 뿌리가 더 빨리 자랄 것이다. 이식 전후 둘 다 꼭 나무에 많은 물을 줘야 한다. 일단 성공적으로 이식이 되면, 그 나무는 새로운 장소에 견고하게 정착할 때까지 규칙적인 급수가 필요할 것이다.

구문해설

2행 Tree transplant shock is a condition [that occurs when a tree undergoes stress or trauma {after being moved to a new location}]. ▸ [ ]는 선행사인 a condition을 수식하는 주격 관계대명사절이다. { }는 수동형 분사구문으로, 의미를 명확히 하기 위해 접속사를 생략하지 않은 형태이다.

7행 [(Being) Better suited to deal with the local climate and soils], these trees will develop new roots more quickly. ▸ [ ]는 Being이 생략된 수동형 분사구문이다.

10행 [**Once** (being) successfully transplanted], the tree will require regular watering until it *has become* firmly *established* in its new location. ▸ [ ]는 being이 생략된 형태의 수동형 분사구문으로, 의미를 명확히 하기 위해 접속사를 생략하지 않은 형태이다. Once는 '일단 …하면'의 의미인 접속사이다. has become established는 완료를 나타내는 현재완료형 수동태이며, 시간의 부사절에 사용되어 미래에 완료될 일을 나타낸다.

문제해설

주어진 문장의 This는 ② 앞의 문장에 나온, 어린 나무가 옮겨 심어지면 뿌리 조직의 약 15퍼센트만 유지할 수 있다는 내용을 가리킨다. 주어진 문장은 이로 인해 나무가 토양에서 물과 영양분을 흡수하기 어려워진다는 내용이므로, 나무 이식 시에 생기는 뿌리 조직의 손상과 그것을 해결하는 방법 사이인 ②에 들어가는 것이 가장 적절하다.

4 ①

이번 주 초에 우리 학생들은 인근의 Randolph 치과 의원에서 온 지역 치과 의사인 Turner 선생님을 환영했습니다. 그의 방문 목적은 치아 건강의 중요성에 대한 학생들의 이해를 향상시키는 것이었습니다. 학생들은 매우 흥미로워했고 Turner 선생님에게 많은 질문을 했습니다. 문답 시간 후, 학생들은 역할놀이 활동에 참여했습니다. 그들은 돌아가면서 마스크와 장갑까지 끼고 치과 의사 역할을 했습니다. 체험을 마친 후, 각 학생은 치아를 깨끗하고 건강하게 유지하기 위한 유용한 물품들로 채워진 선물 가방을 받았습니다. 방문한 치과 의사 선생님에게 집에서 적절한 치아 관리를 실천하도록 권장받았으므로, 학생들은 모두 이전보다 자기 치아를 더 잘 관리할 것입니다.

구문해설

2행 The goal of his visit was [to improve the students' understanding of the importance of dental health]. ▸ [ ]는 주격보어로 쓰인 명사적 용법의 to부정사구이다.

6행 They took turns playing the role of a dentist, [even putting on a mask and gloves]. ▸ [ ]는 동시동작을 나타내는 분사구문이다.

7행 **Having completed** the experience, each student received a gift bag [filled with useful items] for *keeping* their teeth *clean* and *healthy*. ▸ 「having+p.p.」는 완료형 분사구문으로, 주절의 동사보다 이전에 일어난 일을 나타낼 때 쓴다. [ ]는 a gift bag을 수식하는 과거분사구이다. 동명사 keeping의 목적격보어로 형용사 clean과 healthy가 쓰였다.

8행 [(Having been) Encouraged by the visiting dentist to practice proper dental care at home], ... ▸ [ ]는 문두에 Having been이 생략된 형태의 수동형 분사구문이다.

문제해설

치과 의사 선생님을 초빙하여 실시한 교내 구강 교육 행사에 대해 알려 주는 글이다.

32 해석 기법 pp. 84~85

A 러닝머신 위에서 뛰는 동안, 그는 음악을 들었다.
B 교통이 혼잡해서, 나는 내 차를 운전하는 대신 지하철을 탔다.
C 손을 높이 든 채, 아이들은 원을 그리며 춤을 추었다.

구문 훈련

1 일을 할 때, 네가 하고 있는 것에만 집중해라.
2 그날의 일이 다 끝나서, 그녀는 그녀의 아들이 어떤지 확인하기 위해 그에게 전화를 걸었다.
3 많은 근로자가 그들의 정규 직업을 유지하면서 새로운 기술을 배운다.

4 케이크를 만들 시간이 없어서, 우리는 제과점에서 하나를 샀다.
5 숲속에서 노는 동안에, 아이들은 바위 위에서 작은 뱀 한 마리를 봤다.
6 피곤하긴 했지만, 그는 다음 날 있을 발표 준비를 계속했다.
7 자신의 손목시계에서 시간을 확인한 후, Mia는 경기가 시작되기 전에 우리가 경기장에 도착하지 못할 거라고 말했다.

5 ⑤

Fritz Pollard는 그의 경력 전체에 걸쳐 많은 경계를 허문 미국의 미식축구 선수이자 코치였다. 그것은 그가 1915년에 Brown 대학교 미식축구팀에 입단하면서 시작되었다. 아프리카계 미국인이었기 때문에, Pollard는 처음에는 그의 팀원들에게 인정받지 못했다. 그러나 그의 기량과 카리스마가 그들의 마음을 바꾸었고, Pollard는 이듬해에 Brown을 8승 1패의 기록으로 이끌었다. 1920년에, Pollard는 프로 미식축구 리그에서 최초의 아프리카계 미국인 쿼터백이 되었고, 그의 팀인 Akron Pros와 함께 선수권 대회에서 우승했다. 이듬해에, 그는 전국 미식축구 리그 최초의 아프리카계 미국인 수석 코치가 되었고, 1926년까지 코치 겸 선수 활동을 이어갔다. 현역 시절을 뒤로하고, Pollard는 1928년에 전원 아프리카계 미국인으로 구성된 프로 미식축구팀인 Chicago Black Hawks를 조직하여 지도하기 시작했다. Pollard는 1937년에 마침내 미식축구계에서 은퇴했다.

구문해설

1행 Fritz Pollard was an American football player and coach [who broke many boundaries throughout his career]. ▸ [ ]는 선행사인 Fritz Pollard를 수식하는 주격 관계대명사절이다.

3행 [Being African American], Pollard wasn't accepted by his teammates at first. ▸ [ ]는 이유를 나타내는 분사구문이다.

9행 [His playing days being behind him], Pollard then **organized** and **began** coaching *the Chicago Black Hawks*, [an all-African American professional football team], in 1928. ▸ 첫 번째 [ ]는 시간을 나타내는 분사구문으로, 주절의 주어와 부사절의 주어가 달라 분사구문을 만들 때 부사절의 주어를 생략하지 않은 형태이다. organized와 began은 접속사 and로 병렬 연결되어 있다. the Chicago Black Hawks와 두 번째 [ ]는 동격이다.

문제해설

⑤ 선수 생활을 뒤로하고 전원 아프리카계 미국인 선수로 구성된 프로 미식축구팀을 조직했다고 했다.

6 ④

당신이 한 남자에게 길을 물었는데 그가 당신에게 무례한 반응을 한다고 상상해 보라. 당신은 아마 그가 불친절한 성격을 가지고 있다고 추정할 것이다. 하지만, 사실 그는 그의 기분에 심하게 영향을 미친 어떤 끔찍한 소식을 들었을 뿐인지도 모른다. 그의 반응은 실제 본성이 아니라 이런 상황들로부터 비롯되었을 수도 있다. 그 혹은 그녀의 행동의 원인이 되었을 수도 있는 상황적 요인들을 고려하지 않고 그 사람의 성격을 탓하는 일은 꽤 흔하다. 특히 흥미로운 것은, 우리가 다른 사람들에게 자주 이렇게 하는 반면에, 우리 자신에게는 좀처럼 그렇게 하지 않는다는 점이다. 우리 자신의 행동을 바라볼 때, 우리는 항상 우리가 하는 일에 대해 타당한 이유가 있다고 생각한다. 하지만 우리는 있을 수 있는 기여 요인들을 무시하며 타인을 부정적으로 속단한다.

구문해설

2행 In fact, though, he **might have** just **received** some terrible news [that has seriously affected his mood]. ▸ 「might have+p.p.」는 '…했을지도 모른다'의 의미로, 과거 사실에 대한 불확실한 추측을 나타낸다. [ ]는 선행사인 some terrible news를 수식하는 주격 관계대명사절이다.

5행 **It** is quite common [to blame someone's personality without considering situational factors {that may have contributed to his or her actions}]. ▸ It은 가주어이고 [ ]가 진주어이다. { }는 선행사인 situational factors를 수식하는 주격 관계대명사절이다.

8행 [When looking at our own actions], we always believe [that we have good reasons for the things {(that) we do}]. ▸ 첫 번째 [ ]는 시간을 나타내는 분사구문으로, 의미를 명확히 하기 위해 접속사를 생략하지 않은 형태이다. 두 번째 [ ]는 believe의 목적어로 쓰인 명사절이다. { }는 선행사인 the things를 수식하는 목적격 관계대명사절로, 목적격 관계대명사가 생략되었다.

문제해설

④ 우리가 다른 사람들에게 자주 이렇게 하는(= 상황적 요인을 고려하지 않고 그의 성격을 탓하는) 반면 우리 자신에게는 좀처럼 그렇게 하지 않는 것은 '흥미로운' 일이므로, interested는 능동의 의미를 나타내는 interesting이 되어야 한다.

33 해석 기법 pp. 86~87

A 화가 난 선생님이 팔짱을 낀 채로 학생들을 꾸짖었다.
B 나는 다른 학생들이 서로 잡담하고 있어서 강의에 집중할 수가 없다.
C 12월이 다가오고 있으므로, 우리는 올해의 휴가 일정을 세워야 한다.

구문훈련

1 그 개는 내 신발을 입에 꽉 문 채로 공원 곳곳을 뛰어다녔다.
2 아버지는 다리를 난롯불 쪽으로 뻗은 채 소파에서 주무시고 계셨다.
3 해 질 무렵, 낮의 열기가 식고 나면, 그 가족은 저녁 식사를 하기 위해 함께 모이곤 했다.
4 Paul이 자신의 가격을 조금씩 올리고 판매자가 천천히 가격을 내리면서, 떠들썩한 시장에서의 그 흥정은 활기를 띠었다.
5 두 경우에 모두, 그 물체 밖에 있는 어떤 힘이 관련 있을지도 모른다는 가능성에 주의를 기울이지 않고, 오로지 그 물체에 초점이 맞춰져 있다.

7 ③

어린 아이들은 각각의 글자에 그들의 모든 주의가 집중된 채로 글씨를 쓴다. 이럼에도 불구하고, 그들이 몇몇 글자를 거꾸로 쓰는 것은 흔한 일이다. 이것은 '거울 쓰기(거울에 비친 것처럼 좌우를 반대로 쓰는 것)'라고 불리며, '거울 일반화'로 알려진, 우리의 뇌가 이미지를 저장하는 방식이 원인이 될 수 있다. 우리가 이미지를 기억할 때, 우리는 방향보다는 형태에 집중한다. 이는 초기 인류가 호랑이와 같은 위험한 포식자를 어느 각도에서든 알아볼 수 있어야 했기 때문이다. (대부분의 포식자들처럼, 호랑이의 눈은 앞쪽으로 향해 있어서 그것이 먹이를 쉽게 뒤쫓을 수 있게 해준다.) 그러므로, 우리가 호랑이를 정면에서 보든지 측면에서 보든지, 우리는 여전히 그게 호랑이라는 것을 즉시 안다. 거울 일반화가 좌우에 대한 아이의 서툰 이해와 결합되어 가끔 거꾸로 된 글씨를 유발하는 것이라고 여겨진다.

구문해설

1행 Young children write [**with** all their attention **focused** on each letter]. ▸ 「with+(대)명사+p.p.」는 '…가 ~된 채로'의 의미로, 명사와 동사가 수동 관계이므로 과거분사가 쓰였다.

2행 This is called "mirror writing," and it may be caused by the way [our brains store images], [known as "mirror generalization."] ▸ 첫 번째 [ ]는 선행사인 the way를 수식하는 관계부사절이다. 두 번째 [ ]는 the way ... images를 부연 설명하는 과거분사구이다.

6행 Like most predators, a tiger's eyes are directed forward, [**allowing** it **to** easily **track** prey]. ▸ [ ]는 결과를 나타내는 분사구문이다. 「allow A to-v」는 'A가 …하게 해주다'의 의미이다.

9행 **It** is believed [that mirror generalization, {combined with a child's weak understanding of right and left}, is {what causes the occasional backward letter}]. ▸ It은 가주어이고 [ ]가 진주어이다. 첫 번째 { }는 that이 이끄는 명사절의 주어와 동사 사이에 삽입된 삽입구이다. 두 번째 { }는 선행사를 포함하는 관계대명사 what이 이끄는 명사절로, 주격보어로 쓰였다.

문제해설

아이가 글자를 거울에 비친 것처럼 거꾸로 쓰는 이유는, 우리의 뇌가 이미지의 방향보다는 형태에 집중하여 그것을 저장하기 때문이라는 내용이므로, 먹이를 추적하기에 유리한 호랑이의 안구 구조에 대해 언급한 ③은 글의 흐름과 무관하다.

8 ⑤

구석구석에 포식자들이 숨어 있어서, 많은 동물이 야생에서 살아남기는 쉽지 않다. 이런 이유로 어떤 동물들은 포식자들을 속이기 위해 위장술을 발달시켜 왔다. 아프리카와 남미의 여러 지역에서 발견되는, *Hemeroplanes triptolemus*라고 불리는 나방의 애벌레가 한 예이다. 그것은 새들을 쫓아 버리기 위해 뱀을 흉내 내는데, 새들은 그 애벌레를 먹는 것을 좋아하지만 뱀의 먹이가 된다. 이 뱀 애벌레는 몸의 앞부분을 부풀려서 다이아몬드 모양의 머리를 만듦으로써 이렇게 한다. 그것이 이것을 할 때, 머리에 있는 눈 모양의 무늬가 더 커져서 그 애벌레를 커다란 눈을 가진 뱀처럼 보이게 한다. 그 애벌레의 위장은 그것을 포식자 같은 무서운 모습으로 만들어서, 새들이 접근하지 않는다. 비록 물지 못하고 독도 없지만, 공격하는 뱀처럼 몸을 움직일 수도 있다.

구문해설

3행 **With** predators **hiding** around every corner, *it*'s not easy *for many animals* [to survive in the wild]. ▸ 「with+(대)명사+v-ing」는 '…가 ~하면서[해서]'의 의미로, 명사와 동사가 능동 관계이므로 현재분사가 쓰였다. it은 가주어이고 [ ]가 진주어이며, for many animals는 to survive의 의미상 주어이다.

6행 It mimics a snake **to scare away** birds, [which like to eat the caterpillars but are preyed upon by snakes]. ▸ to scare away는 목적을 나타내는 부사적 용법의 to부정사구이다. [ ]는 선행사인 birds를 부연 설명하는 계속적 용법의 주격 관계대명사절이다.

문제해설

주어진 문장의 it은 the (snake) caterpillar를 가리키고, a frightening appearance는 그 애벌레가 커다란 눈을 가진 뱀처럼 보인다는 것이므로, 주어진 문장은 ⑤에 들어가는 것이 가장 적절하다.

REVIEW TEST

p. 88

A 1 Lost 2 It being 3 wanting 4 cheering 5 After 6 forgetting

B 1 being 2 With his car keys lost 3 Walking 4 (Having been) Left 5 Not being

C 1 little wind blowing
2 It being a holiday
3 Arriving at the station
4 My right hand (being) bandaged [With my right hand bandaged]
5 (Having been) Written in haste

A

1 생각에 잠겨서, 그는 나를 알아차리지 못했다.
2 날씨가 화창하면 아이들은 자신들이 만든 연을 날릴 것이다.
3 아무도 쉬는 시간을 갖고 싶어 하지 않아서, 회의가 계속되었다.
4 군중이 환호하는 가운데, 왕족 일행은 왕궁으로 차를 타고 갔다.
5 트랙을 뛰고 난 뒤, 그는 너무 피곤해서 역사 수업에 가지 못했다.
6 그는 오븐 안에 있는 사과 파이에 대해서 완전히 잊은 채, 그곳에 앉아서 TV를 시청했다.

B

1 다리가 없어서, 우리는 그 강을 건널 수 없었다.
2 자동차 열쇠가 분실되어서, 그는 자신의 차에 탈 수 없었다.
3 어제 공원에서 산책하다가, 나는 땅에 떨어진 지갑을 발견했다.
4 주말 동안 혼자 남겨져서, 그 소녀는 친구들과 파티를 했다.
5 야구팬이 아니어서, 그녀는 야구 경기를 보러 가는 것을 거절했다.

C

1 날씨는 온화했고 바람이 거의 불지 않았다.
2 휴일이라서, 회사 주차장이 비어 있다.
3 역에 도착했을 때, 나는 어머니로부터 전화를 받았다.
4 내 오른손에 붕대가 감겨 있어서, 나는 타자를 제대로 칠 수 없었다.
5 급하게 작성되는 바람에, 그 에세이는 철자 오류가 많았다.

09 가정법의 형태와 의미를 혼동하지 마라

34 해석 기법 pp. 90~91

A 만약 비가 오고 있지 않다면, 우리는 공원으로 소풍을 갈 수 있을 것이다.
B 만약 전 세계의 모든 사람이 딱 1달러씩만 기부한다면, 우리는 지구상의 모든 문제를 해결할 수 있을 것이다.
C 만약 그녀가 깨어 있었더라면, 그녀는 그 소리를 들었을 것이다.
D 만약 내가 네 생일인 걸 알았더라면, 나는 너에게 케이크를 만들어 줄 수 있었을 것이다.
E 만약 내가 복권에 당첨된다면, 나는 수영장이 있는 커다란 집을 살 것이다.

구문 훈련

1 만약 누군가가 당신에게 새로운 일자리를 주겠다고 한다면, 당신은 그것을 받아들이겠는가?
2 만약 네가 내게 춤을 추러 가자고 청했다면, 나는 승낙했을 것이다.
3 만약 내가 너의 어떤 흠이라도 잡는다면, 그것은 네가 시간을 항상 지키는 것은 아니라는 점일 것이다.
4 만약 그들이 잘 정돈된 환경 속에서 일을 한다면, 그들은 자신들이 얼마나 더 생산적인지에 놀랄 것이다.
5 만약 우리가 또 다른 마이클 조던, 엘비스 프레슬리 또는 알베르트 아인슈타인을 만들어 낼 수 있다면, 세상은 어떤 모습일까?

1 ③

사람들은 흔히 한 문장짜리 문자 메시지에서 문장 마지막에 마침표를 생략하는데, 그것은 우리가 마침표를 인지하는 방식에 영향을 미쳐 왔다. 한 실험에서, 문자 메시지를 읽던 참가자들은 마침표가 있는 단일 문장을 마침표가 없는 단일 문장보다 덜 진실되다고 생각했다. 이것은 '상황적 언어 전환'이라고 불리는 것 때문일 수 있는데, 그것은 단순히 우리가 사회적 환경에 따라 말하는 방식을 바꾼다는 것을 의미한다. 예를 들어, 학생들이 교실 안에서 사용하는 언어는 그들이 놀이터에서 사용하는 언어와 다르다. (영어가 많은 곳에서 사용된다는 사실 때문에, 학교에서 가장 흔히 학습되는 언어는 영어이다.) 만약 그들이 그들의 선생님에게 말하는 것과 같은 방식으로 그들의 친구들에게 말한다면, 그것은 아마 이상하게 들릴 것이다. 마찬가지로, 문자 메시지에 마침표를 사용하는 사람은 격의 없는 환경에서 정중한 언어를 사용하는 사람처럼 어색한 감정을 유발할 수 있다.

구문해설

1행 People often omit the period at the end of sentences in single-sentence text messages, [which **has influenced** the way {we perceive periods}]. ▸ [ ]는 앞 절 전체를 선행사로 하는 계속적 용법의 주격 관계대명사절이다. has influenced는 계속을 나타내는 현재완료시제이다. { }는 선행사인 the way를 수식하는 관계부사절이다.

2행 In an experiment, participants [reading text messages] **found** single sentences with a period **less sincere** than *those* without one. ▸ [ ]는 participants를 수식하는 현재분사구이다. found의 목적격보어로 형용사의 비교급 less sincere가 쓰였다. those는 앞서 나온 single sentences를, one은 a period를 가리키는 대명사이다.

9행 **If** they **talked** to their friends the same way [they talked to their teachers], it **would** probably **sound** strange. ▸ 「If+주어+동사의 과거형, 주어+조동사의 과거형+동사원형」은 가정법 과거로, 현재 사실과 반대되는 일 또는 현재나 미래에 실현 가능성이 거의 없는 일을 가정한다. [ ]는 선행사인 the same way를 수식하는 관계부사절이다.

문제해설

한 문장짜리 문자 메시지의 마지막에 마침표를 사용하는 것은 읽는 사람에게 어색한 감정을 불러일으키는데, 그 이유는 우리가 사회적 환경에 따라 말하는 방식을 바꾸는 것과 마찬가지라는 내용이므로, 학교에서 흔히 영어를 가르치는 이유에 대해 언급한 ③은 글의 흐름과 무관하다.

2 ②

1800년대에, 아일랜드 사람들은 감자를 그들의 기본적인 식량원으로 이용했다. 공교롭게도, 모두가 같은 종류의 감자를 재배하고 있었는데, 이는 그 작물들이 모두 같은 유전자를 지니고 있었다는 것을 의미했다. 농부들은 이것의 위험성을 깨닫지 못했다. 1840년대에, 새로운 감자 병해가 발생했다. 유전적으로 동일한 그 감자들은 모두 그 병해에 대항할 힘을 가지고 있어서(→ 가지고 있지 않아서) 전부 썩어 버렸다. 사람들이 대개 식량으로 감자에 의존하고 있었기 때문에, 아일랜드는 그 후 몇 년 동안 8명 중 1명꼴로 사망하는 기근을 겪었다. 만약 사람들이 여러 종류의 감자를 재배했더라면, 그들은 저항력이 있는 감자를 발견하고 그것들을 더 많이 재배하여 그 기근을 덜 심각하게 만들 수 있었을 것이다. 이것을 알고 있음에도 불구하고, 오늘날 많은 국가들이 그들의 농작물에 같은 위험을 무릅쓰고 있다.

구문해설

2행 Unfortunately, everyone was growing the same type of potato, [which meant {(that) the crops all had the same genes}]. ▸ [ ]는 앞 절 전체를 선행사로 하는 계속적 용법의 주격 관계대명사절이다. { }는 meant의 목적어로 쓰인 명사절로, 접

속사 that이 생략되었다.

6행 ..., Ireland suffered a famine [in which one in eight people died during the following years]. ▸ [ ]는 선행사인 a famine을 수식하는 관계사절이다.

7행 **If** people **had grown** many types of potatoes, they **could have identified** resistant ones and **grown** more of them, [making the famine less serious]. ▸ 「If+주어+had+p.p., 주어+조동사의 과거형+have+p.p.」는 가정법 과거완료로, 과거 사실과 반대되는 일을 가정한다. [ ]는 결과를 나타내는 분사구문이다.

문제해설

② 1800년대에 아일랜드인의 주요 식량원이었던, 같은 유전자를 지닌 감자는 병해에 대항할 힘을 '가지고 있지 않아서' 모두 썩었다는 내용이 타당하므로, possessed를 lacked 등으로 고쳐야 한다.

35 해석 기법

pp. 92~93

A 나는 우리가 (과거에) 그랬던 것처럼 잘 지낼 수 있다면 좋겠다.
(≒ 나는 우리가 (과거에) 그랬던 것처럼 잘 지낼 수 없어서 유감이다.)

B 그녀는 늘 내게 마치 자신이 나의 어머니인 것처럼 말한다.

C 그 호텔을 보자마자, 나는 묵기에 더 괜찮은 장소를 예약했더라면 좋았을 것이라고 생각했다.
(≒ 그 호텔을 보자마자, 나는 묵기에 더 괜찮은 장소를 예약하지 않은 것이 유감스러웠다.)

D 그녀가 방에 들어갔을 때, 그들은 마치 아무 일도 일어나지 않았던 것처럼 행동했다.

구문 훈련

1 Michael은 마치 다른 사람들이 어떻게 생각하는지 신경 쓰지 않는 것처럼 행동한다.

2 그는 자신이 악기를 연주하는 것을 배웠더라면 좋을 것이라고 생각한다.

3 나는 Steve가 다른 사람들을 도운 만큼 우리 모두가 다른 사람들을 도울 수 있다면 좋겠다.

4 Laura는 내 농담에 마치 그것들을 전에 들어본 적이 없었던 것처럼 웃어 줄 유일한 사람이다.

5 내가 자연 속에서 야영을 하면서 모기, 뱀, 그리고 거미들과 함께 있는 것을 즐길 수 있다면 좋겠다.

6 동물들은 노인들이 한때 어땠는지에 대한 기억이 없어서 마치 그들이(= 노인들이) 아이들인 것처럼 그들을 반긴다.

3 ②

1985년에, 남편과 나는 중국의 Ordos 사막에 위치한 남편의 고향으로 이사했다. 내가 처음 우리의 새집을 보았을 때, 나는 눈물을 터뜨렸다. 주위의 수 마일에는 모래밖에 없었다. '내가 식물을 좀 볼 수 있다면 좋을 텐데.'라고 나는 생각했다. 그러던 어느 날, 나는 근처의 우물 옆에서 작은 나무 하나가 자라고 있는 것을 보았다. 나는 이 나무가 살아남을 수 있다면, 다른 것들도 그럴 수 있을지도 모르겠다고 생각했다. 나는 더 많은 나무를 심기 시작했다. 처음에는 그것들 중 많은 것이 결국 모래 폭풍에 파묻히게 되었지만, 마침내 남편과 나는 간신히 대부분의 나무를 살아남게 할 수 있었다. 우리는 이제 이 사막에 60만 그루가 넘는 나무를 심었다. 우리는 중국에서 가장 황량한 장소들 중 하나를 아름다운 곳으로 바꾸었다.

구문해설

3행 "**I wish** I **could see** some plants," I thought. ▸ 「I wish+가정법 과거」는 '…라면 좋을 텐데'의 의미로, 주절의 시제와 같은 시점의 일을 나타낸다. 여기에서는 주절이 현재시제이므로 현재 사실과 반대되거나 실현 가능성이 희박한 일에 대한 소망을 나타낸다.

3행 Then one day I **saw** a small tree **growing** beside a nearby well. ▸ 지각동사 saw의 목적격보어로 현재분사가 쓰였다.

문제해설

필자는 사막으로 이사한 후 처음에는 주변에 모래뿐인 환경을 보고 우울한 심정이었다가, 이제는 자신이 많은 나무들을 심은 끝에 황량했던 곳을 아름답게 변모시킨 것이 자랑스러울 것이다.

4 ④

예멘 소유의, 아라비아해에 위치한 작은 섬인 Socotra 섬은 마치 다른 행성의 일부인 것처럼 보인다. 실제로 그곳은 6~7백만 년 전에 아프리카 본토에서 분리되어 그곳에 독특한 생명체를 생겨나게 했다. 그곳은 800여 종의 희귀 동식물의 서식지인데, 그중 다수가 지구상의 다른 어디에서도 발견되지 않는다. 그 섬은 극심한 더위와 잦은 가뭄을 겪어서, 그곳 식물의 다수가 특이한 외양을 진화시켰다. 한 가지 눈에 띄는 예는 용혈수이다. 그것의 나뭇가지는 그 나무를 거대한 우산처럼 보이게 한다. 그것은 나무껍질이 잘렸을 때 나오는 걸쭉한 붉은 물질에서 그 이름을 얻는다. 그런 일이 일어나면, 그 나무는 마치 피를 흘리고 있는 것처럼 보인다.

구문해설

1행 **Socotra Island**, [a small island {*owned* by Yemen and *located* in the Arabian Sea}], looks **as if** it **were** part of another planet. ▸ Socotra Island와 [ ]는 동격이다. { }는 a small island를 수식하는 과거분사구로, owned와 located가 접속사 and로 병렬 연결되어 있다. 「as if+가정법 과거」는 '마치 …인 것처럼'의 의미로, 주절의 시제와 같은 시점의 일을 나타낸다. 여기에서는 주절이 현재시제이므로 현재 사실과 반대되는 일을 가정한다.

4행 It is home to about 800 species of rare plants and animals, [many of which are found nowhere else on earth]. ▸ [ ]는 선행사인 about 800 species of rare plants and animals를 부연 설명하는 계속적 용법의 관계사절이다.

문제해설

④ 극심한 더위와 더불어, 잦은 강우가 아니라 잦은 가뭄 때문에 식물들이 독특한 외양을 진화시켰다고 했다.

36 해석 기법 pp. 94~95

A 이주 농장 노동자들이 없다면, 그 거대한 농업은 존재할 수 없을 것이다.
B 공정한 선거였다면 사전에 고지된 시간에 끝났을 것이다.
C 전시에 발생했더라면, 그 똑같은 일은 많은 문제를 일으켰을 것이다.
D 그가 Nancy에 관해 말하는 것을 듣는다면, 너는 그녀가 그의 여자 친구라고 생각할 것이다.

구문 훈련

1 그가 무대에서 춤추는 것을 본다면 너는 놀랄 것이다.
2 그 숲을 관통하는 도로라면 그 국립 공원을 훼손시킬 것이다.
3 더 나은 시대에 태어났더라면, 그는 위대한 화가가 될 수 있었을 것이다.
4 슬픔이 완전히 없다면 더 행복하지 않을까?
5 많은 사람들이 오늘날 간단하다고 여기는 의학적 치료법들이 50년 전에는 위험하다고 여겨졌을 것이다.

5 ④

지구상의 모든 사람이 곧 1초의 시간을 잃게 될지도 모른다. 사상 처음으로, 과학자들은 1초를 빼는 것을 고려하고 있다. 이는 '음의 윤초'라고 불리는데, 지구가 이전보다 약간 더 빠르게 자전하고 있기 때문에 이것이 2029년에 필요할지도 모른다. 놀랍게도 지구 온난화가 없었다면 이러한 시간 변경이 더 빨리 필요했을 것이다. 지구가 더 빠르게 도는 이유는 뜨거운 액체 상태인 핵의 예측할 수 없는 작용 때문이다. 이러한 작용은 약 50년 동안 (자전) 속도를 증가시켜 왔지만, 극지방의 얼음이 녹으면서 이 효과를 중화해 오고 있었다. 얼음이 녹으면서 해수면이 상승하고 지구의 질량을 극지방에서 적도 쪽으로 이동시킨다. 이는 피겨 스케이팅 선수가 팔을 밖으로 향하게 뻗을 때 더 천천히 회전하는 것과 같은 방식으로 지구의 자전 속도를 늦춘다. 극지방의 얼음이 녹지 않는다면 2029년이 아니라 2026년에 1초를 잃게 될 가능성이 높다. 한 전문가는 "우리는 음의 윤초를 향해 가고 있다. 그것은 시기의 문제이다."라고 말했다.

구문해설

4행 Surprisingly, **without** global warming, this time change **would** likely **have been** necessary sooner. ▸ 「without ..., 주어+조동사의 과거형+have+p.p.」는 과거 사실과 반대되는 일을 가정하는 가정법 과거완료로, without은 'but for'나 'if it had not been for'로 바꿔 쓸 수 있다.

6행 This behavior **has been causing** an increase in speed for approximately 50 years, but the melting of polar ice **has been counteracting** this effect. ▸ has been causing과 has been counteracting은 둘 다 계속을 나타내는 현재완료진행 시제이다.

문제해설

④ 시간을 나타내는 분사구문으로, 의미를 명확히 하기 위해 접속사를 생략하지 않았다. 명사절의 주어인 피겨 스케이팅 선수가 팔을 밖으로 향하게 '뻗는' 것이므로, 과거분사 extended는 능동의 의미를 나타내는 extending이 되어야 한다.

 ④

깃발의 기원은 아마 전사들이 하나의 군대를 다른 군대와 구별하는 방법으로 색이 있는 끈으로 그들의 창을 장식하면서 시작됐을 것이다. 이 관행은 초기 탐험가들에 의해 채택되었는데, 그들은 새롭게 발견된 땅이 누구에게 속하였는지 보여주기 위해 깃발을 사용하기 시작했다. 근대기 동안, 깃발은 각국의 상징이 되었고, 모든 나라가 고유의 깃발이 있어야 한다는 것이 받아들여지게 되었다. 이러한 국기의 대부분은 크기와 형태가 거의 같다. (학교는 교문 근처에 자국의 국기를 내보임으로써 그것에 대한 경의를 표하는 것이 관례이다.) 그것들은 보통 선명한 색과 단순한 무늬를 특징으로 하는데, 복잡한 무늬의 깃발이라면 바람에 날릴 때 일그러져 보일 것이기 때문이다.

구문해설

2행 This practice was adopted by early explorers, [who started using flags to show {who newly discovered lands belonged to}]. ▸ [ ]는 선행사인 early explorers를 부연 설명하는 계속적 용법의 주격 관계대명사절이다. { }는 show의 목적어로 쓰인 의문사절로, 「의문사+주어+동사」의 어순을 따른다.

5행 ..., and **it** has become accepted [that every country must have its own flag]. ▸ it은 가주어이고 [ ]가 진주어이다.

8행 They commonly feature bold colors and simple patterns, **as** flags [with intricate patterns] would appear distorted [when blowing in the wind]. ▸ as는 '…이기 때문에'의 의미로 쓰인 접속사이다. 첫 번째 [ ]는 flags를 수식하는 전치사구이다. 두 번째 [ ]는 시간을 나타내는 분사구문으로, 의미를 명확히 하기 위해 접속사를 생략하지 않은 형태이다.

문제해설

깃발의 유래와 목적, 특징에 대한 내용이므로, 학교에서 국기를 게양하는 이유에 대해 언급한 ④는 글의 흐름과 무관하다.

37 해석 기법 pp. 96~97

A 내가 주말에 일하는 것을 요청받는다면, 나는 일을 그만둘 것이다.
B 그들이 그 사실을 알았더라면, 그들은 그런 식으로 반응하지 않았을 것이다.

구문 훈련

1 태양이 사라진다면, 모든 생물이 죽을 것이다.
2 날씨가 더 따뜻했더라면, 눈이 모두 녹았을 것이다.
3 내가 아버지의 사업을 이어받는다면, 나는 변화를 만들 것이다.
4 내가 안경을 쓰고 있었더라면, 나는 너를 즉시 알아보았을 것이다.
5 네가 부상을 당한다면, 너의 보험이 병원비를 부담할 것이다.
6 내가 그 파티에 있었더라면, 나는 Sarah와 춤을 출 기회를 놓치지 않았을 것이다.

7 ③

약 23억 5천만 년 전, 지구의 대기는 큰 변화를 겪었다. 산소가 없는 상태에서 적은 비율의 산소를 가지게 된 것이다. (B) 이러한 변화는 부분적으로 시아노박테리아로 알려진 작은 유기체 덕분이다. 대략 27억 년 전에 진화한 시아노박테리아는 수소를 얻기 위해 물을 흡수했다. 이는 그것들이 대기 중의 이산화탄소로부터 탄소를 흡수할 수 있게 했다. 그런 다음 그것들은 노폐물로 산소를 배출했다. (C) 하지만 어떻게 그런 작은 생물이 지구에 그렇게 큰 변화를 일으켰을까? 시아노박테리아가 배출하는 산소의 양은 수억 년에 걸쳐 서서히 증가했다고 여겨진다. 이 기간 동안 이것은 지구의 바다에 축적되어 물에 산소를 공급했다. (A) 결국, 바다에 축적된 산소가 대기 중으로 빠져나가기 시작했다. 그곳에서 산소는 메탄과 반응하여 서서히 그것을 대체했다. 시아노박테리아가 없었다면 산소는 결코 지구 대기의 주요 성분이 되지 못했을지도 모른다.

구문해설

2행 It went **from** [being oxygen-free] **to** [possessing a small percentage of oxygen]. ▸ 「from A to B」는 'A에서 B로'의 의미이다. 두 개의 [ ]는 각각 전치사 from과 to의 목적어로 쓰인 동명사구이다.

5행 **Had there been** no cyanobacteria, oxygen **might never have become** a major component of Earth's atmosphere. ▸ 과거 사실과 반대되는 일을 가정하는 가정법 과거완료로, 여기서는 if가 생략되어 there와 Had가 도치되었다.

9행 Cyanobacteria, [which evolved approximately 2.7 billion years ago], took in water **to obtain** hydrogen. ▸ [ ]는 선행사인 Cyanobacteria를 부연 설명하는 계속적 용법의 주격 관계대명사절로, 주어와 동사 사이에 삽입되었다. to obtain은 목적을 나타내는 부사적 용법의 to부정사이다.

문제해설

산소가 없던 고대 지구의 대기에서 적은 비율의 산소가 생기게 되었다는 주어진 글에 뒤이어, 지구 대기 변화의 원인 중 하나로 시아노박테리아의 생체 활동에 대해 설명하는 (B)가 가장 먼저 나오고, 이 박테리아의 산소 노폐물이 바다 속 산소량을 증가시켰다는 내용의 (C)가 이어진 후, 바다에 축적된 산소가 대기 중으로 빠져나가면서 지구 대기의 주요 성분으로 자리매김한 과정을 서술하는 (A)의 순서로 이어지는 것이 가장 자연스럽다.

8 ④

홀로 있는 것은 우리를 더 창의적이게 한다. 역사를 통틀어 많은 위대한 예술가와 사상가가 혼자 살아 왔다. 우리는 혼자 있을 때 주의가 산만해지는 일이 더 적다. 이는 우리의 생각이 방해나 비판 없이 펼쳐질 수 있게 해준다. 창의적인 사람들은 그들의 머릿속에 완전한 세계가 있으며, 혼자 있는 것이 그들에게 이 내면의 세계로부터 진짜 세계로 아이디어를 가져올 기회를 준다. 예를 들어, 스티브 워즈니악은 책상에 홀로 앉아 애플 컴퓨터를 발명했다. 그는 그의 창의성이 어린 시절 내향적이었던 것에서 비롯되었다고 말한다. 그의 수줍음이 없었더라면, 그는 컴퓨터 전문가가 되지 않았을지도 모른다. 하지만, 이것이 우리가 다른 사람들과 함께 일하는 것을 그만두어야 한다는 것을 의미하지는 않는다. 워즈니악이 스티브 잡스와 협력하지 않았더라면, 그는 자신의 사업을 시작할 수 없었을 것이다. 그러므로, 우리는 고독을 찾아야 하지만 우리에게 그것이 필요할 때만 그래야 한다.

구문해설

2행 [Being alone] **makes** us more **creative**. ▸ [ ]는 문장의 주어로 쓰인 동명사구이다. makes의 목적격보어로 형용사 creative가 쓰였다.

4행 This **allows** our thoughts **to run** free without interruption or judgment. ▸ 「allow A to-v」는 'A가 …하게 해 주다'의 의미이다.

5행 ..., and being alone gives(V) them(O₁) the opportunity(O₂) [to bring ideas from this inner world into the real world]. ▸ [ ]는 the opportunity를 수식하는 형용사적 용법의 to부정사구이다.

9행 **Had it not been** for his shyness, he **might not have become** a computer expert. ▸ 과거 사실과 반대되는 일을 가정하는 가정법 과거완료로, 여기서는 if가 생략되어 주어와 Had가 도치되었다.

문제해설

주어진 문장의 this는 수줍음이 없었다면 스티브 워즈니악은 컴퓨터 전문가가 되지 않았을지도 모른다는 내용을 가리키며, 주어진 문장은 우리가 타인과 함께 일하는 것을 그만두어야 한다는 것을 의미하지는 않는다는 내용이다. ④의 뒤에서는 워즈니악이 스티브 잡스와 협력한 덕분에 자신의 사업을 시작할 수 있었다고 서술하고 있으므로, 주어진 문장은 협력의 필요성을 언급하는 내용 앞인 ④에 들어가는 것이 가장 적절하다.

REVIEW TEST

p. 98

A 1 had gone 2 would 3 have missed 4 had
5 wouldn't have failed
6 have panicked, have made

B 1 were 2 have finished 3 take

C 1 you were to give/you gave
2 it were not for 3 had been
4 lived/were living 5 had taken

A

1 그날 내가 너와 함께 갔더라면 좋을 것이다.
2 만약 당신이 대통령 선거에 출마한다면, 나는 당신에게 투표할 것이다.
3 나는 바로 떠났다. 그러지 않았다면, 나는 버스를 놓쳤을 것이다.
4 만약 너에게 백만 달러가 있다면, 너는 제일 먼저 무엇을 할 거니?
5 네가 더 열심히 공부했더라면, 너는 그 시험에 떨어지지 않았을 것이다.
6 만약 내가 그것을 네게 말했더라면, 너는 어쩔 줄 몰라 했을 것이고 우리 중 누구도 성공하지 못했을 것이다.

B

1 만약 네가 배우라면 어떤 역할을 연기하고 싶니?
2 만약 너의 도움이 없었더라면, 나는 그 일을 끝낼 수 없었을 것이다.
3 네가 떠나 있는 동안 내가 너의 집을 봐줄 수 있다면 좋을 것이다.

C

1 네가 그녀에게 마감 기한을 준다면, 그 일은 더 빨리 끝날지도 모른다.
2 스마트폰이 없다면, 요즘 대부분의 사람들은 무엇을 할지 모를 것이다.
3 더 강력한 지진이었다면 그 건물을 무너뜨렸을 것이다.
4 도시에서 산다면[살고 있다면], 그 가족은 더 흥미진진한 삶을 살 것이다.
5 나는 언니가 외국에 가기 전에 그녀와 함께 여행을 더 많이 다니지 않았던 것이 유감이다.

10 비교 표현의 형태를 이해하라 

38 해석 기법 pp. 100~101

A 나는 때때로 내가 아는 사람들보다 낯선 사람들과 이야기하는 것을 더 편하게 느낀다.
B 네가 계획을 일찍 세울수록 은퇴 후에 즐겁게 지낼 가능성이 더 크다.
C 점점 더 많은 사람들이 환경을 보호하는 것의 필요성을 인식하고 있다.
D 갱신을 위한 비용을 지불하지 않는 한, 당신은 더 이상 이 보안 프로그램을 사용할 수 없다.

구문 훈련

1 법정에서는, 흔히 사진이 말보다 더 큰 가치를 지녔다.
2 일반적으로, 행성의 표면이 오래될수록 분화구가 더 많다.
3 나는 심지어 그와 말을 하지도 않았고, 하물며 네 문제를 그와 의논하지도 않았다.
4 독감은 한때 그랬던 것처럼 더 이상 치명적인 유행병을 일으키지는 않지만, 여전히 그렇게 할 가능성을 가지고 있다.

1 ③

지역 초등학교들이 우리와 함께 시의 지하철 25주년을 기념하는 데 초청되었습니다. 우리는 초등학생들에게 행사 기간 동안 지하철에 전시될 포스터를 창작할 것을 요청합니다. 포스터의 주제는 '지역사회 결속'이어야 합니다. 창의력을 발휘하여 지하철이 여러분과 여러분의 지역사회에 무엇을 의미하는지 보여주세요. 각 학생은 9월 22일까지 포스터 한 점만 제출할 수 있습니다. 이 행사는 경쟁에 관한 것보다 공동체 정신을 보여주는 것에 관한 것입니다. 하지만, 우승자는 특별한 지하철 여행을 하게 될 것이고, 우승자의 학교는 500달러를 받게 될 것입니다. 우승자와 우승자의 반 친구들이 모두 등장하는 홍보 사진 촬영도 있을 것입니다. 심사 기간은 1주일을 넘기지 않을 것입니다. 그래서 저희는 10월 1일까지 우승자를 발표할 것으로 예상합니다. 저희는 모두가 참여하기를 바랍니다!

구문해설

4행 **Be** creative and **show** us [what the subway means to you and your community]. ▸ 명령문이며, 동사원형 Be와 show가 접속사 and로 병렬 연결되어 있다. [ ]는 show의 직접목적어로 쓰인 의문사절로, 「의문사+주어+동사」의 어순을 따른다.
(show: V, us: O_1, [ ]: O_2)

6행 This event is **less** about competition **than** *it* is about showcasing community spirit. ▸ 「less A than B」는 'A라기 보다는 B'의 의미이다. it은 앞서 나온 This event를 가리킨다.

문제해설

도시 지하철 25주년을 기념하기 위해 지역 내 초등학생을 대상으로 한 포스터 그리기 행사를 안내하는 글이다.

2 ①

당신은 바람 부는 날에 도시를 걸어 본 적이 있는가? 만약 그런 적이 있다면, 당신은 아마 고층 건물들 가까이에서 바람이 더 세다는 것을 알아챘을 것이다. 이것은 '하강 기류 효과'라고 불린다. 일반적으로, 당신이 높은 곳으로 갈수록 바람은 더 세다. 지면 위 높은 곳의 강풍이 고층 건물에 부딪치면, 그것은 건물을 뚫고 나아갈 수 없다. 대신에, 그것은 건물의 측면 위로 올라가거나 아래로 내려가거나 혹은 그 주위를 돈다. 땅으로 휙 떨어지는 바람은 지상 높이에서 강하게 분다. 여러 고층 건물들이 서로 가까이 있는 것 또한 풍속을 높일 수 있다. 이것은 '채널링 효과' 때문인데, 그것은 바람이 건물들 사이의 좁은 공간을 관통해 불 때 일어난다. 그것은 강에서 흐르는 물과 유사한데, 공간이 좁을수록 물은 더 빠르게 움직인다.

구문해설

3행 Generally, **the higher** you go, **the stronger** the winds are. ▸ 「the+비교급 ..., the+비교급 ~」은 '…할수록 더 ~하다'의 의미이다.

5행 The wind [that shoots down to the ground] is strong at street level. ▸ [ ]는 선행사인 The wind를 수식하는 주격 관계대명사절이다.
(The wind: S, is: V)

문제해설

도시의 고층 건물들 가까이에서 바람이 더 세차게 부는 이유에 대해 설명하는 글이므로, 제목으로는 ① '도시 지역에서의 강풍의 원인'이 가장 적절하다.
② 도시의 강풍이 초래하는 안전 문제
③ 안전성을 높이기 위한 도시 계획의 필요성
④ 풍속을 감소시키기 위해 도시들은 어떻게 설계되었나
⑤ 강풍을 약화시키는 데 있어 고층 건물들이 갖는 이점

39 해석 기법 pp. 102~103

A 여름 학기 수업은 정규 수업만큼 도전적이며 들을 가치가 있다.

B 자원봉사 일을 하는 것은 네가 생각하는 것만큼 힘들지 않다.
C 그는 가능한 한 빨리 그 일을 끝내기를 바랐다.
D 전 세계에서 10만 명이나 되는 사람들이 그 퍼레이드를 보러 왔다.
E 이 대회에서 중요한 것은 우승하는 것이라기보다는 참가하는 것이다.
F 너는 그에게 테이블을 치우게 하기보다는 차라리 네 스스로 하는 편이 낫다.

구문 훈련

1 그녀는 자신의 언니만큼 수다스럽지는 않다.
2 그들은 자신들이 스스로에게 관심이 있는 만큼 다른 사람들도 그들에게 관심이 있다고 생각한다.
3 그는 농구의 즐거움을 위해서라기보다는 그것이 제공하는 운동을 위해 농구를 한다.
4 경찰은 그 공격으로 두 명의 용의자를 포함해 26명이나 되는 사람들이 사망했다고 말했다.
5 우리가 회의 중에 합의한 바와 같이, 세탁기를 수리할 수리 기사를 가능한 한 빨리 보내 주시기 바랍니다.

3 ④

저장 장애는 쓸모나 가치가 없는 소지품을 치우지 못하는 것으로 특징지어지는 정신 질환이다. 그것은 보통 '과도한 구입'을 동반하는데, 이는 환자가 가능한 한 많은 물건을 소유하고자 하는 욕구를 느낀다는 것을 의미한다. 저장 행위는 이른 나이에 시작되는 경향이 있고, 그 사람이 나이가 들수록 점점 더 극심해진다. 일단 그것이 중대한 문제가 되면 일반적으로 행동 요법으로 치료되는데, 그것은 축적가들이 자신의 소지품을 계속 갖고 있을지 치울 것인지에 대해 더 나은 결정을 할 수 있도록 돕는다. (원치 않는 소지품은 아직 상태가 좋기만 하다면 쓰레기로 버려지기보다는 자선 단체에 기부되어야 한다.) 하지만 저장 장애는 다양한 원인이 있는 복합 질환일 수 있기 때문에, 이 치료는 보통 오랜 시간이 걸리며 추가적인 방법을 필요로 할지도 모른다.

구문해설

1행 Hoarding disorder is a mental illness [characterized by the inability {to get rid of possessions ⟨that have no use or value⟩}]. ▸ [ ]는 a mental illness를 수식하는 과거분사구이다. { }는 the inability를 수식하는 형용사적 용법의 to부정사구이다. ⟨ ⟩는 선행사인 possessions를 수식하는 주격 관계대명사절이다.

2행 It is often accompanied by "excessive acquisition," [which means {(that) sufferers feel the need **to own** as many things as possible}]. ▸ [ ]는 선행사인 "excessive acquisition"을 부연 설명하는 계속적 용법의 주격 관계대명사절이다. { }는 means의 목적어로 쓰인 명사절이다. to own은 the need를 수식하는 형용사적 용법의 to부정사이다.

문제해설

쓸모나 가치가 없는 물건을 버리지 못하고 쌓아두는 정신 질환인 저장 장애의 개념과 치료법을 설명하는 내용의 글이므로, 원치 않는 소지품 중 상태가 좋은 것들은 자선 단체에 기부해야 한다는 내용의 ④는 글의 흐름과 무관하다.

4 ⑤

슈퍼마켓에서 줄지어 놓인 똑같은 과일과 채소들을 본 적이 있는가? 그것들이 보기 좋을지는 모르지만, 이것을 고려해 보라. 조금 다르게 생긴, 더할 나위 없이 질 좋은 농산물이 낭비되고 있다. 실제로, 일부 농부들은 수확량의 50퍼센트나 되는 농작물을 아주 괜찮아 보이지 않는다는 이유로 결국 버리게 된다. 다행히, 이것은 달라지기 시작하고 있다. 이 모든 낭비되는 농산물은 슈퍼마켓에서 파는 것들만큼이나 맛이 좋다. 그래서 요즘에는 농부들에게서 못생긴 농산물을 사서 그것을 소비자들에게 정상가보다 30퍼센트나 더 낮은 가격에 파는 몇몇 단체들이 있다. 이러한 실천은 농부들과 소비자들에게 유익할 뿐만 아니라, 농부들이 (아무도) 원치 않는 농산물을 재배하는 데 자원을 낭비하지 않아도 되기 때문에 환경을 보호하는 데에도 도움이 된다.

구문해설

2행 ... perfectly fine produce [that looks a little different] **is being wasted**. ▸ [ ]는 선행사인 perfectly fine produce를 수식하는 주격 관계대명사절이다. 「be being+p.p.」는 '…되고 있다'의 의미인 진행형 수동태이다.

5행 **All of** this wasted produce **tastes** just *as* good *as* [what they sell in the supermarket]. ▸ All of 뒤에 셀 수 없는 명사 produce가 와서 단수동사 tastes가 쓰였다. 「as+형용사/부사의 원급+as ...」는 '…만큼 ~한/하게'의 의미이다. [ ]는 선행사를 포함하는 관계대명사 what이 이끄는 명사절이다.

8행 **Not only** *does this practice* benefit farmers and consumers, **but** it **also** helps protect the environment, ... ▸ 「not only A but also B」는 'A뿐만 아니라 B도'의 의미로, 부정어구 not only가 문두에 와서 주어와 조동사가 도치되었다. help는 to부정사와 동사원형을 둘 다 목적어로 쓸 수 있다.

문제해설

못생긴 농산물이 맛이 좋은데도 보기 좋지 않다는 이유로 버려지고 있는데, 이것들을 사서 싸게 되파는 단체들이 있으며, 이러한 움직임이 농부와 소비자 모두에게 유익하고 환경 보호에도 도움이 된다고 주장하고 있으므로, 글의 요지로는 ⑤가 가장 적절하다.

40 해석 기법 pp. 104~105

A 관계에서는, 어떤 것도 믿음만큼 중요하지 않다.
(= 관계에서는 믿음이 가장 중요한 것이다.)
B 휴가로 가기에 칸쿤보다 더 좋을 장소는 없다.
(= 칸쿤이 휴가로 가기에 가장 좋은 장소일 것이다.)
C 나는 지금껏 겪었던 다른 어떤 두통보다 더 고통스러운 두통이 있었다.
(= 나는 지금껏 겪었던 가장 고통스러운 두통이 있었다.)

구문 훈련

1 그 당시에, 어떤 다른 작가도 그녀만큼 유명하지 않았다.

2 어떤 다른 예술 형식도 나에게 음악보다 더 아름답지 않다.
3 그날 밤, 그는 이전의 그 어느 때보다도 더 깊이 잠을 잤다.
4 어떤 것도 네 자신의 노력으로 꿈을 실현시키는 것보다 더 만족스럽지 않다.
5 8월 27일, 인류 역사상 이전의 그 어느 때보다도 화성이 지구에 더 가까워졌을 때, 빛의 편도 이동 시간은 불과 3분 6초였다.

5 ③

손바닥 스캔은 사람의 손바닥을 신원 확인의 고유한 형태로 사용하는 생체 인증 방식의 한 형태이다. (B) 좀 더 구체적으로 말하면, 그것은 사람의 손바닥에서 발견되는 정맥 패턴의 지도를 그린다. 스캔이 완료되면, 그것은 그 패턴을 기존의 스캔본들과 비교하여 일치하는 것을 찾는다. 일치하는 것이 없으면 데이터베이스에 추가된다. (C) 일단 기록되고 저장되면, 이러한 손바닥 스캔은 온라인 거래와 직접 거래 모두에 개인의 전자 서명 역할을 할 수 있다. 그 결과, 사람들은 더 이상 신용 카드나 현금을 가지고 다닐 필요가 없다. 머지않아, 사람들은 그들의 손만으로 구매할 수 있을지도 모른다. (A) 게다가, 사기를 당할 가능성이 거의 없다. 손바닥 스캔보다 속이기 더 어려운 생체 인증 시스템은 없다. 정맥 패턴은 독특하고, 지문과 달리, 그 사람 모르게 쉽게 가져갈 수 없다. 이것은 다른 어떤 시스템보다 더 높은 수준의 안전을 보장한다.

구문해설

1행 Palm scanning is a form of biometrics [that uses the palm of a person's hand **as** a unique form of identification]. ▸ [ ]는 biometrics를 수식하는 주격 관계대명사절이다. as는 '…로서'의 의미인 전치사이다.

10행 [Once (these palm scans are) recorded and stored], these palm scans can serve as a person's digital signature .... ▸ [ ]는 접속사 Once가 이끄는 부사절에서 「주절의 주어와 동일한 주어+be동사」가 생략된 형태이다.

문제해설

손바닥 스캔이라는 생체 인증 방식 중 하나를 언급하는 주어진 글에 뒤이어, 그 기술이 개인의 생체 데이터를 이용하고 저장하는 구체적인 과정을 설명하는 (B)가 가장 먼저 나오고, 이 기술로 각종 거래에 전자 서명을 할 수 있다는 편의성에 관한 내용의 (C)가 이어진 후, 정맥 패턴의 독특함으로 인해 사기나 도용과 같은 범죄에 대한 보안을 강화할 수 있다는 또 다른 편의성을 언급한 (A)의 순서로 이어지는 것이 가장 자연스럽다.

6 ⑤

현재에는 사막이 태양 에너지를 얻기에 완벽한 장소일지도 모른다고 여겨진다. 만약 이것이 사실이라면, 어떤 다른 장소도 세계에서 가장 큰 사막인 사하라 사막만큼 이상적이지 않을 것이다. 애석하게도, 사막의 태양광 발전소는 부정적인 환경적 영향을 미칠 수 있다. 예를 들어, 사하라 사막의 절반을 태양광 발전소로 덮는 것은 현지의 온도를 섭씨 2.5도 가까이 올릴 것이다. 이 온난화는 이 사막에만 한정되지 않을 것이다. 그것은 지구 전체로 퍼져, 결국 세계의 평균 기온을 섭씨 0.39도 높일 것이다. 이는 해빙을 녹이고 그 밑의 어두운 물을 노출시킴으로써 지구 온난화 속도를 더 높일 수 있는데, 이 어두운 물은 해빙보다 더 많은 양의 태양 에너지를 흡수한다. 사하라 사막의 상승하는 기온은 또한 아마존에서의 가뭄과 더 빈번한 열대 사이클론을 포함하여 전 세계의 강수 패턴을 유지함(→ 변화시킴)으로써 다른 문제들을 초래할 수 있다.

구문해설

1행 **It** is now believed [that deserts may be perfect places for {harvesting solar power}]. ▸ It은 가주어이고 [ ]가 진주어이다. { }는 전치사 for의 목적어로 쓰인 동명사구이다.

6행 ... it would spread around the globe, [eventually increasing the world's average temperature by 0.39 °C]. ▸ [ ]는 결과를 나타내는 분사구문이다.

7행 This could speed up global warming **by melting** sea ice and **exposing** the dark water beneath it, [which absorbs greater amounts of solar energy than sea ice does]. ▸ 「by v-ing」는 '…함으로써'의 의미로, 동명사 melting과 exposing이 접속사 and로 병렬 연결되어 있다. [ ]는 선행사인 the dark water를 부연 설명하는 계속적 용법의 주격 관계대명사절이다.

문제해설

⑤ 세계에서 가장 큰 사막인 사하라 사막이 태양 에너지를 얻기에 최적의 장소일 것이라고 생각하기 쉽지만, 실제로 그곳에 태양광 발전소를 설치하는 것은 지구 온난화를 가속화할 수 있다고 한 것으로 보아, 그것이 전 세계의 강수 패턴을 '변화시킴'으로써 다른 문제들을 초래할 수도 있다는 것을 추론할 수 있다. 따라서, maintaining을 changing 등으로 고쳐야 한다.

41 해석 기법 pp. 106~107

A 여성들이 불면증에 시달릴 가능성은 남성들보다 두 배만큼 높다.
B 우리는 그 캠페인에 작년에 썼던 것보다 열 배 더 많은 돈을 썼다.

구문 훈련

1 카멜레온의 혀는 그것의 몸보다 두 배만큼 길다.
2 지구에서는 모든 것이 달에서보다 여섯 배만큼 무겁다.
3 새로운 고객을 유치하는 것은 기존 고객을 유지하는 것보다 비용이 여섯 배 더 들기 때문에, 고객 서비스는 매우 중요하다.
4 거미줄은 사람 머리카락 지름의 10분의 1 정도밖에 안 되지만, 같은 무게의 강철보다 몇 배 더 튼튼하다.
5 1974년 캐나다 연방 선거에 대한 연구는 매력적인 후보자들이 매력적이지 않은 후보자들보다 2.5배보다 더 많이 득표했다는 것을 알아냈다.

7 ③

연구에 따르면 우리가 '뛰어나다'라는 말을 쓸 때 보통 여성보다는 남성에게 더 많이 사용한다. 이는 전 세계적으로 발생하는 무의식적인 편견이라고 한다. 이는 뛰어난 여성마저도 수학, 과학과 같은 높은 수준의 지능이 우대받는 분야에 고용될 가능성이 낮은 이유일지도 모른다. 2016년에 실시된 한 연구에서는 대학 교수진에 대한 1,400만 건의 학생 리뷰를 분석했다. 그 결과, 남성 교수가 여성 교수보다 '뛰어난' 또는 '천재적'이라는 단어로 묘사될 가능성이 두세 배 더 높은 것으로 나타났다. 또한 학생들은 상대적으로 여성이 적은 두 분야인 물리학과 철학 교수에 대해 이러한 단어를 더 사용하는 것 같았다. 이러한 결과는 우리가 여성을 과소평가하거나 남성을 과대평가하고 있음을 시사한다. 이는 우리가 사용하는 단어를 인식하고 그 단어들을 왜 사용하는지에 대해 생각해 볼 필요가 있는 이유이다.

구문해설

2행 **It** is said [that this is an unconscious bias {that occurs all across the world}]. ▸ It은 가주어이고 [ ]가 진주어이다. { }는 선행사인 an unconscious bias를 수식하는 주격 관계대명사절이다.

10행 These results suggest [that we **either** underestimate women **or** overestimate men]. ▸ [ ]는 suggest의 목적어로 쓰인 명사절이다. 「either A or B」는 'A 또는 B'의 의미이다.

문제해설

③ 「be likely to-v」는 '…할 가능성이 있다'의 의미이며 교수들이 학생들에 의해 '뛰어난' 또는 '천재적'이라는 단어로 묘사되는 것이므로, to describe는 수동태인 to be described가 되어야 한다.

8 ⑤

산호초는 그것을 표백되어 죽게 하는, 비정상적으로 따뜻한 물 때문에 위협받고 있다. 한 연구팀은 이에 대처하기 위해 독특한 방안을 고안했다. 그들은 건강한 산호초의 소리를 녹음해서 심한 표백으로 고통받고 있는 산호초 근처에서 그것을 재생하려고 한다. 건강한 산호초는 소란스러운데, 이것이 치어들을 끌어들여 이곳이 그들이 안전하게 살 수 있는 곳이라는 것을 알려준다고 여겨진다. 그와는 반대로, 손상을 입은 산호초는 조용하다. 그것들은 새로운 서식 동물을 거의 끌어들이지 못하는데, 이는 그것들을 훨씬 더 퇴화하게 한다. 그 연구원들은 표백에 의해 심하게 영향을 받은 산호초에 자신들의 생각을 실험해 보았다. 건강한 산호초의 소리가 특정 장소에서 40일 동안 재생되었다. 이 기간의 마지막에, 그 연구원들은 그 소리가 재생된 구역이 소란스러운(→ 조용한) 상태로 남겨진 곳보다 두 배만큼 많은 치어를 끌어들였다는 것을 알아냈다.

구문해설

1행 Coral reefs are being threatened by unusually warm water [that is **causing** them **to bleach** and (**to**) **die**]. ▸ [ ]는 선행사인 unusually warm water를 수식하는 주격 관계대명사절이다. 「cause A to-v」는 'A가 …하게 하다'의 의미로, to bleach와 (to) die가 접속사 and로 병렬 연결되어 있다.

4행 A healthy reef is noisy, and **it** is believed [that *this* attracts young fish, {letting them know 〈that this is a place where they can safely live〉}]. ▸ it은 가주어이고 [ ]가 진주어이다. this는 앞서 나온 절의 내용을 가리킨다. { }는 동시동작을 나타내는 분사구문이다. 〈 〉는 know의 목적어로 쓰인 명사절이다. where they can safely live는 선행사인 a place를 수식하는 관계부사절이다.

7행 They attract few new inhabitants, [which causes them to degrade **even** further]. ▸ [ ]는 앞 절 전체를 선행사로 하는 계속적 용법의 주격 관계대명사절이다. even은 비교급을 강조하는 부사이다.

10행 ..., the researchers found [that the areas {where the sounds were played} had attracted twice as many young fish as places {that were left silent}]. ▸ [ ]는 found의 목적어로 쓰인 명사절이다. 첫 번째 { }는 선행사인 the areas를 수식하는 관계부사절이다. 두 번째 { }는 선행사인 places를 수식하는 주격 관계대명사절이다.

문제해설

⑤ 건강한 산호초는 소리를 내어 치어를 끌어들이는 반면, 표백된 산호초는 조용해서 그러지 못한다고 했다. 표백된 산호초 근처에서 건강한 산호초의 소리를 재생한 결과 더 많은 치어가 찾아왔다고 한 것으로 보아, 소리가 재생된 구역이 '조용한' 곳보다 더 많은 치어를 끌어들였음을 추론할 수 있으므로, noisy를 silent 등으로 고쳐야 한다.

REVIEW TEST

p. 108

A **1** much[still] less
2 as much as/more than
3 the more likely you are to
4 As many as
5 three times as much as

B **1** a bit inferior to the one
2 much less his parents
3 more competitive than ever before
4 the harder it becomes to share your pain and sorrow

C **1** No **2** the highest
3 any other drug **4** the fastest

A

1 그들은 영어를 읽지 못하고, 쓰는 것은 더구나 못한다.
2 그것은 나의 일이고, 아무도 그것에 대해 내가 그런 것만큼[그런 것보다] 관심을 많이 가지지 않는다.
3 네가 TV를 많이 시청할수록, 진이 빠질 가능성이 더 높다.
4 올해는 1,000명이나 되는 의사들이 연례 회의에 참석했다.
5 지난 10년간 런던의 집값은 소득의 세 배만큼 올랐다.

B

1 이 손목시계는 내가 작년에 산 것보다 품질이 약간 더 낮다.
2 내가 그를 설득하는 것도 어려운데, 하물며 그의 부모님은 (설득하기가) 더 어렵다.
3 올해의 오디션은 이전의 어느 때보다도 더 치열했다.
4 네가 고독에 빠져 있는 시간이 길수록, 너의 고통과 슬픔을 나누기가 더 어려워진다.

C

1 이 웹사이트는 다른 어떤 곳보다 더 인기 있고 이용하기 쉽다.
(= 어떤 다른 곳도 이 웹사이트만큼 인기 있고 이용하기 쉽지 않다.)

2 이 회사는 그 업계에 있는 다른 어떤 회사보다 더 높은 생산성을 가지고 있다.
(= 이 회사는 그 업계에서 가장 높은 생산성을 가지고 있다.)

3 세상의 어떤 다른 약도 아스피린보다 더 흔히 복용되지 않는다.
(= 아스피린은 세상의 다른 어떤 약보다 더 흔히 복용된다.)

4 투아타라는 검사된 다른 어떤 동물보다 분자 진화 속도가 더 빠르다.
(= 투아타라는 검사된 모든 동물 중 분자 진화 속도가 가장 빠르다.)

11 숨어 있는 부정의 의미를 찾아라

42 해석 기법 pp. 110~111

A 신차는 매우 비싸서 살 수 있는 사람이 거의 없다.
B 그녀는 마감일을 지키지 못했기 때문에 해고당했다.
C 그는 자신이 그 대회에서 우승했다는 것을 들었을 때, 너무 흥분해서 앉아 있을 수 없었다.
D 나의 아버지는 결코 나에게 밤새도록 시험공부를 하라고 강요하실 것 같지 않은 분이다.

구문 훈련

1 그가 왜 그랬는지 나는 이해할 수 없다.
2 이 식단들은 결코 영양가가 높거나 균형이 잡혀 있지 않다.
3 그들은 내가 전문 연예인이라고 부를 만한 이들이 아니다.
4 건강 검진은 네가 건강하다고 느낀다 하더라도 결코 시간 낭비가 아니다.
5 일반적으로, 당신은 당신에게 기대되는 것을 알고 있기 때문에 당신의 각각의 역할을 수행하는 데 거의 어려움을 겪지 않는다.
6 십 대들의 행동은 다른 사람들이 자기 자신의 삶으로 너무 바빠서 그들(= 십 대들)을 주시할 수 없다는 것을 깨달을 때 변한다.

1 ③

시간이 흐르면서, 인간의 특정한 생물학적, 그리고 행동에 관한 특성들은 제 역할을 하는 것을 멈춘다. 완전히 사라지는 대신에, 그것들은 온전하게 남아 있지만 기능이 없다. 이것이 움켜잡기 반사에 일어난 일이다. 만약 당신이 아기의 손에 물건을 놓으면, 아기는 무의식적으로 그것을 잡을 것이다. 이 반사 작용은 아기들이 어머니의 털을 꽉 붙잡아야 했던 우리의 먼 조상들에게는 유용했다. 하지만 움켜잡기 반사는 이제 인간의 아기들에게 거의 쓸모가 없는데, 그들은 생존을 위해 매달릴 필요가 없기 때문이다. 우리가 조상들로부터 물려받은 또 하나의 불필요한 특성은 소름이다. 소름은 우리가 춥거나 놀라서 몸에 있는 털들이 곤두설 때 생긴다. 오늘날, 그것은 결코 유용하지 않다. 하지만 그 똑바로 선 털들은 체열이 빠져나가지 못하게 했기 때문에, 털이 많았던 우리의 조상들을 따뜻하게 유지시켰다. 그것은 또한 우리의 조상들을 더 커 보이게 해서, 그들이 포식자들을 쫓아 버리는 데 도움이 되었다.

구문해설

4행 This reflex was helpful for our distant ancestors, [whose babies had to hold tightly to their mothers' fur]. ▸ [ ]는 선행사인 our distant ancestors를 부연 설명하는 계속적 용법의 소유격 관계대명사절이다.

10행 But they **kept** our hairy ancestors **warm** because the erect hairs *prevented* body heat *from escaping*. ▸ kept의 목적격보어로 형용사 warm이 쓰였다. 「prevent A from v-ing」는 'A가 …하지 못하게 하다'의 의미이다.

11행 They also **made** our ancestors **appear** larger, [*helping* them *scare away* predators]. ▸ 사역동사 made의 목적격보어로 동사원형이 쓰였다. [ ]는 결과를 나타내는 분사구문이다. help는 목적격보어로 동사원형이나 to부정사를 쓴다.

문제해설

③ 문장의 주어가 단수명사인 Another unnecessary feature이므로, are는 단수동사 is가 되어야 한다.

2 ③

홍채는 눈 안쪽에서 찾아볼 수 있는 근육이다. 그것은 동공을 열고 닫음으로써 눈으로 들어오는 빛의 양을 조절할 수 있다. 한 사람에게 있는 두 개의 홍채는 각각 서로 다른 조직의 패턴을 가지고 있는데, 이 패턴은 유전적인 것이 아니기 때문이다. DNA가 홍채의 색깔과 구조를 결정하지만, 그 패턴은 아기가 자궁 속에서 아직 성장하는 동안에 임의로 형성된다. (아기의 DNA는 전혀 임의적이지 않은데, 그것이 부모 둘 다에게서 비롯되기 때문이다.) 아기가 눈을 떴다 감았다 할 때, 홍채의 조직이 움직이고 접혀서 패턴을 만들어 낸다. 지문처럼, 홍채의 패턴은 유일무이하며 시간이 지나도 좀처럼 변하지 않으므로, 오늘날 신원 확인에 흔히 사용된다.

구문해설

2행 Each of a person's two irises has a pattern of textures [which is different from **that** of the other], ... ▸ [ ]는 선행사인 a pattern of textures를 수식하는 주격 관계대명사절이다. that은 앞서 나온 a pattern of textures를 가리키는 대명사이다.

7행 **As** the baby opens and closes its eyes, the tissue of the iris moves and folds, [creating patterns]. ▸ As는 '…할 때'의 의미인 접속사이다. [ ]는 결과를 나타내는 분사구문이다.

문제해설

홍채의 패턴은 유전적인 것이 아니며, 아기가 자궁 속에 있을 때 홍채 조직의 움직임에 따라 임의로 형성된다는 내용의 글이므로, DNA의 유전적인 성질에 대해 언급한 ③은 글의 흐름과 무관하다.

43 해석 기법 pp. 112~113

A 행운이 항상 그것을 누릴 자격이 있는 사람들에게 오는 것은 아니다.
B 엄청난 부가 반드시 커다란 행복을 보장하는 것은 아니다.
C 개발 도상국에서는 아동 노동이 드물지 않다.
D 그는 무책임하지 않았지만, 그가 일하는 동안 사고가 일어났다.

구문 훈련

1 그 퍼즐을 푸는 것은 불가능하지 않지만 매우 어렵다.
2 개들의 코가 뛰어날 수도 있지만, 그것이 늘 작동되는 것은 아니다.
3 내가 그의 소설을 모두 읽어본 것은 아니지만, 내가 읽어본 것들로 판단하건대, 그는 꽤 유망한 작가인 것 같다.
4 요즘에는, 한국에서 핼러윈에 사람들이 재미있는 의상을 입고 있는 것을 보는 것이 드문 일이 아니다.
5 모든 책이 베스트셀러 목록에 오를 것으로 기대되거나 의도되는 것은 아니지만, 출판업자들은 모든 신간이 적어도 수익을 내기를 기대한다.

3 ②

직원 및 후원자 여러분께,
우리의 조류 전시장을 더 큰 공간으로 옮기려는 우리의 계획은 새들의 삶의 질을 향상시키려는 의도였습니다. 그러나 우리는 우리가 계획했던 이전이 현재로서는 반드시 좋은 생각은 아니라고 결정했습니다. 전문가들과의 깊은 논의는 우리가 그 이동이 새들에게 잠재적인 건강 위험뿐만 아니라 위험한 수준의 스트레스를 만들어 낼 수 있다고 믿게 했습니다. 동물원 이사회의 모든 구성원이 동의한 것은 아니지만, 우리는 그 이전을 취소하기로 결정했습니다. 이것이 우리가 그렇게 바랐던 결과는 아니지만, 우리는 조류 전시장을 더 좋게 할 수 있는 다른 방법들을 계속 모색할 것입니다. 여러분의 이해와 지지에 감사드립니다.
동물원 관리자 드림

구문해설

2행 Our plan [to move our bird exhibits to a larger space] was intended [to enhance the quality of the birds' lives]. ▸ 첫 번째 [ ]는 문장의 주어인 Our plan을 수식하는 형용사적 용법의 to부정사구이다. 두 번째 [ ]는 목적을 나타내는 부사적 용법의 to부정사구이다.

4행 In-depth discussions with experts **have led** us **to believe** [that the move could produce dangerous levels of stress *as well as* potential health risks] for the birds. ▸ 「lead A to-v」는 'A가 …하도록 이끌다'의 의미이다. [ ]는 to believe의 목적어로 쓰인 명사절이다. 「B as well as A」는 'A뿐만 아니라 B도'의 의미이다.

8행 While this is not quite the outcome [(which/that) we had hoped for], we will continue to seek out other ways [of improving our bird exhibits]. ▸ 첫 번째 [ ]는 선행사인 the outcome을 수식하는 목적격 관계대명사절로, 목적격 관계대명사가 생략되었다. 두 번째 [ ]는 other ways를 수식하는 전치사구이다.

문제해설

② 조류 전시장을 이전하려고 했던 동물원의 계획이 오히려 새의 건강을 해치고 스트레스 수준을 높일 수 있다는 우려에 따라 취소되었다고 공지하는 글이다.

4 ⑤

15세기에 일부 유럽인들은 건강을 유지하기 위해 이상한 약을 사용했다. 그것은 'mumia'라고 불렸고 미라를 갈아서 만든 것이었다. (C) 사람들은 그것을 먹거나 상처에 문질렀다. 그들은 그것이 기침과 두통을 치료하는 데 사용될 수 있다고 믿었다. 하지만 mumia가 항상 의학계에서 받아들여진 것은 아니었다. 게다가, 모든 환자가 기꺼이 시도한 것도 아니었다. (B) 그럼에도 불구하고 유럽에는 여전히 mumia에 대한 수요가 높았다. 어떤 사람들은 미라를 훔치기 위해 이집트 무덤을 파헤쳤다. 또 다른 사람들은 최근에 죽은 사람의 시신을 미라로 만드는 시도를 했다. (A) 현대인들은 이러한 관행을 일종의 식인 풍습으로 여길 것이다. 하지만 중세 유럽인들은 그것을 특이한 형태의 의학으로 여겼다. 다행히, 의학 지식이 발전되면서 의사들은 마침내 mumia 처방을 중단했다.

구문해설

3행 Modern people would **view** this practice **as** a kind of cannibalism. ▸ 「view A as B」는 'A를 B로 여기다[생각하다]'의 의미이다.

4행 Medieval Europeans, however, considered(V) it(O) an unusual type of medicine(OC). ▸ it은 앞서 나온 this practice를 가리킨다.

8행 Others attempted to **turn** the bodies of people [who had recently died] **into** mummies. ▸ 「turn A into B」는 'A를 B로 바꾸다'의 의미이다. [ ]는 선행사인 people을 수식하는 주격 관계대명사절이다.

문제해설

15세기 일부 유럽인들이 미라를 갈아서 만든 mumia라는 약을 사용했다는 주어진 글에 뒤이어, 당시 사람들이 mumia를 어떻게 사용했는지를 설명하는 (C)가 가장 먼저 나오고, mumia의 높은 수요 때문에 벌어진 일들을 소개하는 (B)가 이어진 후, 의학 지식의 발전으로 mumia 처방이 중단되었다는 내용인 (A)의 순서로 이어지는 것이 가장 자연스럽다.

44 해석 기법 pp. 114~115

A 과학 기술이 우리의 삶을 변화시켰다는 것에는 전혀 의심의 여지가 없다.
B 그는 다른 사람들의 문제에는 전혀 관심이 없다.
C 나는 내 시험 점수에 대해 조금도 걱정하지 않는다.
D 이 정보를 입수하는 것은 결코 간단한 일이 아니었다.

구문 훈련

1 전쟁은 전혀 아무것도 이루지 못한다.
2 내가 다른 도시로 이사를 가야 한다면, 나는 결코 그 일을 맡지 않을 것이다.
3 그 학교는 향후 2년간 새로운 체육관을 지을 계획이 전혀 없다.
4 그녀는 시골 지역에 대한 경험이 거의 없었으며, 강에서 수영을 한 경험은 전혀 없었다.
5 그녀는 그 남자가 자기 개가 짖는 것이 이웃 사람들에게 어떻게 영향을 미치고 있는지에 대해 전혀 신경 쓰지 않아서 짜증이 났다.

5 ②

준사회적 관계란 개인이 자신의 존재를 알지 못하는 사람에게 정서적 에너지, 관심, 시간을 투자할 때 발생한다. 유명인의 팬들에게서 흔히 보여지는 이러한 일방적인 관계는 개인이 반감이나 거절에 대한 두려움 없이 애착을 가질 수 있게 해준다. 실제 상호 작용의 기회가 없더라도, 연구에 따르면 이러한 선택된 관계는 특히 어려운 시기에 동료애와 정서적 지지를 제공한다고 한다. 이러한 관계는 개인의 정체성을 형성하는 데 역할을 하는 것으로 보여지기 때문에 결코 무의미한 것이 아니다. 준사회적 관계가 한 사람의 삶을 풍요롭게 하는 데 중요한 가치를 지닐 수 있다는 것은 의심의 여지가 없다.

구문해설

1행 A parasocial relationship occurs [when an individual invests emotional energy, interest, and time in someone {who is unaware of their existence}]. ▸ [ ]는 선행사가 생략된 관계부사절이다. { }는 someone을 선행사로 하는 주격 관계대명사절이다.

2행 [(Being) Commonly seen with fans of celebrities], these one-sided relationships **allow** individuals **to attach** themselves without the fear of disapproval .... ▸ [ ]는 문두에 Being이 생략된 형태의 수동형 분사구문이다. 「allow A to-v」는 'A가 …하게 해주다'의 의미이다.

문제해설

준사회적 관계가 실제 상호 작용의 기회는 없더라도 특히 어려운 시기에는 동료애와 정서적 지지를 제공하고, 더 나아가 개인의 정체성을 형성하는 데에도 역할을 한다는 내용이므로, 글의 요지로는 ②가 가장 적절하다.

6 ④

16세기 이전에는 옷에 대한 치수 체계가 전혀 없었다. 그러다가 1589년에 의복 맞춤과 관련된 첫 저서들 중 하나가 출판되었다. 이는 현대의 측정 표준의 시작을 의미하는 것일지도 모른다. 하지만 19세기 초 옷은 여전히 개인별로 측정되고 있었다. 마침내 보편적인 치수의 확립을 이끈 것은 바로 일련의 전쟁이었는데, 군복에 대한 수요의 갑작스러운 증가 때문이었다. 19세기 후반, 남성복은 추가적인 측정이 필요 없는 표준화된 치수로 판매되고 있었다. 하지만 여성복은 바뀌는 데 더 오래 걸렸는데, 그것은 대개 몸에 더 꼭 맞게 입기 때문이었다. 20세기 초가 되어서야 여성 기성복이 대중화되었다.

구문해설

2행 Then, in 1589, **one** of the first written works [related to the tailoring of clothes] **was** published. ▸ [ ]는 the first written works를 수식하는 과거분사구이다. 문장의 주어가 one이므로 단수동사 was가 쓰였다.

5행 **It was** a series of wars **that** finally led to the establishment of universal sizing, *due to* a sudden increase in the demand for military uniforms. ▸ 「It is ... that ~」 강조구문으로, '~하는 것은 바로 …이다'의 의미이다. 「due to ...」는 '…때문에'의 의미이다.

10행 **It wasn't until** the early 20th century **that** ready-to-wear women's clothing became popular. ▸ 「It is not until ... that ~」은 '…가 되어서야 비로소 ~하다'의 의미이다.

문제해설

과거에는 개인별로 치수를 재어 옷을 맞춤 제작하였으나, 전쟁에 필요한 군복을 대량 생산하게 되면서 사이즈 규격이 확립되었고, 이것이 현대 기성복의 표준화된 치수로 이어졌다는 내용의 글이다. 따라서 글의 제목으로는 ④ '어떻게 국제 표준 치수가 발전되었는가'가 가장 적절하다.
① 여성의 패션: 먼 과거를 떠오르게 하는 것
② 기성복을 만드는 과정
③ 무엇이 치수 체계의 발전을 지연시켰나
⑤ 남성복과 여성복의 놀라운 변화

REVIEW TEST p. 116

A 1 the last 2 fails to get 3 uncommon
4 Not unlike

B 1 beyond 2 not, whatsoever 3 not always
4 Not every 5 not entirely

C 1 too far away from town to use
2 the last person to betray his friends
3 to be free from any faults

A

1 Daniel은 운동을 싫어한다. 그는 결코 골프 강습에 관심이 있을 것 같지 않다고 내가 예상할 만한 사람이다.
2 그녀는 수학을 더 공부해야 한다. 그녀는 모든 수학 시험에서 좋은 점수를 받지 못한다.
3 여기서 그런 새를 발견하는 것은 드문 일이 아니다. 네가 어디를 보든 그 새를 볼 수 있다.
4 우리의 성공한 다수의 졸업생들과 다르지 않게, 당신의 자녀들도 정치와 경제 분야에서 성공할 기회를 가질 것이다.

C

1 그는 시내에서 너무 멀리 떨어져 살아서 대중교통을 이용할 수 없다.
2 내 생각에 그는 결코 자신의 친구들을 배신할 것 같지 않은 사람이다.
3 나는 그녀를 아주 많이 사랑한다. 그래서 내 눈에 그녀는 아무런 결점이 없어 보인다.

12 특수 구문의 질서를 익혀두자 

45 해석 기법

pp. 118~119

A 어떤 사람들은 자신의 꿈을 기억하는 반면, 다른 사람들은 그러지 못한다.

B 필요하면, 너는 시험을 위해 내가 필기한 것을 빌려도 된다.

C 그 나라의 대부분의 사람들은, 설령 (그런 것이) 있었다 할지라도, 시민권과 정치적 권리를 거의 누리지 못했다.

D 그녀는 도전에 직면했을 때 절대 포기하지 않는다.

구문 훈련

1 The groups which encourage individual members to think creatively will prosper, whereas those which do not ∧ will fail. / 개별 구성원들을 창의적으로 사고하도록 장려하는 집단들은 번영할 것이고, 반면에 그렇게 하지 않는 집단들은 실패할 것이다.

2 A business manager should not be expected to perform the duties of a human resources representative, nor a financial officer ∧ the job of a CEO. / 영업 관리자가 인사과 대표의 업무를 하도록 기대되어서는 안 되며, 재무 책임자가 CEO의 업무를 하도록 기대되어서도 안 된다.

3 오존층에 난 구멍들이 만약 지구 온난화에 영향을 미친다면 어떤 영향을 미칠까?

4 필요하면, 우리는 비용을 최소로 유지하기 위해서 대안이 되는 해결책을 제시할 수 있다.

5 여러분이 원하는 바를 찾는 일은, 불가능하지 않다면, 시간이 소요되고 극도로 어려울 것이다.

1 ②

뇌졸중을 겪은 후 환자들이 가장 대응하기 어려워하는 질환 중 하나는 '편측 공간 무시'라고 불린다. 이것은 뇌의 두정엽에 손상이 있을 때 발생하는데, 두정엽은 감각 정보를 처리하는 것을 도와준다. 그것이 손상되면 환자들은 그들의 몸 한편에 있는 사람, 소리, 사물들을 인지할 수 없다. 각각의 뇌 반구는 몸의 반대편을 제어하기 때문에, 환자들은 뇌 손상의 반대편에 있는 것을 감지하지 못한다. 예를 들어, 좌뇌가 손상된 남성은 오른쪽에 있는 것을 인지할 수 없다. 그 결과, 그는 자신 얼굴의 왼쪽만 면도했을지도 모른다. 유사하게, 우뇌 손상을 겪고 있는 여성이 화장을 한다면 어떻게 될까? 그녀는 자신 얼굴의 오른쪽에만 화장을 할 것이다.

구문해설

1행 One of the most difficult conditions [that patients deal with after a stroke] is called "hemispatial neglect." ▸ [ ]는 the most difficult conditions를 수식하는 목적격 관계대명사절이다.

2행 This occurs when there is damage to the brain's parietal lobe, [which helps process sensory information]. ▸ [ ]는 선행사인 the brain's parietal lobe를 부연 설명하는 계속적 용법의 주격 관계대명사절이다.

5행 ..., so patients cannot sense [what is on the opposite side of the brain damage]. ▸ [ ]는 선행사를 포함하는 관계대명사 what이 이끄는 명사절로, sense의 목적어로 쓰였다.

8행 Similarly, **what if** a woman [suffering from damage to the right side of the brain] **put** on makeup? ▸ 「what if+주어+동사의 과거형 ...?」은 '만약 …라면 어떻게 될까?'의 의미로, 가정법 과거 구문의 관용적 표현이다. [ ]는 a woman을 수식하는 현재분사구이다.

문제해설

우뇌, 좌뇌 중 손상이 생긴 쪽과 반대편에 있는 사람, 사물 등을 인지할 수 없는 질환인 편측 공간 무시에 대한 내용의 글이다. 우뇌 손상을 겪고 있는 환자라면 왼쪽을 인지할 수 없어 화장을 할 때 오른쪽 얼굴만 화장하게 될 것이므로, 빈칸에는 ② '오른쪽'이 들어가는 것이 가장 적절하다.

① 위쪽 ③ 왼쪽
④ 반대쪽 ⑤ 아래쪽

2 ④

많은 사람들은 자신의 목소리를 듣고 당황한다. 그들이 대화를 하고 있을 때에는 그것이 그들을 신경 쓰이게 하지 않는다. 하지만 녹음된 목소리를 들을 때 사람들은 거북해한다. 실제로 이에 대한 과학적인 설명이 있다. 우리는 다른 사람들에게 말하는 동안 보통 우리 자신의 목소리를 듣게 되는데, 그럴 때 우리는 두 가지 방식으로 그 소리를 받아들인다. 그 소리는 다른 사람들의 목소리처럼, 공기를 통해 (몸) 밖에서 도착한다. 하지만 그것은 두개골을 통해 이동하여 (몸) 안으로도 도착한다. 반면에 우리가 우리의 녹음된 목소리를 들을 때, 그 소리는 공기를 통해서만 이동한다. 뼈를 통해 전달되는 소리는 공기를 통해 전달되는 소리보다 더 낮게 인식된다. 그래서 우리는 목소리를 녹음해서 들을 때, 그 소리가 우리가 예상했던 것보다 더 고음이라고 보통 생각한다. 우리의 목소리는 우리 정체성의 중요한 부분이다. 그러므로 목소리가 생각했던 것처럼 들리지 않는다는 것을 알게 되는 것은 조금 속상한 일이다!

구문해설

10행 So we often find [that our voice has a higher pitch than {what we expected when we hear it on a recording}]. ▸ [ ]는 find의 목적어로 쓰인 명사절이다. { }는 선행사를 포함하는 관계대명사 what이 이끄는 명사절이다.

12행 Therefore, **it** is a little upsetting [to find out {(that) it doesn't sound like what we thought}]! ▸ it은 가주어이고 [ ]가 진주어이다. { }는 find out의 목적어로 쓰인 명사절로 접속사 that이 생략되었다.

문제해설

④ 문장의 주어가 단수명사인 Sound이므로, are는 단수동사 is가 되어야 한다.

46 해석 기법 pp. 120~121

A 멋진 풍경과 야생 동물로 잘 알려진 뉴질랜드에는 자연을 보호하기 위한 많은 법이 있다.
B 우리는 그에게 전화를 했고, 이메일도 보냈고, 심지어 그의 집에도 갔었다. 요컨대, 우리는 그에게 연락하기 위해 우리가 할 수 있는 모든 것을 했다.
C 그들은 자신들이 생각하기에 가장 효율적인 것을 고를 것이다.

구문 훈련

1 [I believe] / 그는 내가 생각하기에 내년 선거에서 승리할 후보자이다.
2 [whether with friends or family] / 공원에 가는 것은 친구들과 함께든 가족과 함께든 오후를 보낼 즐거운 방법이다.
3 [they feel] / 사람들이 내리는 결정의 대부분은 그들이 느끼기에 최선의 해결책일 것에 기반한다.
4 [they believe] / 캄보디아의 마을 사람들은 그들이 믿기에 신성하고 사람들에게 행운을 가져다줄 것 같은 소 한 마리를 발견했다.
5 [as a means of communication] / 의사소통 수단으로서의 이 초저주파 음은 특별한 장점을 가지고 있는데, 그것은 더 높은 음역의 소리보다 더 먼 거리를 이동할 수 있다는 것이다.

3 ④

빛은 무지개의 모든 색이 혼합된 것이다. 빛의 서로 다른 파장은 다른 색을 나타낸다. 낮 동안 기분을 좋게 하고 집중력을 향상시키는 데 도움을 주는 청색 파장이 밤에는 가장 방해가 되는 것으로 보인다. 에너지 효율이 좋은 조명과 마찬가지로, 기기의 화면은 해가 진 후 우리가 정기적으로 노출되는 청색 파장의 양을 증가시키고 있다. 연구에 따르면, 청색광은 우리가 자도록 돕는 호르몬인 멜라토닌의 생성에 다른 유형의 빛보다 더 영향을 미친다. 그것은 멜라토닌의 생성을 촉진하고(→억제하고) 수면 패턴을 손상시킨다. 한 실험에서 캐나다 연구진은 두 집단 사람들의 멜라토닌 수치를 비교했다. 한 집단은 밝은 빛에 노출되는 동안 청색광을 차단하는 특수 고글을 썼다. 다른 집단은 고글을 쓰지 않고 일반 빛에 노출되었다. 고글을 쓰지 않은 집단의 멜라토닌 수치가 첫 번째 집단의 수치와 같았다는 사실은 청색광이 우리의 수면에 해를 끼친다는 이론을 뒷받침한다.

구문해설

2행 ... which help us during the day **by improving** our mood and **increasing** our attention span .... ▸ 전치사 by의 목적어로 쓰인 「by v-ing」는 '…함으로써'의 의미이며, 동명사 improving과 increasing이 접속사 and로 병렬 연결되어 있다.

4행 Device screens, [along with energy-efficient lighting], are increasing the amount of blue wavelengths [(that/which) we are regularly exposed to] after sunset. ▸ 첫 번째 [ ]는 주어와 동사 사이에 삽입된 삽입구이다. 두 번째 [ ]는 선행사인 blue wavelengths를 수식하는 목적격 관계대명사절로, 목적격 관계대명사가 생략되었다.

11행 The fact [that the melatonin levels of the group without goggles were the same as those of the first group] supports the theory [that blue light is harming our sleep]. ▸ 첫 번째 [ ]는 The fact와 동격이고, those는 앞서 나온 the melatonin levels를 가리킨다. 두 번째 [ ]는 the theory와 동격이다.

문제해설

④ 청색 파장이 수면을 돕는 호르몬인 멜라토닌 생성에 영향을 미쳐서 수면 패턴을 손상시킨다는 것으로 보아, 청색 파장은 멜라토닌 생성을 촉진한다기보다는 '억제한다'고 추론할 수 있다. 따라서 encourages를 suppresses 등으로 고쳐야 한다.

4 ⑤

매년 10월에 아마존의 열대 우림에서 개최되는 브라질의 정글 마라톤은 세계에서 가장 도전적인 대회들 중 하나이다. 참가자들이 선택할 수 있는 세 가지 경주가 있는데, 42킬로미터의 마라톤, 4단계로 구성된 127킬로미터의 경주, 그리고 6단계로 구성된 254킬로미터의 경주이다. 6단계로 구성된 경주는 확실히 가장 어려워서, 참가자들이 완주하는 데 일주일이 넘게 걸린다. 경주들은 모두 늪을 통과하고 강을 건너고 해변을 지나간다. 쉼터, 응급 처치, 식수와 같은 기본적인 필수품만 제공되기 때문에, 주자들은 본인의 음식과 구명장비를 가지고 다녀야 한다. 그것의 어려움과 위험에도 불구하고, 그 행사는 아름다운 자연환경 속에서 경쟁할 기회를 거부할 수 없는 전 세계의 선수들을 끌어모은다.

구문해설

1행 Brazil's Jungle Marathon, [held in the Amazon rainforest every October], is .... ▸ [ ]는 Brazil's Jungle Marathon을 부연 설명하는 과거분사구로, 문장의 주어와 동사 사이에 삽입되었다.

8행 Despite its difficulties and dangers, the event attracts athletes from around the world [who can't resist the opportunity {to compete ...}]. ▸ [ ]는 선행사인 athletes from around the world를 수식하는 주격 관계대명사절이다. { }는 the opportunity를 수식하는 형용사적 용법의 to부정사구이다.

문제해설

⑤ 쉼터, 응급 처치, 식수와 같은 기본적인 필수품은 제공되지만, 본인의 음식은 참가자들이 가지고 다녀야 한다고 했다.

47 해석 기법 pp. 122~123

A 나는 버스를 놓쳐서 회의에 늦을지도 모른다는 생각에 불안해했다.
B 결과는 뇌가 당신을 기분 좋게 하는 호르몬인 세로토닌을 분비하게 한다.
C 우리 언니는 저녁 식사 전에 운동하는 습관이 있다.

구문 훈련

1 새로운 국가로 이주할 가능성은 그 가족을 들뜨게 했다.
2 집을 산다는 것은 우리 부모님에게 는 큰 진전이자, 그들의 늘어나는 부의 표시였었다.
3 심지어 매우 간단한 알고리즘도 단순한 예측 문제에 대해 전문가의 판단을 능가할 수 있다는 증거가 있다.
4 명성에 이끌려, 나는 미대 교수님께 많은 유명 예술가들의 본고장인 파리로 가기 위해 대학을 그만두고 싶다고 말씀드렸다.
5 신문 읽기의 이런 감소의 일부는 우리가 신문을 온라인으로 더 많이 읽고 있다는 사실 때문이다.

5 ①

놀랍게도, 영어 단어 '알코올'은 원래 일종의 아이섀도를 가리키는 것이다. 고대 이집트에서, 광물 휘안석은 가열되어서 고체를 기체로 바꾸는 승화의 과정을 거쳤다. 생성된 매캐한 증기는 채취할 수 있는 검은 가루 층을 남겼다. 그들은 그 가루를 이용해 두꺼운 반죽을 만들어 냈는데, 이것은 그 후 아이섀도로 사용되었다. 이 반죽은 '얼룩' 또는 '물감'을 의미하는 아랍어 용어인 'kohl'이라고 불렸다. 이 용어는 아랍어로 'the'를 의미하는 'al-'과 결합하여 승화된 휘안석으로 만든 아이섀도를 뜻하는 아랍어 단어인 'al-kohl'이 되었다. 1500년대 중반에 화학자들과 연금술사들은 고대의 교과서에서 이 용어를 발견했고, 승화가 어떤 물질에서 가장 순수한 진액을 추출할 수 있는 방법이라는 깨달음을 얻었다. 그들은 증류와 유사한 과정을 통해 생성된 액체에 이 과정을 적용하기 시작했다. 시간이 지남에 따라, 이로 인해 술이 단순히 '알코올'이라고 알려지게 되었다.

구문해설

2행 In Ancient Egypt, the mineral stibnite was heated [to put **it** through *sublimation*, {the process of turning a solid into a gas}]. ▸ [ ]는 결과를 나타내는 부사적 용법의 to부정사구이다. it은 앞서 나온 the mineral stibnite를 가리킨다. sublimation과 { }는 동격이다.

3행 The smoky vapor [that was produced] left a layer of black powder [that could be collected]. ▸ 첫 번째 [ ]는 선행사인 The smoky vapor을 수식하는 주격 관계대명사절이다. 두 번째 [ ]는 선행사인 a layer of black powder을 수식하는 주격 관계대명사절이다.

11행 They **began applying** this process to liquids [produced through a similar process of distillation]. ▸ [ ]는 liquids를 수식하는 과거분사구이다. begin은 to부정사와 동명사를 둘 다 목적어로 쓸 수 있다.

문제해설

'알코올'이라는 용어가 고대 이집트에서 아이섀도의 의미로 쓰인 후 현재의 뜻을 갖게 되기까지의 과정을 설명하는 글이므로, 제목으로는 ① ''알코올'이라는 용어의 발전'이 가장 적절하다.
② 아이섀도의 흥미로운 탄생
③ 고대 이집트에서의 알코올의 놀라운 발견
④ 휘안석이 알코올이 되는 기이한 변신
⑤ 취하게 만드는 술의 등장: 음료 제조의 역사

6 

'무지의 장막'은 정치 철학가 John Rawls에 의해 처음 제시된 개념이다. 이 개념은 다음과 같이 요약될 수 있다. 사회를 위한 법을 수립할 때, 당신은 자신이 결국 어떤 사회적 위치에든 있게 될 수 있다는 것을 가정해야 한다. 그렇게 함으로써, 당신은 현 상황에 의해 편견을 갖는 것을 피할 수 있다. 이 사고방식을 따르면, 사람들은 자신이 노예 소유주가 아니라 노예일 가능성이 있기 때문에 노예 제도를 거부할 가능성이 높다. Rawls는 '무지의 장막'을 유념함으로써, 사회가 자연스럽게 공평한 사회 민주주의적인 정책을 간과할(→ 채택할) 것이라고 생각했다. 당신이 사회 경제적인 지위에서 어디에 있게 될지 모를 때, 강력한 재분배와 관대한 사회 복지 정책이 훨씬 더 마음을 끌게 된다.

구문해설

2행 ... [When setting up laws for a society], you should assume [that you could end up in any social position]. ▸ 첫 번째 [ ]는 시간을 나타내는 분사구문으로, 의미를 명확히 하기 위해 접속사를 생략하지 않은 형태이다. 두 번째 [ ]는 assume의 목적어로 쓰인 명사절이다.

8행 When you don't know [where you will be on the socioeconomic ladder], strong redistribution and generous social welfare policies become **much** more attractive. ▸ [ ]는 know의 목적어로 쓰인 의문사절로, 「의문사+주어+동사」의 어순을 따른다. much는 비교급을 강조하는 부사이다.

문제해설

④ 사회 경제적인 지위에서 어디에 있게 될지 모를 때 강력한 재분배와 관대한 사회 복지 정책이 훨씬 더 마음을 끌게 된다고 한 것으로 보아, Rawls는 '무지의 장막'을 유념함으로써 사회가 자연스럽게 공평한 사회 민주주의적인 정책을 '채택할' 것이라고 생각했음을 추론할 수 있으므로, overlook을 adopt 등으로 고쳐야 한다.

48 해석 기법 pp. 124~125

A 나는 내가 그렇게 큰 무리를 향해 연설할 거라고 절대 상상하지 못했다.
B 도로 우측에 뒤뜰이 있는 작은 집이 있었다.
C 북쪽 지역 땅의 겨울밤은 길고 춥다.

구문 훈련

1 S: a vague voice, V: came / 어둠 속에서 희미한 목소리가 들려왔다. "거기 누구세요?"
2 S: the shores, V: were / 해변에는 더 이상 나무가 빽빽이 우거져 있지 않았고, 나는 어디에서도 야생동물을 볼 수도 없었다.
3 S: the team's record, V: was / 그 팀의 기록은 너무도 인상적이어서 다른 어떤 팀도 그들에게 도전할 엄두를 내지 못했다.
4 S: the budget, V: had been announced / 예산안이 발표되자마자 그것은 너무 규모가 큰 것에 대해 비난을 받았다.

5 S: the largest stretch of old-growth forest in the nation, V: lies / 그 산의 서쪽으로 이 국가에서 가장 크게 펼쳐져 있는 오래된 숲이 있다.

7 ②

뱀은 인간과 대부분의 동물들에게 두려움의 대상이다. 하지만, 뱀을 전혀 두려워하지 않는 동물이 하나 있는데, 바로 몽구스이다. 몽구스는 뱀을 두려워하지 않을 뿐만 아니라 그것들을 먹이로 사냥하기도 한다. 몽구스의 두꺼운 털은 뱀에게 물리는 것으로부터 그것을 보호하도록 도와주고, 그 민첩성 역시 마찬가지다. 몽구스는 시속 30킬로미터 이상의 속도로 움직일 수 있다. 이것은 몽구스의 날씬한 몸과 더불어 뱀과 싸울 때 큰 이점을 준다. 몽구스는 대다수 뱀 종류의 턱을 피할 수 있을 뿐만 아니라, 물렸을 때 생존할 수도 있다. 성체인 몽구스를 죽일 정도로 강력한 뱀의 독은 매우 드물다. 몽구스는 또한 28개의 날카로운 이빨을 가지고 있으며, 뼈를 부술 만큼 강한 힘으로 물 수 있다. 그것은 머리를 집중 공격하며 뱀과 싸우는데, 대개 그들의 두개골을 박살내며 뱀을 물리친다.

구문해설

1행 There is, however, one animal [that does not fear them at all]—the mongoose. ▸ [ ]는 선행사인 one animal을 수식하는 주격 관계대명사절이다.

2행 **Not only is it** unafraid of snakes, **but** it **also** hunts them as prey. ▸ 「not only A but also B」는 'A뿐만 아니라 B도'의 의미로, 부정어구인 Not only가 문두로 나와 주어와 동사가 도치되었다.

7행 **Rare indeed is the snake venom** powerful enough to kill an adult mongoose. ▸ 부정어 Rare가 문두로 나와 주어와 동사가 도치되었다.

문제해설

이 글은 몽구스가 어떻게 뱀과 싸워 이기는지 몽구스의 여러 가지 신체적 이점을 나열하여 설명하고 있으므로, 주제로는 ② '몽구스가 뱀을 두려워하지 않는 이유'가 가장 적절하다.

① 뱀이 몽구스를 사냥하고 죽이기 위해 쓰는 방법
③ 몽구스가 먹이를 사냥하는 다양한 방법
④ 뱀과 몽구스가 사냥하는 방식의 유사점
⑤ 뱀과의 싸움에서 몽구스의 털이 갖는 이점

8 ⑤

아르헨티나 부에노스아이레스 근처의 Parana 삼각주에는 'The Eye'라고 불리는 작은 섬이 하나 있는데, 그것은 직경이 120미터 정도인 작은 호수의 중앙에 떠 있다. (C) 그것은 외계 생물체에 관한 공포 영화의 제작 준비 과정 중에 아르헨티나의 영화감독인 Sergio Neuspiller에 의해 우연히 발견되었다. 흥미롭게도, 그 섬과 호수는 둘 다 완벽하게 원형이다. (B) 게다가, 그 섬을 둘러싼 호수는 극도로 차갑고 맑은데, 이는 그 지역에서 보기 드문 현상이다. 그 섬은 매우 신비로워서 사람들은 그것이 자연적으로 생겨난 것인지 외계인에 의해 만들어진 것인지 궁금해해 왔다. (A) 그것의 발견 이후, 연구원들은 그 둥근 모양이 섬의 한쪽으로 흐르는, 천천히 움직이는 물살 때문일지도 모른다는 것을 알아냈다. 그러나 여전히 그 호수의 몹시 차갑고 맑은 물에 대한 설명은 없다.

구문해설

1행 In the Parana Delta near Buenos Aires, Argentina, (부사구) is (V) a small island called "The Eye," (S) [which floats in the middle of a small lake {that is about 120 meters in diameter}]. ▸ 장소를 나타내는 부사구가 문두에 와서 주어와 동사가 도치되었다. [ ]는 선행사인 a small island called "The Eye"를 부연 설명하는 계속적 용법의 주격 관계대명사절이다. { }는 선행사인 a small lake를 수식하는 주격 관계대명사절이다.

8행 **So** mysterious (SC) is (V) the island (S) **that** people *have wondered* [if it was created naturally or by aliens]. ▸ 주격보어가 문두에 와서 주어와 동사가 도치되었다. 「so+형용사/부사+that ~」은 '너무 …해서 ~하다'의 의미이다. have wondered는 계속을 나타내는 현재완료시제이다. [ ]는 have wondered의 목적어로 쓰인 명사절이다.

문제해설

아르헨티나의 한 삼각주에 있는, 'The Eye'라는 섬을 언급하는 주어진 글에 뒤이어, 그것이 발견된 계기 및 섬과 호수의 특징을 설명하는 (C)가 가장 먼저 나오고, 또 다른 특징을 언급하며 그 섬이 생겨난 원인에 대해 많은 의문이 있었다는 내용의 (B)가 이어진 후, 섬의 첫 번째 특징에 관해 추가로 밝혀진 내용과 아직 미궁에 빠져 있는 두 번째 특징을 서술하는 (A)의 순서로 이어지는 것이 가장 자연스럽다.

REVIEW TEST

p. 126

A **1** do **2** writing **3** is **4** is **5** wants

B **1** No sooner had I returned
2 that success is a matter of luck
3 could I go swimming
4 when (she was) hit by a car
5 affects adults as well as children
6 they believe is related to the case

C **1** On the sidewalk stood an old woman
2 arrogant was the movie star that
3 could she eat anything
4 had I imagined that
5 did we visit many places in Rome

A

1 우리는 인생에 대해 생각해 볼 기회를 좀처럼 갖지 않는다.
2 글을 쓸 때는 독자가 어떻게 생각할지에 대해서 걱정하지 마라.
3 두 살짜리 여자아이가 필요로 하는 고요하고 평화로운 분위기에 가장 도움이 되는 것은 어머니의 사랑이다.
4 (사람을) 고용하기란 그들이 생각하기에, 알맞은 경력을 가진 사람을 찾는 것이 아니라, 올바른 태도를 지닌 사람을 찾는 것이다.
5 두 슈퍼마켓의 주인인 James Cook은, 경제적 어려움 때문에 매장 중 한 곳을 닫고 싶어 한다.

B

1 내가 집에 돌아오자마자 비가 오기 시작했다.
2 나는 성공이 운의 문제라는 생각에 동의하지 않는다.
3 나는 발에 난 상처가 다 아물고 나서야 수영을 하러 갈 수 있었다.
4 아홉 살짜리 소녀가 오늘 아침에 차에 치여 다쳤다.
5 가장 흔한 정신 질환 중 하나인 ADHD는 아이들뿐만 아니라 성인들에게도 영향을 미친다.
6 사람들은 그들이 생각하기에 그 사건과 관련된 정보를 가지고 있다면 기꺼이 (도와주겠다고) 나설 것이다.

C

1 보도 위에 Susan이라는 이름의 노부인이 서 있었다.
2 그 영화배우는 너무 거만해서 모든 사람에게 이래라저래라 명령했다.
3 그녀는 극심한 복통 때문에 거의 아무것도 먹을 수 없었다.
4 나는 그가 그 끔찍한 사고에서 살아남을 수 있었을 거라고 전혀 상상하지 못했다.
5 우리는 로마의 많은 장소들을 방문했을 뿐만 아니라, 그 도시의 역사에 대해서도 배웠다.

MINI TEST

MINI TEST 1회 pp. 128~133

1 ① 2 ② 3 ③ 4 ② 5 ④ 6 ③

1 ①

온라인에서 심하게 행동하는 사람들은 계속해서 나빠지고 있는 심각한 문제이다. 당신은 이러한 문제를 일으키는, 흔히 '온라인 트롤'이라고 불리는 사람들이 어두운 방 안에 혼자 앉아 화를 내는 반사회적인 외톨이라고 생각할지도 모른다. 하지만 최근 두 대학에서 수행된 연구는 이러한 고정관념에 이의를 제기한다. 한 뉴스 웹사이트에 남겨진 1,600만 개의 댓글 분석 결과는 놀라운 것을 밝혀냈다. 모욕적이라고 간주되는 게시글 중 약 4분의 1이 악성 댓글을 남긴 이력이 없는 사람들에 의해 작성되었다는 점이다. 또한 일단 부정적인 게시글이 하나 작성되면 더 많은 부정적인 게시글이 뒤따르는 경향이 있음을 보여주었다. 더 나아가, 연구진은 많은 사람들이 기분이 좋지 않은 시간대인 저녁과 월요일에 부정적인 행동이 발생할 가능성이 가장 높았음을 발견했다. 이는 우리 중 누구라도 특정 상황에서 트롤처럼 행동할 수 있음을 시사한다.

구문해설

1행 You might imagine [that the individuals {who are causing this problem}, {often referred to as "online trolls,"} are angry, antisocial loners {sitting alone in dark rooms}]. ▸ [ ]는 imagine의 목적어로 쓰인 명사절이다. 첫 번째 { }는 선행사인 the individuals를 수식하는 주격 관계대명사절이다. 두 번째 { }는 the individuals를 부연 설명하는 과거분사구로, that절의 주어와 동사 사이에 삽입되었다. 세 번째 { }는 angry, antisocial loners를 수식하는 현재분사구이다.

7행 It also showed [that once a single negative post was made, **more** (negative posts) tended to follow]. ▸ [ ]는 showed의 목적어로 쓰인 명사절이다. more 뒤에는 반복을 피하기 위해 중복되는 내용이 생략되어 있다.

8행 Furthermore, the researchers found that negative behavior was most likely to occur **in the evenings and on Mondays**, [times {when many people are in a bad mood}]. ▸ in the evenings and on Mondays와 [ ]는 동격이다. { }는 선행사인 times를 수식하는 관계부사절이다.

문제해설

최근 두 대학의 댓글 분석 결과에 따르면, 온라인에 게시된 모욕적인 게시글의 4분의 1이 그런 악성 댓글을 남겨본 적이 없는 사람들에 의해 작성되었으며, 특히 사람들의 기분이 좋지 않은 저녁이나 월요일에 그런 행동을 많이 한다는 내용이므로, 이 글의 제목으로는 ① '온라인 트롤: 그들은 누구나 될 수 있다'가 가장 적절하다.
② 온라인 트롤이 다른 사람을 속이는 방법
③ 사이버 범죄를 저지를 가능성이 가장 높은 사람은 누구인가?
④ 대부분의 온라인 트롤은 반사회적인 사람들이다
⑤ 온라인 트롤을 막기 위해 우리가 할 수 있는 일

서술형

online trolls are angry, antisocial loners (sitting alone in dark rooms)

2 ②

환자분께,
지역 사회 구성원에게 도움을 주기 위해, Kennedy 병원은 현재 보험에 가입하지 않은 사람들을 위한 재정 지원 프로그램을 제공하고 있습니다. 만약 귀하가 최근 저희 병원 방문으로 인한 청구서를 지불하는 데 어려움을 겪고 있다면 이 프로그램이 도움이 될 수 있을 것입니다. 저희가 도울 수 있을지 확인하려면, 동봉된 프로그램 지침서를 주의 깊게 읽어봐 주십시오. 귀하가 자격이 있다고 생각되면 요청된 모든 정보를 충족시켜서 작성된 신청서와 함께 열흘 이내에 보내주시기를 바랍니다. 신청서를 검토하고 첨부된 정보를 확인하면 귀하가 재정 지원을 받을 수 있는지 아닌지를 알려드리겠습니다. 질문이 있다면 행정실로 문의해 주시기 바랍니다.
Kennedy 병원 직원 드림

구문해설

2행 In the interest of [providing help to members of our community], Kennedy Hospital now offers a financial assistance program for people without insurance. ▸ [ ]는 전치사 of의 목적어로 쓰인 동명사구이다.

6행 If you believe [(that) you qualify], please **supply** all the requested information and **send** it along with a completed application within 10 days. ▸ [ ]는 believe의 목적어로 쓰인 명사절이다. 동사 supply와 send가 접속사 and로 병렬 연결되어 있다.

7행 **Once** we *have reviewed* your application and (*have*) *verified* the attached information, we will inform you [whether or not you can get financial help]. ▸ Once는 '일단 …하면'의 의미로 쓰인 접속사이다. have reviewed와 (have) verified는 현재완료시제이며 시간의 부사절에 사용되어 미래에 완료될 일을 나타낸다. [ ]는 inform의 직접목적어로 쓰인 명사절로, 「whether (or not)」는 '…인지 (아닌지)'의 의미를 나타내는 접속사이다.

문제해설

보험에 가입하지 않은 사람들을 위한 병원비 지원 프로그램을 홍보하는 글이다.

서술형

help to members of our community

3 ③

2023년 미국인의 팁을 주는 습관

이 표는 2023년 미국인들이 다양한 서비스 상황에서 팁을 얼마나 자주 주는지 보여준다. 전체적으로 90퍼센트가 넘는 사람들이 앉아서 식사하는 식당에서 항상 또는 자주 팁을 남겼다. 이발과 음식 배달을 포함한 다른 모든 상황에서는 전체적으로 더 적은 비율의 사람들이 항상 또는 자주 팁을 주었다. 자주 팁을 주는 사람들의 비율에 비해 항상 팁을 주는 사람들의 비율의 차이가 가장 큰 것은 택시 또는 승차 공유 서비스 부문이었다. 패스트푸드점에서는 팁을 거의 주지 않았는데, 자주 팁을 주는 사람들의 비율이 커피숍에서 자주 팁을 주는 사람들의 비율의 절반도 안 되었다. Ⓐ패스트푸드점에서 항상 팁을 주는 사람들의 비율이 자주 주는 사람들의 비율보다 약간 높았다.

구문해설

1행 This table shows [how often Americans tipped in different service situations in 2023]. ▸ [ ]는 shows의 목적어로 쓰인 의문사절로, 「의문사+주어+동사」의 어순을 따른다.

문제해설

③ 자주 팁을 주는 사람들의 비율에 비해 항상 팁을 주는 사람들의 비율의 차이가 가장 큰 것은 택시 또는 승차 공유 서비스 부문이 아니라 앉아서 식사하는 식당이다.

필수구문

Ⓐ [who always tipped at fast-food restaurants], {who often did}

4 ②

야경증은 잠자던 사람이 때로는 비명을 지르거나 울면서, 극도의 공포 상태로 갑자기 반쯤 깨게 만드는 불쾌한 일이다. 야경증은 악몽과는 같지 않은데, 악몽은 다른 수면 단계에서 발생한다. 야경증은 비(非)렘(비급속 안구 운동)수면 중에 더 잘 일어나는 반면, 악몽은 보통 렘(급속 안구 운동)수면 중에 일어난다. 이러한 종류의 수면이 더 늦은(→ 더 이른) 밤에 일어나기 때문에, 야경증은 사람이 잠든 후 얼마 지나지 않아 가장 흔하게 나타난다. 반면, 악몽은 보통 사람이 잠들고 한참 후에 나타난다. Ⓐ또 다른 차이는, 악몽은 종종 꽤 생생한 꿈의 기억을 수반한다. 하지만 야경증에 시달리는 사람들은 무엇이 공포를 일으켰는지 기억하지 못한다. 전문가들은 야경증을 겪고 있는 사람을 깨우려고 하지 말라고 충고한다. Ⓑ대신에 그들 곁에 조용히 앉아 그들이 실수로 스스로를 해치지 않게 함으로써 그들을 안전하게 지켜주는 것이 가장 좋다.

구문해설

1행 Night terrors are unpleasant occurrences [that **cause** sleepers **to** suddenly **be** half awake in a state of extreme fear, {sometimes screaming or crying}]. ▸ [ ]는 선행사인 unpleasant occurrences를 수식하는 주격 관계대명사절이다. 「cause A to-v」는 'A가 …하게 하다'의 의미이다. { }는 동시동작을 나타내는 분사구문이다.

9행 People [suffering from night terrors], however, do not remember [what caused their fear]. ▸ 첫 번째 [ ]는 People을 수식하는 현재분사구이다. 두 번째 [ ]는 remember의 목적어로 쓰인 의문사절이다.

문제해설

② 야경증은 악몽과 다른 수면 단계에서 나타나는데, 잠들고 나서 얼마 지나지 않아 나타난다고 했으므로 '더 이른' 밤에 일어난다는 것을 추론할 수 있다. 따라서, later을 earlier 등으로 고쳐야 한다.

필수구문

Ⓐ [that nightmares are often accompanied by memories of the dream {that are quite vivid}]

Ⓑ [to sit quietly by their side and to keep them safe by making sure they don't accidentally harm themselves]

5 ④

당신은 기록된 역사상 가장 짧은 전쟁이 얼마나 지속되었는지 안다면 깜짝 놀랄지도 모른다. 그것은 앵글로-잔지바르 전쟁이라고 불리며, 단지 38분 동안만 지속되었다. (C) Ⓑ그 전쟁이 일어난 이유와 짧은 기간 뒤에 (숨겨진) 이유는 꽤 흥미롭다. 그 전쟁은 1896년에 영국과 잔지바르라고 불리는 아프리카의 작은 섬나라 사이에서 발생했다. 그 시기 이전에 영국은 잔지바르에 대해 큰 영향력을 행사해서, 누가 잔지바르의 지도자가 될 것인지 뽑기도 했었다. (A) 하지만 잔지바르의 지도자가 1896년에 죽었을 때, 영국의 승인 없이 그의 사촌이 그를 대체했다. 영국은 잔지바르의 새로운 지도자에게 물러나라고 명령했지만, 그는 거절했다. 되려 항복하기보다 그는 3천 명의 병사들을 모아 궁전을 지키도록 명령했다. (B) 이에 대응하여 영국 군함 세 척이 보내졌다. 그들은 곧 궁전을 공격하기 시작했고, 새로운 지도자의 군대를 빠르게 격멸했다. Ⓐ그 공격은 고작 38분간 지속되었으나 수백 명의 잔지바르인들을 죽였고, 새 지도자가 도망치게 하여 잔지바르가 즉각 항복하도록 만들었다.

구문해설

4행 The British **ordered** Zanzibar's new leader **to step down**, but he refused. ▸ 「order A to-v」는 'A에게 …하라고 명령[지시]하다'의 의미이다.

13행 Before that time, the United Kingdom had a great deal of influence over Zanzibar, [even choosing {who the nation's leader would be}]. ▸ [ ]는 결과를 나타내는 분사구

문이다. { }는 choosing의 목적어로 쓰인 의문사절로, 「의문사+주어+동사」의 어순을 따른다.

문제해설

앵글로-잔지바르 전쟁이 역사상 가장 짧은 전쟁이었다고 소개하는 주어진 글에 뒤이어, 그 전쟁이 짧게 지속되었던 이유를 설명하기 위해 전쟁이 시작된 계기를 언급하는 (C)가 가장 먼저 나오고, 영국과 잔지바르의 갈등이 고조되는 과정을 언급한 (A)가 이어진 후, 결국 영국이 잔지바르를 공격한지 38분만에 잔지바르가 항복했다는 (B)의 순서로 이어지는 것이 가장 자연스럽다.

필수구문

Ⓐ [forcing the new leader to flee and the country to immediately surrender]

Ⓑ [Why the war took place and the reason behind its brief duration]

6 ③

일부 배우들은 메소드 연기라는 기법을 사용하여 그들의 배역에 완전히 몰입한다. 메소드 배우들은 실제로 자신이 연기하는 인물이 된 것처럼 보이며, 심지어 카메라가 꺼지고 난 후에도 그 역할을 계속 연기하기도 한다. Ⓐ 대본에 쓰인 감정을 꾸며내기보다는 진정으로 느끼는 것을 궁극적인 목표로 하면서, 필요한 경우 그들은 수면 패턴이나 외모도 바꿀 것이다. 각 배역은 배우가 완전히 새로운 정체성을 탐구하는 여정이 된다. 그것은 심각한 심리적, 행동적 변화를 일으킬 수 있으며, 심지어 때때로 정서적 트라우마가 되기도 한다. (행동 변화는 우울증이나 극심한 불안의 징후일 수 있다.) 메소드 배우들은 가능한 한 최고의 연기를 선보이기 위해 자신의 안전지대에서 벗어나 그 인물의 입장에 이입한다. 그 결과 관객은 영화 속 가상의 인물이 아니라 실제 사람들이 실제 행동을 하는 것을 보는 것처럼 느낀다.

구문해설

2행 Method actors seem to actually become the characters [(which/that) they play], and they may even continue playing the role after the cameras **have been turned off**. ▸ [ ]는 선행사인 the characters를 수식하는 목적격 관계대명사절로, 목적격 관계대명사가 생략되어 있다. have been turned off는 완료를 나타내는 현재완료 수동태이다.

6행 Each role becomes a journey *for the actor* [**to explore** a whole new identity]. ▸ [ ]는 a journey를 수식하는 형용사적 용법의 to부정사구이다. for the actor는 to explore의 의미상 주어이다.

7행 It can cause serious psychological and behavioral changes, [sometimes even resulting in emotional trauma]. ▸ [ ]는 결과를 나타내는 분사구문이다.

문제해설

메소드 연기를 하는 배우들이 자신이 맡은 인물에 몰입하면서 하게 되는 행동과 그로 인한 심리적, 행동적 변화에 관련된 내용의 글이므로, 우울증이나 불안감의 징후에 대해 언급한 ③은 글의 흐름과 무관하다.

필수구문

Ⓐ [truly feeling the emotions that are written in the script], [faking them]

MINI TEST 2회 pp. 134~139

1 ③ 2 ⑤ 3 ② 4 ⑤ 5 ④ 6 ①

1 ③

한 시간 안에 두 가지 문제를 풀라는 요청을 받았다고 상상해 보라. 두 문제 모두 어렵고 어느 정도 창의적인 사고를 필요로 할 것이다. 당신은 이 상황을 어떻게 처리하겠는가? 여러분은 단순히 문제들을 한 번에 하나씩 풀 수 있다. 또는 정해진 간격으로 두 문제 사이를 왔다 갔다 할 수도 있다. 세 번째 선택은 원할 때마다 왔다 갔다 하는 것이다. 이 질문을 받은 대부분의 사람들은 세 번째 옵션을 선택한다. 하지만 창의적인 사고에 있어서 이는 좋지 않은 선택일 수 있다. 창의적인 아이디어를 찾는 사람들은 종종 막다른 지경에 봉착하는데, 결국 돌고 돌며 시간을 낭비하게 된다. 하지만 정해진 시간에 왔다 갔다 하기로 결정했다면, 여러분은 두뇌를 환기하고 새로운 관점에서 문제에 접근할 기회를 갖게 될 것이다.

구문해설

1행 Imagine [that you**'ve been asked** to solve two problems within one hour]. ▸ [ ]는 Imagine의 목적어로 쓰인 명사절이다. have been asked는 완료를 나타내는 현재완료형 수동태이다.

8행 ..., you will be giving(V) your brain(O1) a chance(O2) [**to refresh** and (**to**) **approach** the problem from a new angle]. ▸ [ ]는 a chance를 수식하는 형용사적 용법의 to부정사구로, to refresh와 (to) approach가 접속사 and로 병렬 연결되어 있다.

문제해설

주어진 시간 안에 두 문제를 풀어야 하는 상황에서 정해진 시간 텀을 두고 왔다 갔다 전환하면서 문제를 푸는 경우, 두뇌를 환기하고 새로운 관점에서 문제에 접근할 수 있다고 했으므로, 필자의 주장으로 가장 적절한 것은 ③이다.

서술형

search → searching, ends up → end up

▸ People이 주어이고 hit이 동사인 문장이다. 사람들이 창의적인 아이디어를 '찾는' 것이므로, search는 능동의 의미를 나타내는 현재분사 searching으로 고쳐야 한다. 또한, 동사 hit과 end up이 접속사 and로 병렬 연결되어 있으므로 ends up을 end up으로 고쳐야 한다.

2 ⑤

젠트리피케이션은 가난한 동네가 부유한 사람들이 사는 지역으로 변모하는 것을 수반한다. 이는 종종 도시 재생 프로그램의 결과로 나타나는 도시 개발의 한 유형이다. 젠트리피케이션의 부정적인 측면은 집값의 급격한 상승과 그 동네 기존 거주민의 퇴거를 포함한다. 이것은 또한 소수 인종, 여성, 빈곤층, 노년층에게 압도적으로 부정적인 영향을 미친다는 사실 때문에 논란이 많다. 이는 한 지역의 전반적인 개선으로 이어진다고 하더라도, 기존 주민들이 건강한 음식과 그들의 개인적 인맥과 같은 것들에 대한 접근이 제한된 불안전한 곳으로 이주하게 만들 수도 있다. 그 결과, 그들은 스트레스 수준이 높아지는 것을 경험하거나 정신적 건강 문제에 시달릴 수 있다. 또한 그 지역의 기존 거주민 배제는 그 동네의 다양성을 감소시킨다. 이는 궁극적으로 지역 사회의 유대감 약화를 초래할 수 있다.

구문해설

2행 It is a type of urban development [that is often the result of urban-renewal programs]. ▸ [ ]는 선행사인 urban development를 수식하는 주격 관계대명사절이다.

4행 It is also controversial due to the fact [that it has an overwhelmingly negative impact on racial minorities, women, the poor, and the elderly]. ▸ the fact와 [ ]는 동격이다.

7행 ..., it can also **force** prior residents **to move** to unsafe places [with limited access to things like healthy food and their personal networks]. ▸ 「force A to-v」는 'A가 …하게 만들다'의 의미이다. [ ]는 unsafe places를 수식하는 전치사구이다.

문제해설

젠트리피케이션으로 인한 집값 상승과 기존 거주민의 퇴거는 사회적 약자에게 부정적인 영향을 끼치고, 강제 이주된 기존 거주민들의 삶의 질 하락 및 스트레스 증가를 유발하며, 결국에는 지역 사회의 유대감을 약화시키게 된다는 내용이므로, 글의 요지로는 ⑤가 가장 적절하다.

서술형

prior[original] residents

3 ②

다른 것들을 희생해서 살아남는 것은 무엇이든지 그것이 의존하는 것을 파괴하지 않도록 조심해야 한다. 예를 들어, 포식자는 사냥하고 죽여야 하지만, 그들은 또한 자신의 먹잇감이 하나의 종으로서 계속해서 생존하도록 해야 한다. 마찬가지로, 기생충은 숙주로부터 얼마나 공격적으로 빼앗을지와 그 과정에서 얼마나 많은 피해를 입힐지 신중하게 균형을 잡아야 한다. Ⓐ에볼라 바이러스는 치명적인 것으로 잘 알려져 있지만, 흔한 감기를 일으키는 리노바이러스가 더 성공적인 것으로 간주될 수 있다. 그 이유는 기생충이 숙주를 죽이면 다른 이에게 전파할 수 있는 가능성이 사라지기 때문이다. 에볼라 바이러스에 비해 리노바이러스는 그것이 야기하는 질병의 경미한 특성 때문에 훨씬 더 많은 수의 숙주에게 전파될 수 있다. 요컨대, 기생충은 그들이 너무 번성하지 않을 때에만 번성할 수 있다.

구문해설

1행 [**Whatever** survives at the expense of others] must be careful not to destroy [what it relies on]. ▸ 첫 번째 [ ]는 복합관계대명사절로, whatever는 '…하는 것은 무엇이든지'의 의미이며, anything that으로 바꿔 쓸 수 있다. 두 번째 [ ]는 선행사를 포함하는 관계대명사 what이 이끄는 명사절로, destroy의 목적어로 쓰였다.

문제해설

다른 것에 기생하여 살아가는 개체는 자신이 살기 위해 숙주를 파괴하지 않아야 한다는 글로, 숙주를 죽일 만큼 치명적인 에볼라 바이러스보다 흔한 감기 정도의 리노바이러스가 더 많은 수의 숙주에게 퍼져나갈 수 있다는 내용을 예시로 들고 있다. 따라서, 밑줄 친 부분이 의미하는 바로 가장 적절한 것은 ② '기생충이 (자신을) 퍼뜨리기는 하나 숙주를 죽이지 않을 정도로만 이용한다'이다.

① 숙주가 자신을 효과적으로 방어할 수 없다
③ 기생충이 서로 자원을 교환하기 위해 애쓴다
④ 기생충이 이용할 수 있는 숙주의 수를 줄일 수 있다
⑤ 기생충이 기존의 숙주를 벗어나 새로운 서식지로 퍼져나간다

필수구문

Ⓐ [which causes the common cold]

4 ⑤

수십억 년의 진화 끝에 지구의 생명체는 다양한 특성과 특징을 지니며 놀라울 정도로 다양해졌다. 진화는 매우 느린 과정이지만, 최근 몇 년 동안 과학자들은 유전 공학을 통해 식물과 동물을 변형함으로써 그것을 건너뛸 수 있는 방법을 찾았다. 이러한 유전자 변형 생물체(GMO) 중 일부는 잠재적으로 농부들에게 유리하다. 그것들은 더 영양가 있고, 재배하기 쉬우며, 해충에 대한 저항력이 더 강할 수 있다. 하지만 그것들은 지구에 심각한 위협이 될 수도 있다. 그것들을 자연에 들여오는 것은 동식물의 유전적 다양성 감소로 이어질 수 있다. Ⓐ이것은 개별 유기체의 DNA가 같은 종의 다른 구성원들의 DNA와 더 유사해지는 것을 의미한다. 유전적 다양성을 유지하는 것은 농부와 환경 운동가 모두에게 중요하다. 왜냐하면 DNA의 감소된(→ 증가된) 변이성이 유기체가 환경 변화에 살아남을 더 높은 가능성을 제공하기 때문이다.

구문해설

2행 Evolution is a very slow process, but in recent years, scientists have found ways **to bypass** it *by modifying* plants and animals through genetic engineering. ▸ to bypass는 ways를 수식하는 형용사적 용법의 to부정사이다. 「by v-ing」는 '…함으로써'의 의미이다.

문제해설

유전자 변형 생물체(GMO)가 자연에 들어오면 동식물의 유전적 다양성 감소로 이어질 수 있다고 했다. 농부와 환경 운동가 모두에게 유전적 다양성을 유지하는 것이 중요하다고 한 것으로 보아, 유기체가 환경 변화에 살아남기 위해서는 DNA의 변이성이 '증가해야' 한다는 것을 추론할 수 있으므로 decreased를 increased 등으로 고쳐야 한다.

필수구문

Ⓐ [{the DNA} of individual organisms will become more similar to that of other members of their species]

5 ④

Ⓐ나치 정권과 그 협력자들에 의해 '국가의 적'을 조직적으로 박해하고 학살한 홀로코스트 기간 동안 수백만 명의 유대인이 죽임을 당했다. 나치는 자신들이 유대인보다 인종적으로 우월하다고 믿었고 유대인을 위협적인

존재로 간주했다. Ⓑ유대인들은 체포되어 강제 노동 수용소로 보내졌고, 그곳에서 결국 목숨을 잃었다. 이 기간 동안 나치는 유대인들에게 노란 별과 같은 표식을 통해 그들 자신이 유대인임을 밝히도록 요구했다. 사람들은 그렇게 하지 않을 경우 (생길) 가혹한 결과를 두려워하여 그들 대부분은 순응했다. 일부 개인은 신분증에 Israel이나 Sara 같은 중간 이름을 추가하도록 강요 받기도 했다. 나치는 또한 죽임을 당할 유대인을 식별하기 위해 지역의 기록과 공동체 구성원들이 알고 있는 것에 의존했다. 이러한 기록에는 세금 문서와 경찰 서류들이 포함되었다. 독일과 독일에 의해 점령당한 국가들에서 일부 시민들은 나치에게 유대인 이웃이 사는 곳을 알려주며 협력했다. 일부는 심지어 그들을 구금하는 행위를 도왔다. 이 때문에 나치를 피해 숨어 지내던 유대인들은 신분이 노출될까 봐 늘 두려움 속에서 살았다.

구문해설

2행 The Nazis **believed** [(that) they were racially *superior to* Jewish people] and **considered** them a threat. ▸ [ ]는 동사 believed의 목적어로 쓰인 명사절로, 접속사 that이 생략되었고, 동사 believed와 considered가 접속사 and로 병렬 연결되어 있다. 「superior to ...」는 '…보다 우수한'의 의미이다.
(considered: V, them: O, a threat: OC)

문제해설

④ showing의 직접목적어 자리에 쓰인 관계부사절로 일부 시민들이 나치에게 유대인 이웃이 사는 '곳'을 알려주어 그들에게 협력했다는 내용이므로, that은 장소를 나타내는 where가 되어야 한다.

필수구문

Ⓐ [the systematic persecution and murder of "enemies of the state" by the Nazi regime and its collaborators]

Ⓑ [where they were eventually killed]

6 ①

두 작업 사이에서 주의를 왔다 갔다 전환하는 것은 문제를 일으킬 수 있다. 두 번째 작업으로 전환했다가 다시 원래 작업으로 돌아오고 나면 우리는 원래 작업에 즉시 다시 온전히 집중할 수 있다고 생각한다. 하지만 대개는 그렇지 않다. 한 작업에서 다른 작업으로 전환한 후, 온전한 주의력이 되돌아오는 데는 어느 정도 시간이 걸린다. 미국의 한 연구자가 이것을 연구하면서, 전자 기기를 보고 나서 운전으로 다시 주의를 돌릴 때 어떤 일이 일어나는지에 집중하였다. 그는 운전자의 온전한 주의력이 되돌아오는 데 최대 27초가 걸린다는 사실을 발견했다. 이는 빨간불에 정차한 상태에서 때때로 휴대폰을 확인하는 운전자에게 중요한 정보이다. Ⓐ신호등이 녹색으로 바뀌고 그들이 운전해서 교차로를 통과하기 시작해도 여전히 휴대폰으로 인해 주의가 산만해져 있을 가능성이 충분하다. 이는 운전자가 실수를 하거나 심지어 교통사고를 일으킬 가능성이 높아지게 만든다.

→ 한 연구자는 사람의 집중의 변화는 장시간의 산만함을 야기할 수 있으며, 이는 사람이 자동차를 운전할 때 위험할 수 있다는 것을 알게 되었다.

구문해설

4행 After shifting from one task to another, **it takes** some time *for our full attention* **to return**. ▸ 「it takes+시간+to-v」는 '…하는 데 (시간)이 걸리다'의 의미이다. for our full attention은 to return의 의미상 주어이다.

5행 An American researcher has studied this, [concentrating on {what happens when we switch our attention back to driving 〈after looking at electronic devices〉}]. ▸ [ ]는 동시동작을 나타내는 분사구문이다. { }는 전치사 on의 목적어로 쓰인 의문사절이다. 〈 〉는 접속사를 생략하지 않은 분사구문이다.

문제해설

운전자가 전자 기기를 보다가 다시 운전으로 주의를 전환할 때의 반응을 실험한 결과, 다시 운전에 집중하더라도 여전히 전자 기기로 인해 주의가 흐트러진 상태이며, 이는 운전 실수와 교통사고 같은 위험한 상황으로 이어질 수 있다고 말하고 있다.

필수구문

Ⓐ [that they are still distracted by their phone]

MINI TEST

pp. 140~145

1 ③ 2 ⑤ 3 ③ 4 ① 5 ② 6 ⑤

1 ③

때로 'Allen Smithee'라고도 불리는 Alan Smithee는 할리우드에서 오랫동안 다양한 영화를 맡았던 감독이었다. 1969년에 시작해서, 그는 거의 모든 장르에서 수십 편의 영화 감독으로 언급되었다. 그의 영화 중 일부는 성공했지만 다른 일부는 그렇지 않았다. 하지만 Alan Smithee에 관해 가장 흥미로운 점은 그가 실존하지 않았다는 사실이다. 그것은 자신의 영화와 연관되는 것을 원하지 않았던 감독들에 의해 사용되었던 가짜 이름이다. 이는 연기가 좋지 않았거나 촬영장에서 생긴 원치 않는 변경이 있었기 때문이었을 것이다. 이유가 무엇이든, 감독들은 자기 이름을 삭제하고 'Alan Smithee'로 대체해 달라고 요청할 수 있었다. 각 요청에 대한 결정을 내리는 것은 (미국) 감독 조합의 몫이었다. 그러나 그들은 2000년에 그 이름이 사용되도록 허용하는 것을 중단했다.

구문해설

5행 It is a fake name [that was used by directors {who didn't want to be associated with their own films}]. ▸ [ ]는 선행사인 a fake name을 수식하는 주격 관계대명사절이다. { }는 선행사인 directors를 수식하는 주격 관계대명사절이다.

7행 **Whatever** the reason (was), they could *request* that their name (*should*) *be removed* and *replaced* with "Alan Smithee." ▸ Whatever는 복합관계대명사로 '…이 무엇이든지'의 의미이다. 동사 request의 목적어절의 내용이 당위성을 나타내면 「(should+)동사원형」의 형태로 쓴다.

9행 However, they **stopped *allowing*** the name *to be used* in the year 2000. ▸ 「stop v-ing」는 '…하는 것을 멈추다'의 의미이다. allow의 목적어와 목적격보어가 수동 관계이므로 to부정사의 수동형인 to be used가 쓰였다.

문제해설

③ 여러 명의 감독이 한 작품에 참여한 것이 아니라, 자기가 찍은 영화와 연관되는 것을 원치 않았던 각 감독들에 의해 그 이름이 사용된 것이라고 했다.

서술형

(감독들이) 자기 이름을 삭제하고 'Alan Smithee'로 대체해 달라는 것

2 ⑤

과학자들은 나무들이 서로 상호 작용을 하기 위해 균류의 땅속 조직망을 이용한다는 것을 발견했다. 이 균류는 건강한 나무들이 도움이 필요한 나무들에게 탄소, 물, 영양분과 같은 자원을 나눠 주는 것을 가능하게 해주기 때문에 유익하다. 이런 긴밀한 관계 덕분에, 나무들의 전체 조직이 잘 자랄 수 있다. 과학자들은 나무들이 자신의 종족을 인식하는지 알아보기 위해 추가 연구를 했다. 그들은 미송(美松)을 그것의 묘목 및 다른 나무의 묘목과 함께 재배하는 실험을 했는데, '어미' 나무들이 실제로 자신의 묘목들에게 더 많은 탄소를 보낸다는 것을 알게 되었다. 그것들은 또한 자신의 묘목들을 위한 생장 공간을 만들기 위해 자기 뿌리의 확산을 줄인다. 그것들은 다음 세대에 방어 신호를 보내기도 하는데, 이는 어린 나무들이 미래의 스트레스에 대한 취약성(→ 저항력)을 키우게 해준다.

구문해설

4행 The scientists took their research further **to see** [*if* trees recognize their own relatives]. ▸ to see는 목적을 나타내는 부사적 용법의 to부정사이다. [ ]는 to see의 목적어로 쓰인 명사절로, if는 '…인지 아닌지'의 의미인 접속사이다.

문제해설

⑤ '어미' 나무들이 자신의 묘목을 보호하기 위해 하는 일들을 소개하는 내용의 글이므로, 다음 세대에 방어 신호를 보내 어린 나무들이 미래의 스트레스에 대한 '저항력'을 키우게 한다고 추론할 수 있다. 따라서 vulnerability를 resistance 등으로 고쳐야 한다.

서술형

"mother" trees

3 ③

2024년 연령대별 미국인들의 새해 결심

(참고. 응답자는 해당하는 모든 것을 선택함)

위 도표는 연령대별 2024년 미국인들의 새해 결심을 보여준다. 18~29세 연령대는 자신의 결심이 돈을 더 많이 모으는 것이라고 말한 사람들의 비율이 가장 높았다. 한편, 30~44세 연령대는 행복해지리라 결심한 응답자의 비율이 가장 높았다. Ⓐ30~44세 연령대에서는, 신체 건강을 향상하는 것이 새해 결심인 사람들의 비율이 더 건강하게 먹는 것이 새해 결심인 사람들의 비율과 같았다. 45~64세 연령대 내에서, 더 많이 운동하기로 약속한 사람들의 비율은 다른 결심의 비율보다 낮았다. 더 건강하게 먹는 것에 집중할 거라고 말한 응답자들의 경우에, 30~44세 연령대에서의 비율이 65세 이상 연령대에서의 비율보다 거의 두 배 높았다.

구문해설

2행 The 18-to-29 age group had the highest percentage of people [reporting {that their resolution was **to save** more money}]. ▸ [ ]는 people을 수식하는 현재분사구이다. { }는 reporting의 목적어로 쓰인 명사절이다. to save는 주격보어로 쓰인 명사적 용법의 to부정사이다.

8행 As for respondents [who said they would focus on eating healthier], the percentage in the 30-to-44 age group was almost **twice as high as** *that* of the 65-and-older age group. ▸ 첫 번째 [ ]는 선행사인 respondents를 수식하는 주격 관계대명사절이다. 「배수사+as+형용사/부사의 원급+as ...」는 '…보다 몇 배만큼 ~한/하게'의 의미이다. that은 앞서 나온 the percentage를 가리키는 대명사이다.

문제해설

③ 30~44세 연령대에서 더 건강하게 먹는 것이 새해 결심인 사람들의 비율보다 신체 건강을 향상하는 것이 새해 결심인 사람들의 비율이 더 높다.

필수구문

Ⓐ S: the percentage of people whose resolution was to improve their physical health, V: was, SC: the same as that of people whose resolution was to eat healthier

4 ①

사람들이 하는 선택은 수반되는 불확실한 것들에 의해 크게 영향을 받는다. Ⓐ만약 불확실한 것을 제거하는 선택권이 있다면, 그것은 전체적인 위험성이 더 높거나 보상이 더 적다 하더라도 흔히 선택될 것이다. 이것은 제로 리스크 편향이라고 불린다. 한 연구에서, 연구원들은 참가자들에게 두 가지의 위험을 수반하는 상황을 제시했다. 첫 번째 위험은 50퍼센트의 발생 가능성이 있었고, 두 번째는 5퍼센트의 (발생) 가능성이 있었다. 그런 다음 참가자들에게 첫 번째 위험의 (발생) 가능성을 25퍼센트로 줄이거나 두 번째 위험을 완전히 제거할 수 있는 선택권이 주어졌다. 첫 번째 선택권이 더 타당했음에도 불구하고, 거의 절반의 참가자가 두 번째 선택권을 골랐다. Ⓑ이러한 결과들은 큰 그림(전체적인 상황)을 개선하는 데 집중하는 것이 더 나은 게 명백한 상황에서도 어떻게 제로 리스크 편향이 좋지 못한 의사 결정으로 이어질 수 있는지 보여준다.

구문해설

1행 The choices [(which/that) people make] are greatly influenced by the uncertainties **involved**. ▸ [ ]는 선행사인 The choices를 수식하는 목적격 관계대명사절로, 목적격 관계대명사가 생략되었다. involved는 the uncertainties를 수식하는 과거분사이다.

4행 The first risk had a 50% chance of occurring, and the second (risk) had a 5% chance (of occurring). ▸ the second와 a 5% chance 뒤에는 반복을 피하기 위해 각각 중복되는 내용이 생략되어 있다.

5행 The participants were then given the choice [to **either** reduce the chance of the first risk to 25% **or** remove the second risk entirely]. ▸ [ ]는 the choice를 수식하는 형용사적 용법의 to부정사구이다. 「either A or B」는 'A 또는 B'의 의미이다.

문제해설

실험 참가자들 중 거의 절반이 위험 발생 가능성을 50퍼센트에서 25퍼센트로 줄일 수 있는 더 타당한 선택권보다 5퍼센트의 위험 발생 가능성을 완전히 없앨 수 있는 선택권을 골랐다는 내용이다. 따라서, 밑줄 친 부분이 의미하는 바로 가장 적절한 것은 ① '한 가지 위험만 없애는 대신 전체 위험을 줄이는 것'이다.

② 보상이 가치 있을 때에만 더 큰 위험을 감수하는 것
③ 어떤 위험 요소가 필요한지 결정하고 나머지는 무시하는 것
④ 당신이 완전히 제거하고 싶어 하는 한 가지 위험 요소를 고르는 것
⑤ 어떤 위험 가능성이든 그저 낮추기보다는 제거하는 것

필수구문

Ⓐ [that removes an uncertainty]
Ⓑ S: the zero-risk bias, V: can lead

5 ②

심리학에서 전통적인 생각은 한 가지 종류의 지능만 있다는 것인데, 그 지능은 IQ 테스트로 검사되고 측정될 수 있다. (B) 그러나 최근의 이론은 이러한 이해가 너무 제한적이라고 주장한다. 하버드대의 심리학자인 하워드 가드너에 의해 제안된 다중지능 이론에 따르면, 무려 아홉 가지 유형의 지능이 있다. 예를 들어, 그는 한 가지 유형을 자기 이해 지능이라고 부른다. (A) 이것은 강한 자기 인식을 갖는 것을 포함하는데, 이는 개인이 자신의 강약점을 받아들이게 해준다. 이 이론의 지지자들은 아리스토텔레스, 알베르트 아인슈타인, 안네 프랑크 모두 이 유형의 지능을 보였다고 생각한다. (C) 그들은 또한 약간의 집중과 노력으로 누구나 이 유형의 지능에 대한 잠재력을 개발할 수 있다고 말한다. Ⓐ이것이 성취될 수 있는 한 가지 방법은 그저 매일 개인적인 성찰과 자기 평가를 위해 약간의 명상 시간을 일정에 넣는 것이다.

구문해설

1행 In psychology, the traditional belief is [that there is only one kind of intelligence, {which can be tested and measured by IQ tests}]. ▸ [ ]는 주격보어로 쓰인 명사절이다. { }는 선행사인 one kind of intelligence를 부연 설명하는 계속적 용법의 주격 관계대명사절이다.

3행 This involves having a strong sense of self-awareness, [which **allows** individuals **to accept** their strengths and weaknesses]. ▸ [ ]는 선행사인 a strong sense of self-awareness를 부연 설명하는 계속적 용법의 주격 관계대명사절이다. 「allow A to-v」는 'A가 …하게 해주다'의 의미이다.

6행 According to the theory of multiple intelligences [proposed by Harvard psychologist Howard Gardner], ... ▸ [ ]는 the theory of multiple intelligences를 수식하는 과거분사구이다.

문제해설

심리학에서의 전통적인 생각에 따르면 한 가지 종류의 지능만 있으며, 이것은 IQ 테스트에 의해 측정될 수 있다는 주어진 글에 뒤이어, 최근에는 다중지능 이론이 제안되었다고 설명하며 그중 자기 이해 지능을 언급하는 내용의 (B)가 가장 먼저 나오고, 자기 이해 지능의 특징과 함께 그것을 지닌 인물들을 예로 드는 (A)가 이어진 후, 그 지능을 개발할 수 있는 방법을 제시하는 (C)의 순서로 이어지는 것이 가장 자연스럽다.

필수구문

Ⓐ [this can be achieved]

6 ⑤

제2 외국어를 배우는 것은 유아기에 가장 쉽다. 아이들은 태어날 때부터 두 가지의 다른 언어에 노출되면 일반적으로 두 가지 언어를 모두 모국어로 구사하는 사람이 된다. 반면 성인의 경우 제2 외국어에서 원어민과 같은 유창함을 얻게 되는 경우는 드물다. 그러나 이중 언어를 구사하는 것이 아이들에게 문제를 일으킬 수 있다는 우려도 있다. 이는 부분적으로 '코드 스위칭'이라고 불리는 현상 때문인데, 이것은 이중 언어 사용자가 두 가지 언어를 섞어서 사용할 때 발생한다. 하지만 코드 스위칭은 이중 언어를 구사하는 아이들에게 또래보다 인지적 이점을 제공하는 특별한 능력으로 여겨질 수도 있다. Ⓐ다른 아이들과 달리 이중 언어를 구사하는 아이들은 첫 번째 (언어)에서 어떤 단어를 기억하지 못할 경우 그 단어를 생각해 낼 수 있는 또 다른 언어가 있다. 또한, 두 언어를 왔다 갔다 하는 것은 그들이 작업들을 전환하며 하는 것을 더 쉽게 만들어 뛰어난 문제 해결 능력으로 이어질 수 있다. 따라서 비록 혼란스러운 순간들을 초래할 수 있더라도, 이중 언어 사용은 궁극적으로 아이들에게 전반적인 인지 능력 측면에서 부담(→ 이점)을 준다.

구문해설

4행 There is, however, some concern [that bilingualism can cause problems for children]. ▸ some concern과 [ ]는 동격이다.

6행 But code-switching can also be viewed as an extra ability [that gives(V) bilingual children(O1) cognitive advantages(O2) over their peers]. ▸ [ ]는 선행사인 an extra ability를 수식하는 주격 관계대명사절이다.

문제해설

유아기에 이중 언어를 구사하면 두 언어를 섞어 쓰는 코드 스위칭이 발생할 수 있는데, 이는 오히려 또래보다 인지적 이점을 제공하는 특별한 능력으로 여겨질 수 있다는 내용의 글이다. 따라서, 이중 언어를 사용하는 것이 아이들에게 인지 능력 측면에서 긍정적인 효과를 가져온다는 것을 추론할 수 있으므로, burden을 (an) advantage 등으로 고쳐야 한다.

필수구문

Ⓐ [from which they can retrieve a word if they can't remember it in the first]

MINI TEST 4회 pp. 146~151

1 ② 2 ⑤ 3 ① 4 ③ 5 ④ 6 ⑤

1 ②

자전거는 개인의 건강상 이득과 환경에 미치는 적은 영향 때문에 수년간 인기 있는 대체 교통수단이 되어왔다. 대학 교정이 있는 지역 사회들은 보통 자전거 이용자들을 위한 최고의 선택 사항들을 갖추고 있는데, 다른 곳들 또한 자전거 타기를 활성화하기 위해 조치를 취하고 있다. 놀랍게도, 연구들은 자전거 이용량의 증가가 실제로 자전거를 타는 사람들과 보행자들 간의 충돌 사고 건수를 감소시킨다는 것을 보여준다. 그러나 유감스럽게도 한 지역 내 자전거 이용자 수를 늘리는 것은 자전거 도난의 위험도 증가시킨다. 이 문제를 더욱 악화시키는 것은 자전거를 도난당한 적이 있는 사람들 중 다수가 절대 대체물을 사지 않는다는 것이다. 그러므로, 자전거 이용을 늘리고자 하는 어떤 프로그램이든 자전거 도난을 막기 위한 계획이 수반되지 않는 한 성공할 수 없다. 자전거 이용자들이 더 많아지는 데서 오는 수많은 이득과 자전거 도난이 (자전거) 이용에 미치는 영향을 고려해 볼 때, 이러한 도난은 더 많은 주목을 받을 만하다.

구문해설

10행 **Given** the numerous benefits of having more cyclists and the effect [that bicycle theft has on usage], ... ▸ 「Given ...」은 '…을 고려해 볼 때'의 의미이다. [ ]는 선행사인 the effect를 수식하는 목적격 관계대명사절이다.

문제해설

필자는 자전거 이용을 늘리기 위해서는 자전거 도난을 막기 위한 조치가 필요하다고 했으므로, 필자의 주장으로 가장 적절한 것은 ②이다.

서술형

who have had a bicycle stolen

2 ⑤

광고에 제품에 대한 인식에 맞는 음악이 포함되면 광고는 잠재 고객의 태도에 긍정적인 영향을 미칠 수 있다. 이것이 바로 고가의 스포츠카 광고에서 클래식 음악을 들을 수도 있는 이유이다. 반면에 음식 광고에는 가사에 제품 이름이 포함된 경쾌한 노래가 삽입될 가능성이 더 높다. 한 실험에서 연구원들은 온라인 뱅킹, 미니밴, 청소용품, 초콜릿 바, 가당 음료에 대한 라디오 광고를 제작했다. 각 광고에는 광고되고 있는 것에 어울리거나 어울리지 않는 음악이 포함되었다. 참가자들은 광고에 적합한 음악이 포함되었을 때 제품의 특징을 기억해 내는 것이 더 쉽다고 생각했다. 이는 음악이 제품의 매력과 기억 가능성을 높이는 데 효과적이라는 것을 시사한다.

구문해설

8행 Participants found **it** easier [to recall characteristics of the product] when the advertisement included suitable music. ▸ it은 가목적어이고 [ ]가 진목적어이다.

문제해설

광고에 제품과 어울리는 음악이 포함되었을 때 제품의 특징을 더 쉽게 떠올리고, 잠재 고객의 태도에 긍정적인 영향을 미친다는 내용이므로, 빈칸에는 ⑤ '제품의 매력과 기억 가능성을 높이는'이 들어가는 것이 가장 적절하다.

① 고객의 감각을 자극하는
② 혁신적인 브랜드 이미지를 창출하는
③ 광고를 최신 트렌드에 맞추는
④ 마케팅의 표준화된 관행을 장려하는

서술형

(A) be accompanied ▸ 음식 광고에 경쾌한 노래가 '포함된' 것이므로, accompany를 수동형인 be accompanied로 고쳐야 한다.
(B) what ▸ 뒤에 이어지는 절에 주어가 없고, 앞에는 선행사로 할 만한 것이 없으므로 선행사를 포함한 관계대명사 what으로 고치는 것이 적절하다.

3 ①

심리학 분야는 '복제 위기'라고 불리는 것 때문에 연구 결과들의 신뢰도에 대한 우려에 직면해 있다. Ⓐ이 용어는 발표된 연구를 반복하는 연구원들이 흔히 비슷한 결과를 내지 못한다는 사실을 가리킨다. 이것은 흥미롭고 놀라운 결과가 있는 연구 논문을 발표하고자 하는 과학 학술지의 바람을 포함하여 몇 가지 요인 때문일 것이다. 2015년의 한 논문은 이전의 연구 결과를 재현하기 위해 97회의 시도가 행해졌지만 그것들 중 40퍼센트 미만이 성공했다고 밝혔다. 2018년에 유사한 프로젝트가 더 이전의 논문들을 테스트하였고 (그 중) 약 절반의 결과를 뒷받침하는 근거를 찾았다. 심리학자들은 배의 방향을 바로잡기 위한 방법에 착수해 오고 있다. Ⓑ이것은 최근 연구의 재현을 행하는 것과, 그들의 연구에 더 큰 참가자 집단을 이용하는 것을 포함한다.

구문해설

4행 ..., including the desire of scientific journals [to publish studies {with interesting and surprising findings}]. ▸ [ ]는 the desire of scientific journals를 수식하는 형용사적 용법의 to부정사구이다. { }는 studies를 수식하는 전치사구이다.

6행 A similar project in 2018 **tested** older studies and **found** evidence [supporting the results of about half]. ▸ 동사 tested와 found가 접속사 and로 병렬 연결되어 있다. [ ]는 evidence를 수식하는 현재분사구이다.

문제해설

심리학 분야에서 이전 연구 결과를 재현하고자 할 때 흔히 비슷한 결과를 내지 못하는 문제가 있다고 했고, 이를 극복하기 위해 최근 연구를 재현하고 연구에 더 큰 참가자 집단을 이용하려 한다는 내용이다. 따라서, 밑줄 친 부분이 의미하는 바로 가장 적절한 것은 ① '과학적 연구 결과를 더 신뢰할 수 있게 만들다'이다.

② 유사한 결과를 내는 연구를 피하다
③ 학술지에 그들의 연구를 더 자주 발표하다
④ 그들이 저질러 온 과거의 실수에 대해 사과하다
⑤ 흥미롭고 놀라운 연구에 집중하다

필수구문

Ⓐ [that researchers {who repeat published studies}

often fail to produce similar results]
Ⓑ [performing re-creations of recent studies], [using larger groups of participants in their research]

4 ③

고래는 포유류이기 때문에 육지에 사는 그것들(포유류)과 동일한 특성을 많이 가지고 있다. Ⓐ이러한 특성들은 새끼를 낳고 새끼에게 먹일 젖을 만들어 내는 것을 포함한다. (B) 고래 젖은 농도의 측면에서 크게 달라질 수 있다. 대부분의 고래 젖의 지방 농도는 35에서 50퍼센트 사이이다. 고농도의 지방은 새끼가 자기 몸을 단열할 두꺼운 지방층을 발달시킬 수 있도록 하기 때문에 중요하다. (C) 이는 고래가 온혈 동물이라는 사실 때문에 필수적이다. 고래는 차가운 물속에서 몸을 따뜻하게 유지하기 위해 지방층이 필요하다. 또한, 새끼가 젖을 먹기 전에 젖이 물에 용해되는 것을 방지하기 위해 높은 비율의 지방이 필요하다. (A) 젖이 분해되기 시작하면 새끼 고래는 충분한 영양분을 섭취하지 못할 수 있다. 그러한 상황에서, 새끼는 받아들이는 젖의 양을 최대화하기 위해 혀를 사용하여 어미의 젖꼭지 주위를 단단히 밀봉할 수 있다.

구문해설

1행 ..., they have many of **the same** traits **as** those [that live on land]. ▸ 「the same ... as ~」는 '~와 같은 …'의 의미이다. [ ]는 선행사인 those를 수식하는 주격 관계대명사절이다.

12행 They need a layer of fat [to **keep** their bodies **warm** in the cold water]. ▸ [ ]는 목적을 나타내는 부사적 용법의 to부정사구이다. keep의 목적격보어로 형용사인 warm이 쓰였다.

13행 Also, a high percentage of fat is required to **prevent** the milk **from** dissolving in the water before the baby can drink it. ▸ 「prevent A from v-ing」는 'A가 … 하지 못하게 하다'의 의미이다.

문제해설

포유류인 고래는 바다에 살지만 새끼를 낳아 젖을 먹인다는 주어진 글에 뒤이어, 고래 젖은 진한 농도의 지방을 함유하고 있는데 이것이 새끼의 몸에 어떤 영향을 끼치는지 말하는 (B)가 먼저 나오고, 새끼의 체온 유지와 젖이 바닷물에 용해되는 것을 막기 위해 고래 젖의 지방이 필요한 이유를 더 설명하는 (C)가 이어진 후, 젖이 물에 희석되기 전에 새끼가 어떻게 하는지 언급한 (A)의 순서로 이어지는 것이 가장 자연스럽다.

필수구문

Ⓐ S: These, V: include, O: giving birth to live offspring and producing milk to feed them

5 ④ 6 ⑤

우리의 피부가 날카로운 물체에 의해 찢어질 때 신경 섬유가 손상되는데, 그것은 우리로 하여금 통증을 겪게 한다. 크게 베인 상처가 작게 베인 것보다 더 아플 거라고 예상하는 것이 타당할 것 같다. 하지만, 대부분의 사람들은 종이에 베인 작은 상처가 더 큰 크기의 '평범한' 베인 상처보다 상당히 더 아프다는 데 동의한다. 이것의 한 가지 이유는 위치이다. 종이에 베인 상처는 대개 신경 섬유의 수가 많은 신체의 두 부위인 손바닥이나 손가락 끝에 생긴다. 하지만, 종이에 베인 손의 상처는 일반적으로 같은 자리의 평범한 베인 상처보다 더 아플 것이다. Ⓐ이는 대부분의 날카로운 물체들과 비교하여, 종이가 무디고 유연한 가장자리를 가지고 있기 때문이다. 이런 이유로, 그것은 면도칼 같은 것보다도 피부에 더한 손상을 일으키는데, 그것(= 면도칼)은 물질을 매끈하고 빠르게 가르는 경향이 있다. 이것은 예리하지 않은 칼로 스테이크를 써는 것과 유사하다. Ⓑ당신은 날카로운 칼로 할 때보다 더 여러 번 그것을 썰어야 해서, 스테이크(의 잘린 단면)가 너덜거리게 된다. 또 다른 이유는 종이에 베인 상처가 깊지 않아서 출혈이 아주 많지 않다는 것이다. 결과적으로, 신경 섬유가 더 짧은(→ 더 긴) 시간 동안 공기에 노출되는데, 그동안 그것들이 뇌에 통증의 메시지를 계속해서 보낸다.

구문해설

1행 ..., our nerve fibers are damaged, [which **causes** us **to experience** feelings of pain]. ▸ [ ]는 앞 절 전체를 선행사로 하는 계속적 용법의 주격 관계대명사절이다. 「cause A to-v」는 'A가 …하게 하다'의 의미이다.

9행 ..., it causes more damage to the skin than something like a razor, [which tends to cut through material smoothly and quickly]. ▸ [ ]는 선행사인 a razor를 부연 설명하는 계속적 용법의 주격 관계대명사절이다.

문제해설

5 종이에 베인 작은 상처가 크기가 큰 '평범한' 베인 상처보다도 더 아프게 느껴지는 원인에 대해 설명하는 글이므로, 제목으로는 ④ '종이에 베인 상처: 그것은 왜 그렇게 아플까?'가 가장 적절하다.
① 베인 상처의 가장 흔한 유형
② 우리의 피부에서 신경 섬유의 역할
③ 뇌가 통증에 반응하는 여러 가지 방식들
⑤ 날카로운 물체로 인한 사고를 예방하는 방법

6 ⑤ 종이에 베인 상처는 깊지 않아서 출혈이 아주 많지 않다고 했으므로, 결과적으로 신경 섬유가 '더 긴' 시간 동안 공기에 노출되면서 뇌에 통증의 메시지를 계속해서 보낸다는 내용이 되어야 자연스럽다. 따라서 (e)의 shorter를 longer 등으로 고쳐야 한다.

필수구문

Ⓐ [that are dull and flexible]
Ⓑ [saw at it]

MINI TEST 5회 pp. 152~157

1 ① 2 ① 3 ③ 4 ③ 5 ① 6 ⑤

1 ①

남자친구나 여자친구와 예기치 못하게 결별하는 것은 대부분의 사람들에게 힘든 경험이다. 하지만 이제 한 연구는 언어의 변화가 이별이 다가오고 있다는 징후가 될 수 있음을 시사한다. 연구원들은 백만 개가 넘는 소셜 미디어 게시글을 분석했다. 그들은 특정 단어들의 빈도 변화가 이별 3개월

전쯤 일어난다는 것을 알아냈다. 구체적으로 말하면, 사람들이 덜 정중하고 더 인식공격적인 단어로 바꾼다. 이것은 그들의 생각이 점점 더 감정적이고 덜 분석적으로 되어가고 있다는 징후이다. 또 다른 변화는 그들이 대명사인 'me(나를)'와 'I(내가)'를 더 자주 사용하기 시작한다는 것인데, 이는 그들 자신에게 더 초점을 맞추고 있음을 보여 준다. 흥미롭게도, 연구원들은 대명사 'I(나)'의 증가는 우울증의 징후일 수도 있다는 것을 알아냈는데, 이는 한 사람이 다른 사람들에게 더 이상 공감할 수 없다는 것을 암시하기 때문이다.

구문해설

1행 [Unexpectedly breaking up with a boyfriend or girlfriend] **is** a difficult experience for most people. ▸ 주어로 쓰인 동명사구 [ ]는 단수 취급하므로 단수동사 is가 쓰였다.

5행 Specifically, people switch to words [that are less formal and more personal]. ▸ [ ]는 선행사인 words를 수식하는 주격 관계대명사절이다.

문제해설

소셜 미디어 게시글을 분석한 결과, 사람들은 이별하기 전에 덜 정중하고 더 인신공격적인 말을 구사하고 자기 자신을 가리키는 대명사를 자주 사용하기 시작한다는 것을 알아냈다는 내용이므로, 글의 요지로는 ①이 가장 적절하다.

서술형

ⓒ, occurs[occurred] ▸ 접속사 that이 이끄는 명사절에서 주어가 a shift이므로, 동사는 occur가 아닌 단수동사 occurs 혹은 주절의 시제에 맞춰 과거형인 occurred가 되어야 한다.

2 ①

아들의 침실 문을 열고 나서, Jason은 눈앞에 지저분한 상태에 충격을 받았다. 사방에 만화책이, 침대와 방바닥 위에는 더러운 옷가지가 있었다. 그는 두 주먹을 꽉 쥐었고 속에서 열이 오르는 것을 느꼈다. 그가 아들에게 방을 치우라고 아무리 여러 번 말한들, 그는 절대 하지 않았다. 바로 그때, 그는 아들의 책상 위에 종이 한 장이 있는 것을 알아챘다. 그것은 학교에 낼 글인 것 같았다. 그것에는 '내가 TV라면 좋을 텐데.'라고 쓰여 있었다. '만약 내가 TV라면, 아빠가 매일 저녁 나와 함께 시간을 보낼 텐데. 그리고 내가 방을 치우지 않은 것에 대해 나에게 소리를 지르지 않으실 텐데.' Jason의 눈에 눈물이 고였고, 그는 그 글을 책상 위에 다시 내려놓았다. 그는 자신이 아들을 대하는 방식을 바꿀 필요가 있다는 것을 깨달았다.

구문해설

2행 He clenched his fists and **felt** heat **rising** up within him. ▸ 지각동사 felt의 목적격보어로 현재분사가 쓰였다.

5행 **If** I **were** a TV, my dad **would spend** time with me every evening. ▸ 「If+주어+동사의 과거형, 주어+조동사의 과거형+동사원형」은 가정법 과거로, 현재 사실과 반대되는 일이나, 현재나 미래에 실현 가능성이 거의 없는 일을 가정한다.

8행 He realized [(that) he needed to change the way {he treated his son}]. ▸ [ ]는 realized의 목적어로 쓰인 명사절이다. { }는 선행사인 the way를 수식하는 관계부사절이다.

문제해설

Jason은 아들의 방이 엉망인 것을 보고 짜증이 났다가, 우연히 아들의 글을 읽고 아들과 시간을 많이 보내지 못하고 부드럽게 대해주지 않은 것이 후회스럽게 느껴졌을 것이다.

서술형

When[As/After] he opened ▸ 시간을 나타내는 분사구문을 부사절로 바꿀 때는 접속사 when, as, after 등을 사용하고, 뒤에 주어와 동사를 쓴다. 주절의 주어가 Jason이고 동사의 시제가 과거형이므로, 부사절의 주어와 동사를 이에 맞추어 쓴다.

3 ③

전통적인 농업에서 사용되던 자원의 양이 더 이상 허용되지 않는 것 같다. 이것이 일부 농부들이 수경 재배로 전환하고 있는 이유이다. 그것은 실내에서 식물을 재배하는 방식을 수반하는데, 실내에서 식물은 태양 대신에 특수 LED 조명에서 에너지를 공급받는다. 수경 재배는 또한 흙을 사용하지 않는다. 식물은 코코넛 껍질이나 물과 같은 다른 재료로 재배된다. 이는 수경 재배법에서 해충이나 잡초의 위험성을 크게 감소시킨다. 또 다른 독특한 특징은 적층 구조의 이용이다. 묘목은 납작한 상자에 놓여지지만 상자를 나란히 놓지 않는다. 대신 상자들은 수직 타워에 하나씩 쌓아 올려진다. 이는 농부들이 필요한 공간의 양을 최대 99퍼센트까지 줄일 수 있게 해주기 때문에 중요하다. 또한 수경 재배 작물은 실내에서 재배되기 때문에 어디서나 어느 계절이든지 재배될 수 있다. Ⓐ이는 가뭄으로 고통받는 지역의 사람들에게 그 작물들을 신선한 식량의 잠재적 공급원으로 만든다.
→ 수경 재배는 실내에서 작물을 재배하기 위해 흙을 사용하지 않는 재료와 수직 적층을 이용함으로써 전통 농업 기법에 대한 지속 가능한 대안이 되며, 이는 연중 경작을 위한 공간과 자원을 최대한 활용한다.

구문해설

2행 This is (the reason) [why some farmers are turning to hydroponic farming]. ▸ [ ]는 앞에 선행사 the reason이 생략된 관계부사절이다.

2행 It involves growing plants indoors, [where they receive their energy from special LED lights **rather than** from the sun]. ▸ [ ]는 선행사인 indoors를 부연 설명하는 계속적 용법의 관계부사절이다. 「A rather than B」는 'B라기보다는 A, B 대신에 A'의 의미이다.

문제해설

전통적인 농업 기법에 대한 대안이 될 수 있는 수경 재배의 이점에 대한 글이다. 수경 재배는 태양이 아닌 특수 LED 조명과 코코넛 껍질이나 물과 같은 흙 외의 다른 재료를 사용하여 해충이나 잡초의 위험성을 줄이고, 적층 구조를 사용하기 때문에 공간 효율성을 높이며, 실내에서 경작하기 때문에 연중 어디서나 재배할 수 있다고 말하고 있다.

필수구문

Ⓐ V: makes, O: them, OC: a potential source of fresh food for people in places [suffering from droughts]

4 ③ 5 ① 6 ⑤

(A) 1938년 12월, 니콜라스 윈턴이라는 영국인 증권 중개인은 체코슬로바키아에서 난민들과 일하고 있던 한 친구에게서 전화를 받았다. 그는 윈턴에게 난민 수용소에 방문해 달라고 청했고, 윈턴은 수락했다. Ⓐ체코슬로바키아에 도착했을 때, 그는 난민들의 열악한 생활 환경에 망연자실했는데, 그들 대부분이 나치로부터 도망치고 있던 유대인 가족들이었다. 언제든 전쟁이 일어날 수 있다는 것을 실감하며, 윈턴은 뭔가 조치가 취해져야 한다는 것을 알았다.
(C) Ⓑ그는 유대인 아이들을 영국으로 데려와서 그들을 위한 가정을 찾아 주는 구제 노력에 관해 듣고 그와 같은 일을 하기로 결심했다. 윈턴은 난민 부모들로부터 신청을 받기 시작했고, 그가 프라하에 설립한 사무소 밖에 수천 명의 부모들이 줄을 서면서, 그 프로젝트는 빠르게 확장되었다. 그다음, 윈턴은 기금을 모으고 그 아이들을 돌봐 줄 영국인 가족들을 찾기 위해 런던으로 돌아왔다. 그는 낮에는 증권 중개인으로 계속해서 일했고, 그의 저녁 시간을 그 프로젝트에 쏟았다.
(D) 나치가 체코슬로바키아를 침략하기 딱 하루 전날에 첫 번째 무리의 아이들이 마침내 비행기로 런던에 수송되었다. 윈턴은 계속해서 일곱 무리의 아이들의 출발을 준비했고, 그들은 기차로 해안까지, 그러고 나서 배로 영국에 왔다. 하지만, 나치의 폴란드 침공이 제2차 세계대전을 촉발하자 유럽의 국경들이 폐쇄되었고, 그의 구제 프로젝트는 막을 내려야 했다.
(B) 놀랍게도, 전쟁이 끝난 후 수년간 그의 놀라운 노력에 대해 아는 사람이 거의 없었다. 실제로, 최초의 수송 이후 거의 50년 후에 윈턴의 아내가 그 프로젝트에 관한 스크랩북을 발견하고 나서야 비로소 일반 대중이 알게 되었다. 이후에, 윈턴은 마침내 그의 용기 있는 일에 대해 인정을 받아 엘리자베스 2세 여왕에게 기사 작위를 받기도 했다.

구문해설

8행 In fact, the general public did**n't** find out **until** Winton's wife discovered a scrapbook about the project nearly 50 years after the first transport. ▸ 「not ... until ~」는 '~하고 나서야 비로소 …하다'의 의미이다.
14행 ..., **with** thousands of parents **lining up** outside the office [(which/that) he established in Prague]. ▸ 「with+(대)명사+v-ing」는 '…가 ~하면서'의 의미로, 명사와 동사가 능동 관계이므로 현재분사가 쓰였다. [ ]는 선행사인 the office를 수식하는 목적격 관계대명사절로, 목적격 관계대명사가 생략되었다.
22행 ..., Europe's borders were closed, and his rescue project **was forced to come** to an end. ▸ 「be forced to-v」는 '(어쩔 수 없이) …하게 되다[해야 하다]'의 의미이다.

문제해설

4 영국인 증권 중개인 니콜라스 윈턴이 친구의 요청으로 체코슬로바키아에 있는 난민 수용소에 가서 난민들의 열악한 생활 환경을 목격하고 그들을 돕기로 결심하는 내용인 (A)에 뒤이어, 유대인 아이들을 영국으로 데려오는 프로젝트의 준비 과정에 관해 언급하는 내용의 (C)가 가장 먼저 나오고, 그 프로젝트의 전개와 종결을 다루는 (D)가 이어진 후, 오랜 시간이 지나 그의 업적이 밝혀지고 인정받게 되는 내용인 (B)의 순서로 이어지는 것이 가장 자연스럽다.

5 (a)는 윈턴의 친구를 가리키고, 나머지는 모두 윈턴을 가리킨다.

6 ⑤ 첫 번째 무리의 난민 아이들을 런던으로 수송하는 데에는 비행기를 이용했다고 했다.

필수구문

Ⓐ [Arriving in Czechoslovakia], {the refugees}
Ⓑ [to bring Jewish children to Britain and find homes for them]

MEMO